INTRODUCTION TO SOCIAL WELFARE

新・基礎からの社会福祉

社会福祉

室田保夫／倉持史朗／蜂谷俊隆
[編著]

ミネルヴァ書房

はじめに

　よく言われるように，社会福祉の「福祉」という漢字，「福」と「祉」はともに「しあわせ」「さいわい」を意味している。したがって社会福祉とは，簡潔に言うと人々の「しあわせ」（幸福）を社会全体で考えていくということにつながる。もちろん「しあわせ」には個人差があり，その基準は一概に言えない。われわれには人として生まれ，その「いのち」を大切にし，幸福に暮らしていく権利がある。それは日本国憲法にある「生存権」（第25条）「幸福追求権」（第13条）といってもいいであろう。われわれは社会の中で暮らしている。もし誰かの生存や幸福がおびやかされているとしたら，他者のことも自分の問題として，その解決に向けて社会や国家との関係の中で考えていく必要がある。これが「社会福祉」の基本的な考え方であろう。

　ただ長い時を経て，実際の社会福祉は複雑な組織，体系となっている。まずそれをしっかりと理解していくことが重要となる。社会福祉の範囲はどこまでなのか，社会福祉の仕組みや制度・法律にはどのようなものがあるのか，そして具体的な支援方法はどうなっているのか，どのような組織，団体，人々がそれを担っているのか，そうしたことを学んでいくのが本書である。つまるところ「福祉」（しあわせ）を「人間と社会」との関係の中で知り，いかにして良い解決，良い制度の構築や支援をしていくか，を考えていくことが大切である。

　それを理解するためには，まず今に到達するまでの歩みを知る必要がある。この本がかなりのスペースをとって現代にいたる歩みを解説しているのはそのためである。それは過去や現代を正確に理解するだけでなく，未来のビジョンを描くヒントにもなるからである。つまり，人類が誕生し「人間」となり，文明を築いてきた長い時間，その時間軸で現代を捉えていく必要がある。

　宮沢賢治は「世界がぜんたい幸福にならないうちは個人の幸福はありえない」と言った。また日本において戦後の障害者福祉を指導してきた糸賀一雄という人物は重症心身障害の子ども達を目の前にして，「この子らに世の光を」でなく「この子らを世の光に」と提唱した。

　人間は生きていることそれだけで大きな価値がある。社会福祉は「価

値」と密接につながっている学問と言える。その意味で人間として，「福祉」（ウェルビーイング）を考えていく非常に意義のある学びの体系である。今，世界を見渡すと「貧困」「格差」「介護」「虐待」「病気」「自死」等々多くの課題が山積している。そうした課題をしっかりと理解し，どうしたら人々が「いい人生」を全うしていけるか，それが阻害されたらどうすべきか，人間の幸福とは何かを本書を読んで考えていってほしい。

2018年1月

編著者代表　**室田保夫**

もくじ　CONTENTS

はじめに

第Ⅰ部　社会福祉とは何かを学ぶ

第1章　現代社会の多様な問題に対応する福祉

第1節　高齢者の抱える問題とその取り組み…………4

高齢者と現代社会…4／高齢者を支えるソーシャルワーカー…5

第2節　子どもと子育てをめぐる問題とその取り組み…………8

現代社会と子ども・子育てをめぐる諸問題…8／児童虐待問題…8／待機児童問題…9／「子どもの貧困」問題…10／子育て支援と保育士…10

第3節　施設で暮らす障害者の生活問題とその取り組み…………12

障害者と現代社会…12／知的障害者の地域移行…12／障害者を支えるソーシャルワーカー…14／ソーシャルワーカーの役割とは…14

第4節　貧困問題とその取り組み…………16

貧困問題と現代社会…16／貧困問題と社会福祉…17／貧困問題とかかわるソーシャルワーカー…18

第2章　社会福祉の歴史と思想：古代から近世

第1節　海外…………22

原生社会と生活支援…22／古代社会と生活支援…22／キリスト教理念と生活支援…22／中世社会と生活支援…24／イギリスにおける児童保護…24

iii

CONTENTS

第2節　日本･･･････････26

古代…26／中世…26／仏教と福祉…27／近世社会と地域相扶…28

第3章　海外の社会福祉の歴史と思想：近代から現代

第1節　近代･･･････････32

キリスト教慈善の転換…32／エリザベス救貧法と産業革命…32／自由放任主義と新救貧法…33／慈善・博愛事業と社会政策の萌芽：イギリス・ドイツ・フランス・アメリカ…34

第2節　現代･･･････････36

王命救貧法委員会の設置と「多数派報告」，「少数派報告」…36／社会保険制度の導入…36／アメリカにおけるケースワークの理論的発展…36／社会主義国家の成立…37／ベヴァリッジ報告と福祉国家体制の成立…37／福祉国家の成立と拡充…38／福祉国家の危機…40／グローバル化と「第三の道」の提唱・オバマケア…40

第4章　日本の社会福祉の歴史と思想：近代から現代

第1節　近代･･･････････44

明治政府の政策実施と貧困の発生…44／「産業革命」による社会問題の発生と慈善事業の勃興…44／日露戦争後の慈善事業（感化救済事業）の展開…47／社会事業の成立…48

第2節　現代･･･････････52

戦時体制下の社会事業（厚生事業）…52／敗戦後の混乱への対応と福祉改革と福祉三法体制…55／高度経済成長と社会福祉の発展…56／少子高齢化の進行と福祉ニーズの多様化への対応…58

CONTENTS

第5章　社会福祉を支える考え方

第1節　社会福祉と人権··········· 62

社会福祉にとっての人権…62／人権思想の歴史的展開…62／国連の創設と世界人権宣言…63／主要な人権条約…64

第2節　現代の社会福祉を支える考え方··········· 66

人権思想と社会福祉を支える考え方…66／ウェルビーイング…66／自立の思想…68／自助的自立と依存的自立…68／ノーマライゼーション…70／バリアフリー…70／ユニバーサルデザイン…71／ソーシャル・インクルージョン…72

第Ⅱ部　社会福祉のしくみを学ぶ

第6章　社会福祉と法制度の関係

第1節　家族をとり巻く社会の変化··········· 78

現代社会とグローバル化…78／少子高齢化と人口減少社会…78／家族形態の多様化と家族機能の脆弱化…79／人間の生き方そして働き方の多様化…80

第2節　社会福祉の対象とニーズ··········· 82

社会福祉の対象とは何か…82／どうやって社会福祉の対象を決めるのか──政策対象の場合…82／福祉ニーズの類型と判断基準…84

第3節　社会福祉の政策と財政··········· 86

社会福祉と福祉政策…86／社会福祉の政策と財政…86／社会保障関係費と福祉政策…87／社会福祉の政策をどう立案していくか…88

第4節　社会福祉に関係する法律と制度の体系··········· 90

日本国憲法…90／社会福祉法…90／社会福祉六法と法体系…90／制度が現場の課題に対応するために…91

CONTENTS

第7章　社会福祉制度Ⅰ

第1節　社会福祉事業・・・・・・・・・・・96
社会福祉事業と社会福祉施設…96／社会福祉の計画…96／社会福祉施設数と定員・在所者数の概要…98

第2節　貧困・低所得者に対する福祉・・・・・・・・・・・100
生活保護による支援と現状…100／生活困窮者に対する支援と現状…101／ホームレスに対する支援と現状…102／子どもの貧困に対する支援と現状…102

第3節　子ども家庭福祉・・・・・・・・・・・104
子ども家庭福祉の現状…104／子ども家庭福祉の理念…104／児童福祉法と子ども家庭福祉施策の体系…105／「子育ての社会化」に向けた2つの流れ…106

第8章　社会福祉制度Ⅱ

第1節　障害児・者福祉・・・・・・・・・・・110
障害者の福祉の現状と課題…110／障害児・者福祉を支える主な法律と制度…110／障害児・者の所得保障・年金…113

第2節　高齢者福祉・・・・・・・・・・・114
高齢者の福祉の現状と課題…114／高齢者を支える主な法律と制度：介護保険法以外…114／高齢者を支える主な法律と制度：介護保険法…116

第3節　関連法制度：所得保障，医療保障，権利擁護・・・・・・・・・・・118
所得保障…118／医療保障…118／権利擁護のしくみ…119

CONTENTS

第Ⅲ部　社会福祉の実践を学ぶ

第9章　社会福祉の援助と方法

第1節　ソーシャルワークの専門性と専門職倫理……………126
社会福祉とソーシャルワークの関係…126／ソーシャルワークの専門性を構成する要素…126／ソーシャルワークの固有の視点…128／ソーシャルワークの専門職倫理…129

第2節　ソーシャルワークの援助方法とプロセス…………130
ソーシャルワークの機能…130／ソーシャルワークの援助技術の体系…130／ソーシャルワークのプロセス…132

第3節　社会福祉サービスの利用支援…………134
ソーシャルワークと社会福祉サービスの利用支援の関係…134／高齢者の介護サービスの利用支援…134／障害福祉サービスの利用支援…135／子ども家庭福祉における社会福祉援助…136／福祉事務所における社会福祉援助…137

第10章　社会福祉の実践現場Ⅰ

第1節　社会福祉の実践現場…………140
社会福祉の実践現場とは何か…140／社会福祉実践の現場の分類…140

第2節　措置による実践現場…………144
措置制度とは…144／低所得者支援の現場…144／子どもとその家庭への支援の現場…145／高齢者支援の現場…147／女性の支援の現場…148

第3節　利用契約等による実践現場…………150
福祉サービスにおける利用契約制度の導入…150／介護保険法に基づくサービス提供の現場…150／障害者総合支援法に基づくサービス提供の現場…152／子どもとその家庭への支援…154／ひとり親家庭の支援の現場…155

CONTENTS

第11章　社会福祉の実践現場 II

第1節　医療提供施設・・・・・・・・・・・ 158
医療提供施設とは…158／特定機能病院…158／地域医療支援病院…158／精神科病院…159／診療所…160／介護老人保健施設…160／助産所…160／調剤薬局…160

第2節　社会福祉行政機関・・・・・・・・・・・ 162
社会福祉行政機関とは…162／福祉事務所…162／児童相談所…162／身体障害者更生相談所…164／知的障害者更生相談所…164／婦人相談所…164／精神保健福祉センター…165

第3節　地域福祉関係機関等・・・・・・・・・・・ 166
地域福祉に関係する機関とは…166／社会福祉協議会…166／市町村社会福祉協議会…166／都道府県社会福祉協議会…166／全国社会福祉協議会…167／地域包括支援センター…167／基幹相談支援センター…168／保健所…169

第4節　関連行政機関等・・・・・・・・・・・ 170
関連行政機関とは…170／刑事施設…170／少年院…170／婦人補導院…171／保護観察所…172／家庭裁判所…172／更生保護施設…172／公共職業安定所（ハローワーク）…172

第5節　学校・・・・・・・・・・・ 174
学校とは…174／小学校…174／中学校…174／義務教育学校…175／高等学校…175／大学…176／特別支援学校…176／特別支援学級…177／教育委員会…177

第12章　職種の名称からみた社会福祉の担い手

第1節　社会福祉の担い手とはだれなのか・・・・・・・・・・・ 180
社会福祉を担っているのはだれか…180／社会福祉を担うということ…180／専門職資格とは…182／国家資格，公的資格，民間資格…182

CONTENTS

第2節　社会福祉専門職の資格・・・・・・・・・・ 184

社会福祉の専門職とは…184／社会福祉士…184／介護福祉士…185／精神保健福祉士…186／保育士・保育教諭…186

第3節　社会福祉行政職員・・・・・・・・・・ 188

社会福祉行政職員とは…188／厚生労働事務官（福祉系事務官）…188／社会福祉主事…188／児童福祉司…190／身体障害者福祉司，知的障害者福祉司…190／その他の任用資格等…191

第4節　行政協力委員等・・・・・・・・・・ 192

民生委員，児童委員，主任児童委員…192／身体障害者相談員，知的障害者相談員…193／保護司…194／養育里親，専門里親…194

第5節　関連専門職・・・・・・・・・・ 196

医師…196／保健師…196／看護師…196／栄養士，管理栄養士…196／理学療法士…197／作業療法士…198／言語聴覚士…198／弁護士…198／心理職…199

第13章　働く場からみた社会福祉の担い手

第1節　老人福祉施設で働く社会福祉の担い手・・・・・・・・・・ 202

老人福祉施設の種類と担い手…202／生活相談員…202／支援相談員…203／介護職員…203／機能訓練指導員…203

第2節　障害者施設で働く社会福祉の担い手・・・・・・・・・・ 204

障害者施設の種類と担い手…204／生活支援員…204／サービス管理責任者…204／就労支援員，職業指導員…205／その他の障害福祉サービスの担い手…205

CONTENTS

第3節　児童福祉施設で働く社会福祉の担い手…………206

児童福祉施設の種類と担い手…206／児童指導員…206／家庭支援専門相談員（ファミリーソーシャルワーカー）…206／里親支援専門相談員（里親支援ソーシャルワーカー）…207／個別対応職員…207／母子支援員…208／職業指導員…208／児童自立支援専門員および児童生活支援員…208／児童発達支援管理責任者…208／機能訓練担当職員…208

第4節　保護施設，婦人保護施設で働く社会福祉の担い手…………210

保護施設の種類と担い手…210／婦人保護施設の種類と担い手…210／生活指導員，作業指導員…210／生活困窮者自立支援事業の担い手…210

第5節　社会福祉協議会，医療機関で働く社会福祉の担い手…………212

社会福祉協議会とは…212／福祉活動専門員（コミュニティワーカー）…212／専門員，生活支援員…212／生活支援コーディネーター…212／医療ソーシャルワーカー…213

さくいん　　215

第 I 部

社会福祉とは何かを学ぶ

第1章

現代社会の多様な問題に対応する福祉

本章で学ぶこと

●各分野におけるトピックスを通じて，福祉施策と実践活動の関係について理解する。

第1節 高齢者の抱える問題とその取り組み

○ この節のテーマ

- ● 地域共生社会の実現に向けた地域包括支援の動向について学ぶ。
- ● 高齢者の思いに寄り添うソーシャルワーカーの仕事について学ぶ。

┃高齢者と現代社会

現代の日本においては少子高齢化が大きな課題となっている。この問題は人口減少社会，地域によっては**消滅可能性都市**◆1が指摘されるなど，ますます大きな政策課題となっている。また，福祉が対象とすべき範囲は，海外にルーツを持つ子どもの支援などグローバル化しており，**福祉ニーズ**◆2も複雑そして多様なきわめて多岐にわたるものとなっている。

このような状況に対して，厚生労働省は2015年に，「我が事，丸ごと」のスローガンのもと，「（ともに創る）地域共生社会の実現」「**全世代・全対象型地域包括支援**」体制の方向性を打ち出している(1)。本節では，まず，高齢者が抱える生活課題とソーシャルワークの関係をみていきたい。

認知症を患ってもできることなら「住み慣れた地域に住み続けたい」「最後まで自分らしく生きたい」「畳の上で死にたい」「しかし，家族には迷惑をかけたくない」という言葉に象徴される自宅（地域）での看取りの問題，「誰にも看取られることなく……」といった「孤立死」（社会的孤立）の問題など，高齢者には切実な問題である。

このような高齢者の抱える生活課題に対し，富山型デイサービスとして「多世代交流・多機能型」で知られる富山市の「このゆびとーまれ」や，

「ビーナスプラン」に基づく公民協働のパートナーシップでの支え合いを展開する長野県茅野市，「まちの保健室」を設置し**ポピュレーション・アプローチ**◆3を実践する三重県名張市などの先駆的な取り組みが数多く存在する。

ここでは，**社会的孤立**の問題への取り組みとして，名張市の実践を紹介する。(2)

名張市は，2003年「平成の大合併」による市町村合併が相次ぐ中，約7割の市民が反対票を投じ，合併しなかった。それ以後，市民と行政が協働してきた。特に，「地域づくり組織」とゆめづくり地域交付金制度（名張市独自の制度で，自治組織である「地域づくり組織」に対して交付される使い道自由な交付金）による展開によって，住民の主体的な活動が形成されている。名張市では，市直営の地域包括支援センターとそのブランチ（支部）として「初期総合相談」窓口の機能を持つ「まちの保健室」を組織している。これらは包括的支援体制構築事業として行っている（**図1-1**）。それぞれに専門職として地域包括支援センターには，相談支援包括化推進員の業務を担う職員として，社会福祉士等の3名のソーシャルワーカー，「まちの保健室」には，介護福祉士や社会福祉士などの2名が配置されている。

名張市の「まちの保健室」は，2005年に小学校区ごとに設置された。国の想定する日常生活圏域は概ね中学校区であることから，より身近な場所

4 │ 第Ⅰ部　社会福祉とは何かを学ぶ

に位置しているといえる。**アクセシビリティ**[4]（近づきやすさ）は、高齢者にとっては重要であり、相談窓口に行くこと自体が、一つのハードルとならないように配慮する必要がある。その点「まちの保健室」は、距離的にも気軽に歩いて行ける場所（小地域）である公民館に付設されており、「顔の見える関係」を基本としている。

ただ、アクセシビリティの問題がないと気兼ねなく行けるのかというとそんなに単純なものでもない。たとえば専門職に付随しがちな権威性を払拭するなど、「敷居の低さ」が求められる。「まちの保健室」では制度に特化した「専門性をもたせない」ことに配慮しており、地域住民から「私らの"まち保"さん」と呼ばれている。また、このことは、専門分化した制度に陥りがちな「制度の狭間」にある「生活のしづらさ」を埋めることにもつながっている。

高齢者を支えるソーシャルワーカー

「まちの保健室」は、潜在化しがちな地域住民の生活課題に対して、高い感度でニーズや情報をキャッチし、複合的な課題を「丸ごと」受け止める場としての機能があることを確認した。しかし、現代社会における高齢者が抱える課題の背景には、「高齢の親と働いていない独身の50代の子どもが同居している世帯（いわゆる「8050問題」）、介護と育児に同時に直面する世帯（いわゆる「ダブルケア」）、障害のある子の親が高齢化し介護を要する世帯」[3]など複合的なニーズを有することからも容易に解決できるものではない。このような

◆1　消滅可能性都市
日本創生会議・人口減少問題検討分科会が、2014（平成26）年5月に提言した「成長を続ける21世紀のために『ストップ少子化・地方元気戦略』」の中で示したもので、少子化によって自治体の存続が危ぶまれている地域のこと。推計では、地方から都市への人口移動が収束しないと仮定した上で、人口の「再生産力」の指標として、20〜39歳の女性人口に着目し、2010〜2040年の30年間で、その人口が5割以上減少するところとした。全国で896自治体（49.8%）に達することがわかった。

◆2　福祉ニーズ
様々な理由で生きづらさを抱える人々が、健康で文化的な最低限の生活をする上で、社会的にも必要性があると考えられるもの。（詳細は本書第6章第2節の用語解説「要援護性」を参照）

◆3　ポピュレーション・アプローチ
ハイリスク・アプローチが疾患、障害や問題等などの危険因子の高い人を対象にリスク軽減を図るのに対して、ポピュレーション・アプローチ（Population approach）とは、集団全体や分布全体を対象に働きかけ・介入（Community-based Intervention）を行い、集団全体のリスク低減を図る方法である。「21世紀における国民健康づくり運動（健康日本21）」でも、この方法が取り入れられており、メタボリックシンドロームへの対応を行っている。

◆4　アクセシビリティ
障害のある人や情報弱者となりやすい高齢者などに関係なく、すべての人にとって必要とする情報や社会資源にたどり着く（利用する）ことができることを意味する。日本工業規格のウェブアクセシビリティで知られるところであるが、ここでは、ウェブ上の仮想空間だけではなく、物理的条件に加え、心理的な障壁も含むアクセス（接近）のしやすさという意味で使用している。

第1章
現代社会の多様な問題に対応する福祉
第1節 高齢者の抱える問題とその取り組み

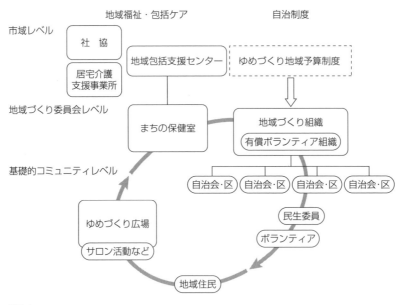

図1-1
まちの保健室の位置づけ
出所：永田祐（2013）『住民と創る地域包括ケアシステム』ミネルヴァ書房，55頁。

分野を超えた生活課題に対しては，市町村が展開する包括的な相談支援体制につなぐことが求められる。

つまり，「まちの保健室」で把握された「丸ごと」の相談に対応し，制度の狭間で生きづらさを抱える人たちを支えていくための，総合的な相談体制，関係機関との連絡調整や専門職による多職種連携を展開する体制の存在が不可欠である。このときに必要となる中核的な専門職が，ソーシャルワーカーであるといえよう。そこで以下，高齢者を支えるソーシャルワーカーの実践の一端について紹介し，求められる価値観について述べておきたい。

図1-1にも示されているように，包括的な相談支援体制の中核に位置する機関が，地域包括支援センターである。地域包括支援センターでは，社会福祉士等の資格をもったソーシャルワーカーが配置されており，包括的支援事業[5]を展開している。

人は高齢期になると少なからず，喪失体験をする機会が増えてくる。様々な理由により連れ合いに先立たれたり，親友を失ったりと内向きな気持ちになったりするものである。誰しも漠然とした不安の中で，生きるということは，孤独に押しつぶされそうになってしまう。ある人は，アルコールで気持ちをごまかしたり，またある人は，「死

にたい」と思う人もいる。そのような気持ちにある人とどのように向き合っていくのか，信頼関係を結んでいくのか。

効率性が問われる現代にあって，サービスありきではなく，心の叫びや悩みにしっかりと耳を傾け，時間をかけて心が通じ合うまでじっくりと話を聞くということ。このことは，口で言うほど，決してやさしいものではない。「伴走型の個別的・継続的支援」ということになるわけだが，この部分をていねいに実践し，「待つことのできる存在」として，根気強く見守る姿勢が大切である。

ソーシャルワーカーは，本人と家族，地域，制度につなぎ協働する専門職である。しかし，まず，必要なことは，自らが本人の気持ちや生きざまに寄り添うということである。決して，結果ありきではなく，その過程（プロセス）を大切にするということ，共に歩むということである。

必ず覚える用語

- [ ] **全世代・全対象型地域包括支援**
- [ ] **社会的孤立**

◆5 包括的支援事業

地域包括支援センターによって，地域住民の保健医療の向上及び福祉の増進を包括的に支援することを目的とした事業である。総合相談支援業務，権利擁護業務，包括的・継続的ケアマネジメント業務に加え，2015年度より，在宅医療・介護連携推進事業，認知症総合支援事業，生活支援体制整備事業，地域ケア会議推進事業が新たに加えられた。

注

(1) 厚生労働省 (2015)「誰もが支え合う地域の構築に向けた福祉サービスの実現──新たな時代に対応した福祉の提供ビジョン」。
(2) 永田祐 (2013)『住民と創る地域包括ケアシステム──名張式自治とケアをつなぐ総合相談の展開』ミネルヴァ書房。
(3) 地域における住民主体の課題解決力強化・相談支援体制の在り方に関する検討会（地域力強化検討会）(2017)「地域力強化検討会　最終とりまとめ──地域共生社会の実現に向けた新しいステージへ」3頁。

〈参考文献〉
藤本勇樹 (2017)「『地域の一員』となった専門分野のない専門職──三重県名張市の取り組み」『月刊福祉』100 (2)，34-37。
岩間伸之 (2016)「地域のニーズを地域で支える──総合相談の展開とアウトリーチ」『月刊福祉』99 (9)，22-27。
社会福祉法人全国社会福祉協議会 (2017)『多機関の協働による包括的相談支援体制に関する実践事例集──「我が事・丸ごと」の地域づくりにむけて』。

第2節 子どもと子育てをめぐる問題とその取り組み

この節のテーマ

- 現代社会における子どもの状況を学ぶ。
- 子育てに関する「しんどさ」を理解する。
- 子ども・子育てを支える支援者について理解する。

現代社会と子ども・子育てをめぐる諸問題

「少子化問題」が注目され，日本社会が人口減少へと転換していくなかで，最近は将来の労働力や社会保障などのあり方をめぐる話題にことかかない。一人の女性が出産する子どもの人数の平均である「**合計特殊出生率**」は1975年に2.00を下回ってからは全体として下降傾向にあり，2016年は1.44であった。同年の子どもの出生数も97万6,979人で初めて100万人を下回り，20歳未満の未成年者の人口は約2,182万人で総人口の約17％となっている。これらの原因としては，子どもを出産する年代（親世代）の人口規模がそもそも小さいことに加え，生涯未婚率の上昇（2015年：男約23％，女約14％），女性の就労率の上昇などさまざまな要因が考えられる。

一方で，子どもの育ちや子育ての場面に目を向ければ，**児童虐待**問題などさまざまな問題が存在し，一人ひとりの子どもを家庭や社会が大切に育ててその成長や豊かな生活を保障できているとは言いがたい。どのような個性をもつ子どもであれ，その子が健やかに育ち自分らしく幸せな生活を過ごすためには，子どもとその子を育てる親たちへの社会的支援が必要である。ここでは，近年の子ども（子育て）をめぐる問題として①児童虐待，②待機児童問題，③貧困問題をとりあげ順番に見ていくことにしよう。

児童虐待問題

児童虐待とは身体的虐待，心理的虐待，性的虐待，ネグレクトの4種類（児童虐待防止法第2条）であり，近年では児童虐待防止法（2000年）を制定するなど国をあげてさまざまな取り組みが進められている。しかし，子ども福祉にかかわる行政機関である**児童相談所**が虐待に対応した件数は12万2,578件（2016年度）にのぼり，前年度から20％近くも増加するなど解決の糸口はなかなかつかめない。なかでも心理的虐待が最も多く（全体の51.5％），虐待を行う者は実母が多い。虐待によって命を失う子どももいるが，抵抗力を持たない赤ちゃんなど乳幼児に被害が集中する傾向がある（2015年度の死亡児84人）。

これらのことから言えることは，まず虐待の被害にあった子どもや加害者となった親が立ち直るための支援が必要であること，そして親たちが子どもを傷つけずに子育てしていくための社会的支援の重要性である。深刻な虐待を受けたり被害にあうおそれがある子どもは時に親と離れることも必要になる。虐待に限らずさまざまな理由で自宅を離れざるをえない子どもに児童福祉施

設や里親家庭で生活をしてもらいながら自立のための支援を行うことを**社会的養護**[2]というが,対象となる子どもは約４万５千人にもおよぶ(2017年３月現在[3])。

待機児童問題

子育てを支えるしくみは虐待を予防するためにも重要であると同時に,親の自己実現を尊重する側面も合わせ持っている。近年では性別にかかわりなく子育てする親たちには育児・家事と仕事を両立するバランス感覚が求められているが,それを支えるしくみの整備が追いついていない。いわゆる**待機児童問題**[3]はその代表的なものである。

2015年にスタートした**子ども・子育て支援新制度**[4]によって,幼稚園と保育所,そして両方の機能をもつ認定こども園などが整備され子育て家庭がもつさまざまなニーズへの対応が図られるようになった。しかし,実際には(認可)保育所へ入所できない子どもが約２万６千人,それ以外にも行政のカウント方法によって除外された「隠れ待機児童」と呼ばれる子どもが約７万人も存在している(2017年４月)。このような問題の原因として,０歳から２歳児までの保育ニーズに対する行政の予測が甘かったことや財源の不足,**保育士**[5]の確保が困難であることなどが考えられる。待機児童が深刻な地域では,子育て支援にたどりつくまでに親たちは過酷な「保活」に疲弊してしまっている現状にある。

必ず覚える用語

- □ 合計特殊出生率
- □ 児童虐待
- □ 待機児童問題
- □ 子育て世代包括支援センター

◆1　児童相談所
第11章第２節を参照。

◆2　社会的養護
第７章第３節を参照。

◆3　待機児童問題
待機児童とは認可保育所の利用を申し込んでも入れなかった子どもを意味する。ただし,親が育児休業を延長したり求職活動を停止した場合や,事情によって特定の施設を希望する者,自治体が独自に補助する認可外保育施設へ入所した場合は待機児童にはカウントされない。しかし,現状では行政の説明を受けた段階で利用を断念し,利用申込みすらできない親(もしくは保護者)や「保活」に失敗したために仕方なく育休を延長している親(もしくは保護者)たちが存在するため行政のカウント方法が実態に合わないという批判がある。そこで厚生労働省は2017年３月に見直しを行い,復職の意思のある育児休業(延長)中の家庭の子どもも待機児童としてカウントするという「新定義」を出し,18年度から適用することとなった。

◆4　子ども・子育て支援新制度
第７章第３節を参照。

◆5　保育士
第12章第２節を参照。

第 1 章
現代社会の多様な問題に対応する福祉
第2節　子どもと子育てをめぐる問題とその取り組み

「子どもの貧困」問題

現代社会の子どもたちに関して見逃せない重大な問題に「子どもの貧困」がある。この問題は，子どもの育ちと子育ての質や環境などのありとあらゆる面に大きな影響を与える。しかも，子ども期の貧困はその後の「より良く生きる」ための足かせにもなり，将来にわたり長期的な悪影響を及ぼすといわれている。

現在の日本の**子どもの（相対的）貧困率**[◆6]は13.9％（2015年）であり，ひとり親家庭では50.8％と先進国では最悪レベルという状態である。貧困は子どもの健康や発達，受ける教育，文化的経験，社会参加などに大きな格差を生む源である。たとえば，きちんと子どもに食（栄養）を与えられない家庭が，子どもが健康を損なった時，十分な医療ケアを受けるだけの医療費負担ができるだろうか。同様に，子どもの教育に対する投資は学力や進路に格差を生み，希望通りの進学，就職先が保障されないまま大人になり，経済力が安定しないままの生活をさまよう，いわゆる「貧困の連鎖」も懸念されるのである。「貧困」問題は放っておいては終わらない。「底」がないのである。

子育て支援と保育士

これまで見てきたように，子どもが健やかに育ちまた育てる過程においては医療・保健，福祉，教育（療育），ときに司法など多くの専門分野・領域からの支援が必要となることがある。しかし，

親子が自分たちのニーズにあった専門のサービスにつながることは簡単ではない。一方で，虐待で命を落とす子どもの多くは，皮肉にもこの世に生を受けてまもなくのうちに被害にあうこともある。つまり子どもたちが生まれる前からの支援も重要になってくる。貧困問題に関しても周産期は「子どもの貧困の連鎖の起点」という指摘もある。[(4)]

そこで，2016年の児童福祉法改正によって**子育て世代包括支援センター**（母子保健法での名称は「母子健康包括支援センター」）が法定化された。同センターはこれまでさまざまな分野の専門機関が個々に行っていた，妊娠期から子育て期までの相談支援の「ワンストップ拠点」である（2020年までに全市町村に設置）。そこではソーシャルワーカーや保育士，保健師等を配置して，切れ目のないきめ細やかな支援を提供することが期待されている。また，女性の社会進出や「子ども・子育て支援新制度」がスタートしたことによって，多くの親子が保育所や認定こども園を利用することになる。このような状況の中で，今後，重要な役割を担うことになるのは保育士（こども園では「保育教諭」）である。

2003年から国家資格化された保育士は「専門的知識及び技術をもって，児童の保育及び児童の保護者に対する保育に関する指導を行う」（児童福祉法第18条の４）専門職である。保育士の専門性は保育所などで子どもを養育することにとどまるのではない。子育てに関する専門知識・技術と社会福祉専門職に共通する対人援助技術・倫理観にもとづいて，子育て「支援」のプロとして保

護者や地域に向けて支援（保育相談支援）を行う
という重要な使命も担っている。具体的には虐待，
貧困，病児や障害児，ひとり親家庭などさまざま
な困難に直面する親子に寄り添い支えていくため
の専門性を発揮していかなくてはならない。
「子を産み・育てる」という人間社会の根本を支
える重要な存在なのである。しかし，そのような
役割を担う専門職でありながら，給与・勤務時間
などの労働条件の面では課題が残り，責任の重い
専門職であるがゆえに実践の場から離れていく
者が多いのも事実である。今後，社会福祉分野だ
けでなく，社会全体で考えていく重大なテーマで
あろう。

◆6　子どもの（相対的）貧困率

現在公表されている（相対的）貧困率とは，国民の可処分所得分布の中央値（所得順位の真ん中の金額）の50%を貧困線として，貧困線以下の所得レベルの人たちを「貧困」と定義しその割合を示したものである。現在は3年ごとに政府が公表する。2016年の国民生活基礎調査によれば1人あたりの所得が122万円に満たない者が貧困状態にあるとみなされ，「子どもの貧困率」は18歳未満の者でこの条件に該当する者の割合を意味する。2015年の国民全体の貧困率は15.6%であり，前回（2012年）調査よりはやや改善されているが，依然として先進国（OECD加盟国）の中では最悪レベルであることに変わりはない。

Check

「保育所等関連状況取りまとめ（平成27年4月1日）」（厚生労働省）による，保育需要及び供給の状況に関する次の記述の正誤を答えなさい。

保育所等待機児童数は平成26年4月1日時点に比べて減少している。

（答）×：待機児童は，2014（平成26）年から2017年まで3年連続で増加している。
（第29回社会福祉士国家試験問題137より）

注

(1)　総務省統計局「人口推計（2016年10月1日現在)」。
(2)　国立社会保障・人口問題研究所編（2017）『人口統計資料集2017』。
(3)　厚生労働省（2017）「社会的養護の現状について（参考資料)」。
(4)　武内一（2016）「貧困が新生児に及ぼす影響」日本子どもを守る会編『子ども白書2016』本の泉社，98-99頁。

〈参考文献〉
日本子どもを守る会編（各年度版）『子ども白書』本の泉社。
阿部彩（2008）『子どもの貧困——日本の不公平を考える』岩波書店。

第3節 施設で暮らす障害者の生活問題とその取り組み

この節のテーマ
- 障害者支援施設からの地域生活移行について学ぶ。
- 障害者支援におけるソーシャルワーカーの仕事について学ぶ。

障害者と現代社会

障害があっても、障害がない人と同じように、地域で「ふつう」の暮らしがしたい、あるいはみんなと同じ社会の中で暮らしたいと望むのは当然のことである。現在、障害福祉では、障害があっても「ふつう」の暮らしが送れるように支援していくべきであるという**ノーマライゼーション**[1]や、障害のある人も包み込んでいくという**ソーシャル・インクルージョン**[2]といった理念が掲げられている。

ノーマライゼーションの理念は、北欧の知的障害者の大規模施設における非人間的な環境と処遇に対する批判や反省から生まれ、その改善に向けた取り組みとともに発展してきた。現在、北欧を中心として先進国の多くでは、入所施設を縮小、あるいは解体して、入所者が地域の住まいに移行する取り組み（**地域移行**）が進められている。その結果、スウェーデンのように、すでに入所施設の閉鎖がほぼ終了した国もある。

日本の知的障害者福祉も、入所施設を中心に展開されてきた。とりわけ、1960年代から70年代の初頭にかけての時期は「コロニーブーム」と呼ばれ、収容定員が数百人に及ぶ大規模入所施設（いわゆる「コロニー」）が各地に造られていった。その後も、毎年一定数の入所施設が増設され、2000年初頭までに11万人を越える人が暮らすこととなった。

知的障害者の地域移行

ここで取り上げる長野県西駒郷も、1968（昭和43）年に設置された収容定員500人のいわゆる「コロニー」であり、県内の知的障害のある人が、生まれ育った地域を離れて入所している。そして、開設されて以降、ほとんどの入所者が、そのまま入所を継続するか、県内の同種の施設に移るかして、長い人では30年以上にわたって入所施設での生活を継続していた。そこでの生活は、集団生活が基本であり、同じ居室に数名の人が寝起きすることになり、成人した大人にとっては、個人の志向やプライバシーが確保できているとは言い難かった。

2000年代に入って、施設の老朽化に伴って今後の施設のあり方が検討され始め、「西駒郷基本構想」が策定された。この中で、希望する利用者については地域の住まいへの移行を進め、入所施設の規模を縮小していく方針が示された。そして、その方針を具現化していくため、施設内に西駒郷自律支援部が設置され、入所者の地域の住まいへの移行を専門に行う職員が配置された。

自律支援部では、まず入所施設の入所者と個別に面談して、時間をかけて将来の暮らしについて

希望を聞いていった。入所者の多くは自分の意志とは関係なく，入所させられてきた経緯があったり，入所施設での生活以外の選択肢を示されてこなかったりした。そのため，自分の希望を話すことにためらいがあったり，入所施設以外の選択肢をイメージできなかったりして，容易には希望を話してもらえない場合もあった。ソーシャルワーカーは，入所の経緯やこれまでの暮らしについても聴きながら，入所者が地域での暮らしのイメージをもてるように支援しながら面談を進めていった。また，入所者が地域の住まいやそこでの暮らしのイメージをもてるよう，グループホーム等の見学や体験の場面も設定した。

　さらに，入所者の家族の中には，本人が地域で暮らすことに不安をもったり，家族が本人の支援について責任を持たなければならなくなると思われたりする場合もある。こういった不安に対しても，ソーシャルワーカーは相談にあたり，本人との相談の中で示された希望や，具体的な支援体制を示しながら理解を求めていった。

　一方で，入所者が移行する地域の住まいや就労・活動の場の確保と，そこにおける支援体制の整備も必要である。そのため，ソーシャルワーカーは所属している施設だけでなく，利用者が移行を希望している地域にある社会福祉法人やNPO法人等，障害者へのサービス提供を実施している，あるいは実施しようとしている事業者に対してグループホームの設置を促し，西駒郷からの利用者の受入と支援を依頼していった。

　また，長野県内の各障害福祉圏域の地域生活支援センターにもソーシャルワーカーが配置され

必ず覚える用語

- ☐ **ノーマライゼーション**
- ☐ **ソーシャル・インクルージョン**
- ☐ **地域移行**

◆1　ノーマライゼーション
第5章第2節参照。

◆2　ソーシャル・インクルージョン
第5章第2節参照。

第 1 章
現代社会の多様な問題に対応する福祉
第3節　施設で暮らす障害者の生活問題とその取り組み

ていて，県内各地に移行した後は，身近な支援セ
ンターが利用者の支援を担っていった。この取り
組みの結果，500人に近かった西駒郷の入所施設
の利用者数は，200人まで縮小している。

　さらに，グループホームに移行した人の中から
は，グループホームから出てひとり暮らしをした
いといった希望や，好きな人と結婚して一緒に住
みたいという希望を持つ人もあらわれ，支援セン
ターが実現に向けて支援していった例もある。

　その一方で，住環境や支援のあり方について，
当事者から不満が示されることもある。たとえば，
グループホームの住環境が充分にプライベート
を確保できないものであったり，支援が管理的で
自由が感じられないといったりといった内容で
ある。希望する暮らしが実現したり，暮らしの満
足度が上がれば，さらに新しい希望や思いが出て
きたりするのは当然であり，地域の住まいへ移行
した後も，本人の希望を聴きながら支援を見直し
ていくことが求められている。

障害者を支えるソーシャルワーカー

　これらの取り組みは，地域の住まいへの移行だ
けが目的ではなく，支えがあれば地域で暮らして
いけるにもかかわらず，入所施設という選択肢し
か選べないことを変えていくこととも併せて考
えられなければならない。もちろん，最後の安全
網やシェルター（緊急保護所）としての機能して
入所形態の施設が必要であることは留意しなけ
ればならない。しかし，安易に入所施設の機能に
のみ頼るのではなく，本人の希望や思いを聴き，

それを尊重することと，可能な限りの手だてを動
員して，支援の仕組みを組み立てていくことを，
地域の中で実現していくことが重要である。

　また，このような実践を可能にする条件として，
行政の政策担当者との関係やグループホームや
就労・活動等直接的な支援現場との連絡・調整
も不可欠であった。そのため身近な地域における
相談支援の拠点として，圏域ごとに地域生活支援
センターを配置したり，グループホームの設置を
後押ししたり，運営をサポートする仕組みも整え
られていった。

　そして，地域生活支援センターは，西駒郷から
移行した人たちの支援だけでなく，地域に暮らす
全ての障害のある人の支援にあたることになる。
同時にこれは，それぞれの地域において，障害の
ある人が住み続けられる支援体制の整備を促進
することになり，長野県全体として西駒郷のよう
な入所施設の必要性を限定していくことにつな
がっていく。

　この西駒郷の取組に前後して，全国のいくつか
の大規模施設でも，入所者を地域の住まいに移行
して規模を縮小する取組が行われた。また，国の
施策も，地域での生活支援体制の整備を推進する
とともに，入所施設から地域の住まいへの移行を
促進する方向に転換してきている。

ソーシャルワーカーの役割とは

　ソーシャルワーカーは，既存の施設や事業，サ
ービスを，当事者の状況に当てはめる単なるコー
ディネータ役ではない。人間としての尊厳や，あ

たりまえに暮らす権利が侵害されている状況に
対して敏感に反応し，応急的に求められる対応を
取るとともに，問題が生じている状況に対して問
題意識を保持し，それらを変革していく。

　そのために，まず当事者がどのような困難に直
面して，その中でどのような思いをしているのか，
あるいは当事者が何を望んでいるのか，そのまま
の思いや希望を聞き取らなければならないし，そ
れらが生じている状況ごと把握していくことが
求められる。そして，当事者の切実な思いに応え，
可能な限り当事者の望む暮らしを実現していく
ために，社会資源を動員したり，それらを柔軟に
改変したり，必要に応じて新たな資源を開発して
いかなければならない。

　さらに，そのようにして行われる実践そのもの
を，冷静に見つめる姿勢も必要である。現に行わ
れている支援は常に一定の制約の中で行われて
いるのであり，自らの実践を振り返って，理念と
のギャップを確認していくといったラディカル
な態度を保持しなければならない。そして，自ら
が所属する支援体制やサービスの運営体制，制度，
政策といったシステムも働きかけていくことが
求められるのである。

〈参考文献〉
福岡寿・山田優（2008）『地域生活のススメ
　　──西駒郷の地域生活移行にかかわって』
　　Ｓプランニング。

第4節 貧困の問題とその取り組み

この節のテーマ
- 貧困問題は個人ではなく社会の問題であることを学ぶ。
- 公的扶助制度を必要なひとたちのもとにつなげるソーシャルワークが重要であることを学ぶ。

貧困問題と現代社会

　筆者が貧困問題に関わり始めたのは、2002（平成14）年にホームレスの自立の支援等に関する特別措置法（以下、ホームレス自立支援法）が成立する少し前のことである。当時、全国の**ホームレス概数は2万人**を超え、都市部を中心に社会問題となっていた。筆者は、自治体からホームレス実態調査の委託を受けたホームレス問題研究会の調査チームの一員であった。そんな中調査チームの一人がある分野の専門家から「実態調査なんかしなくても、生活保護につないで解決じゃないですか」と言われたと聞いた。別のメンバーは別の専門家から「生活保護法という法律がちゃんとあるのだから、それを使わない本人の自己責任ではないんですか」と言われた。では公的扶助で解決できているならば、なぜこの国で1万人を超えるホームレスの人たちが確認され、餓死する者、路上で孤独死する者が次々と発見されるのか。なぜ、ホームレス問題が社会問題となって、マスコミが取り上げるのか。貧困問題は、個人的要因に社会的要因が複雑に絡み合い、複雑多様化し自己解決が困難になったケースが多い。日本に公的扶助制度が整備できているからということで流れ作業のように貧困問題が解決できるほど、社会の仕組み、ひとの生活過程は単純ではない。

　筆者は、この実態調査において多くのホームレス状態にある人たちに出会い、彼らから話を聴く機会を得た。そして、彼らのライフヒストリーに触れたことで貧困問題が個人の問題ではなく、社会の問題であると確信した。彼らの実態を自己責任で論じることに大きな違和感をもった。そして、制度が整備されていても、それを必要とする人へと届いていない現実を目の当たりにした。

　2002年、筆者は社会福祉士等の福祉関係者と共に市内初めてのホームレス支援団体を結成した。炊き出し、夜間の路上訪問、食料・衣料・日用品の提供、生活相談会、福祉事務所・法律事務所・医療機関への同行訪問、アパート探しなど、**フォーマル・サービス**[1]、**インフォーマル・サービス**[2]を問わず、社会資源につなぐ活動を行ってきた。ある日、以前に支援した元ホームレスの人がスーパーの休憩コーナーで近所の人たちと雑談しているところに出くわした。彼の笑顔からは安寧な生活ぶりがうかがえた。幸せそうだった。地域に馴染んでいる彼の姿を見て、声掛けすることを控えた。彼に元ホームレスという経歴は必要ない。ホームレス支援団体の構成員である私の役割は終結したと判断した。当団体は現在も市の設置するホームレス自立支援連絡協議会のメンバーにも加わり、県内の民間支援団体とともに連携しなが

写真1-1
民間支援団体主催の生活相談会

ら，支援活動を続けている。

貧困問題と社会福祉

　周知のとおり，生活保護法は，生存権保障，国家責任を明記している。しかし，生活保護法にこれらが明文化されているだけでは，貧困問題の解決は進まない。ホームレス自立支援法の定義に該当するホームレスの人たちは数値上，大きく減少している。しかし，**ネットカフェ難民**[3]などの新しい形態のホームレス状態にある人たち，最近ではシェアハウスを余儀なくしている貧困形態も顕在

必ず覚える用語
□ ホームレス
□ 生活困窮者自立支援法
□ 子どもの貧困対策の推進に関する法律
□ ウェルビーイング
□ 社会的排除
□ 生存権

◆1　フォーマル・サービス
制度化されたサービスのことを指す。基礎構造改革以前は，概ねフォーマル・セクターが提供するサービスと一致していたが，介護保険法や障害者自立支援法（現障害者総合支援法）の成立によって，NPO法人や私企業もフォーマル・サービスの供給主体となることができるようになった。

◆2　インフォーマル・サービス
フォーマル・サービスに対して，制度化されていないサービスのことを指す。公的な関与がないか，フォーマル・サービスに比べて公的な関与の度合いが低い。地域住民による自発的な助け合いやボランティア活動，非営利団体による支援活動などが含まれる。

◆3　ネットカフェ難民
解雇によって雇用先の寮を退去させられたり，収入の減少によってアパートなどの賃貸住宅を退去せざるを得なかったりして，インターネットカフェなどをホテル代わりにしながら，日雇派遣等の仕事をしながら生活を維持している人のことを指す。医療保険や年金などの社会保障に加入できていない場合が多い。数千人から数万人存在すると言われるが，住所が不定であるため実態がつかみにくく，公的な支援の対象となりにくいことも指摘されている。

第1章
現代社会の多様な問題に対応する福祉
第4節 貧困の問題とその取り組み

化してきている。国民生活基礎調査によると2015（平成27）年における子どもの貧困率は13.9％となっている。この数値は主要36か国中で24位と，決して低いとはいえない。ひとり親の約半数が貧困状態といえる。国は2013（平成25）年「**生活困窮者自立支援法**」を成立させ，新たな貧困対策に乗り出している。本法の成立を受けて，ホームレス自立支援事業の一部も生活困窮者自立支援事業に移行している。同年に「**子どもの貧困対策の推進に関する法律**」も成立し，貧困の連鎖の防止にも力を注ぎ始めた。こうしてみると，制度的枠組みは着々と整備が進んでいるようにみえる。

さて，冒頭のある専門家の「実態調査なんかしなくても，生活保護につないで解決じゃないですか」という言葉を思い出してほしい。「誰が」「どこの」「何に」「どう」「つなぐ」のか。少なくとも筆者がかかわってきたホームレスの人たちの多くは，路上生活を余儀なくし，要保護状態にありながら生活保護制度につながっていなかった。そして，生活保護制度が存在し，適用されるだけでは，人としての生活を成り立たせることは困難であった。

社会福祉においては「自助」「共助」「公助」などといわれるが，少なくとも当時，「自助」では生活保護法につながることが困難な人が多く存在していた。そもそも生活保護法は「公助」である。これを運用する公的機関の多くが，ホームレス支援に消極的であった面は否めないであろう。まさに**社会的排除**の状態にあったホームレスの人たちの生活過程にかかわり，社会資源につなげてきたのが，「共助」に位置づけられる民間支援

団体だといえる。ホームレス自立支援法においても，国の「基本方針」の中に「ホームレスの自立の支援等を行う民間団体との連携に関する事項」を盛り込むことになっている。さらに都道府県又は市町村が基本方針に基づいた「実施計画」を策定するに当たっては，「地域住民及びホームレスの自立の支援等を行う民間団体の意見を聴くように努める」ことが明記されている。生活保護だけでなく，様々なサービスにつなげていくためには，日頃からホームレスの人たちと「ひと」としてのつながりを構築している民間支援団体の役割が重要であるということを示している。たしかに制度を適用していくには様々な書類を整えることが必要である。しかし，それ以前に制度への「つなぎ」がなければ社会福祉は成り立たないのである。

▌ 貧困問題とかかわるソーシャルワーカー

社会福祉は人を**ウェルビーイング**[4]へと導くことを目指すものである。そんな中，法治国家である日本においては社会保障・社会福祉に関する法律の充実が日々求められる。しかし，どんなにすばらしい法律ができたとしても，それらが適切に運用されなければ「絵に描いた餅」となってしまう。ひとはひとが創る社会の中で暮らし，ひととのかかわりの中で生活の豊かさを高めていく。単に経済的支援や日用品が整備されただけでは**生存権**[5]が保障されたとはいえないのである。

現在，複雑多様化した社会保障・社会福祉に関する法律に対応できる専門職の存在が欠かせな

くなっている。ただし，法に詳しいだけで対人援助職は務まらない。対人援助職は対象者の生活に寄り添い，要支援者の複雑に絡み合った課題を紐解き，周辺環境も含めて最善の環境に整えていかなければならない。ここにソーシャルワークの専門的スキルが必要となる。確かに事務処理は重要である，しかし，対人援助職の中核は，目の前の案件をサクサクと処理し，迅速に書類を整えるスキルではない。たとえばホームレスも貧困も状態である。この状態には必ずそこに至る過程がある。もちろん貧困問題へのアプローチには，経済的支援が重要である。しかしソーシャルワーカーにはそれにプラスして，対象者がなぜホームレス状態や貧困状態に至ったのかという過程に関心を向け，彼らの生活過程に継続的にかかわり，良き理解者となり，彼らが排除されてきた地域環境を再構築，あるいは補足していくことが求められる。

　しばしばソーシャルワーカーは，目の前にある公的支援のみに価値を置き，利用可能な公的サービスのみに意識を向けてしまう。そしてややもすれば公的支援につながらないケースは，支援の対象から外してしまいかねない。しばしば，公的機関は，法の枠組みに基づく役割を果たすことが期待され，法の枠組みは支援の範囲に枠をはめ，行動力を鈍らせてしまうこともある。ソーシャルワーカーは，法的な位置づけが明確でない民間組織などのインフォーマル・サービスの実践力にも価値をおき，適正な評価を与えて，連携していく姿勢を忘れてはならない。

4

◆4　ウェルビーイング
第5章第2節参照。

5

◆5　生存権
社会権の一つ。国民が人間らしく生きるための人権として，憲法第25条1項に「すべて国民は，健康で文化的な最低限度の生活を営む権利を有する」と規定されている。この条文を具現化する法律の一つに生活保護法があげられる。

〈参考文献〉
岩田正美・西沢晃彦編著（2005）『貧困と社会的排除――福祉社会を蝕むもの』（講座・福祉社会）ミネルヴァ書房。
武田英樹（2006）「地方都市のホームレス自立支援についての検討――姫路市を事例に」『社会福祉士』第13号，日本社会福祉士会。
武田英樹（2017）「ホームレス自立支援の公共性に関する検討」『美作大学紀要』第50号，21-29。

永田祐『住民と創る地域包括ケアシステム――名張式自治とケアをつなぐ総合相談の展開』ミネルヴァ書房，2013年
三重県名張市において展開される地域包括ケアシステムが，住民自治の中でどのように形成されていったのか，また，「まちの保健室」と呼ばれる特色ある取り組みを通して，どのような住民との協働が行われているのか，パートナーシップのあり方についてまとめられた一冊である。

花村春樹訳・著『「ノーマリゼーションの父」N・E・バンク－ミケルセン――その生涯と思想〔増補改訂版〕』ミネルヴァ書房，1998年
バンク－ミケルセンは，デンマークの行政官であり，ノーマライゼーションの提唱者の一人である。本書では，彼の生涯や業績をたどりながら，ノーマライゼーション思想が生まれてきた背景について学ぶことができる。

ニィリエ，B./ハンソン・友子訳『再考・ノーマライゼーションの原理――その広がりと現代的意義』現代書館，2008年
ベンクト・ニィリエは，スウェーデンにおいて，ノーマライゼーションの理念を発展させた人物である。ニィリエは，「ノーマライゼーションの8原理」を提唱し，具体的な生活や支援の場面において展開し，具現化していくための条件を提示した。

生田武志『釜ヶ崎から――貧困と野宿の日本』ちくま文庫，2016年
著者自身が釜ヶ崎で日雇い労働者として働きながら，野宿者支援活動に携わってきた体験から，現代の貧困の実態がリアルに表現されている。ホームレスだけでなく，子どもからDV被害にあう女性等まで幅広い分野における支援者実体験から貧困問題を問う内容となっている。

問：日本には，障害者入所施設がどのくらいあって（施設数），何人くらいの人が入所しているのか（入所者数），調べてみよう。

ヒント：厚生労働省が，「社会福祉施設等調査」を実施・公表しているので，webサイト（http://www.mhlw.go.jp/）から確認してみよう。

第2章

社会福祉の歴史と思想： 古代から近世

本章で学ぶこと

● 近代以前の主にヨーロッパにおける共同体的相互扶助，宗教的慈善，救済制度について理解する。（第1節）

● 近代以前の日本における共同体的相互扶助，仏教や儒教思想による救済，救済制度について理解する。（第2節）

第1節 海外

● この節のテーマ
● 人類に共通な原生社会と「相互扶助」について理解する。
● 古代社会および中世社会の生活支援について理解する。
● 古代社会および中世社会の「救済」とキリスト教の関係について理解する。

原生社会と生活支援

最古の人類（猿人）が約500万年前にアフリカに出現し，現生人類（新人）が約4万年前に誕生して以来，子育てや老い，疾病や障がい，看取りは時には一人では解決できない生活上での問題として存在した。その解決のために人類の発展とともに血縁や地縁などの関係によりお互いの助け合いの「**相互扶助**」が社会共同のなかに生まれた。

また洋の東西を問わず人は一人では生きていくことができないために，生活をすることや労働することは，家族はもとより他者と協働しなければならず，そこには地域社会が形成されて共同体を生み出すことになった。

古代社会と生活支援

紀元前8から7世紀の古代イスラエルの国で貧者は，己をたのみとする部族民，小農，貧困化した貴族を指した。

古代ユダヤの社会において「貧困」は共同体が抱える重要課題とされ，共同体が生活困窮にある人々に対して救済義務を負った。また神との契約のもとでは個人は貧困者を援助する義務が課せられた。なおユダヤ教教典には，農作物の分配を救済手段としてイスラエル領内における生活困窮寄留者や孤児，寡婦への最低限の食生活保障が規定されており貧困者救済制度が存在した。

古代ギリシャでは，農産物の年間収穫量に応じた貧富の差の調整，債務無効や債務奴隷制の禁止が行われていた。また貧農者への土地分給，貧困市民救済に向けた土木工事などもみられた。

古代ローマでは，貴族の大土地所有制の制限と中小農民への土地分配，さらには貧困市民に対する食糧給与がみられた。

キリスト教理念と生活支援

原始キリスト教はヘブライ人以来の「神の前の平等」という考えを受け継ぎ，古代ローマにおける貧しき者や悩める者の宗教としての役割を果たしていった。そこでは信仰とその活動が生活支援につながった。

「**神愛**」とはキリスト教においては，agape（ギリシャ語：アガペー）や caritas（ラテン語：カリタス）と表記され，それは神と人間の関係を表す考え方である。イエスを信じるキリスト教徒にとりお互いの人間関係においても他者に神が内在し，その他者が困窮していればなおさら手を差し伸べることは信仰の証であり実践であった。そ

して後に，すべてのキリスト教徒は，所属する教会に教区民として**10分の１税**を納めることで生活の共同と保障を備えていくようになった。

　なお**慈善**（charity）は，神愛や隣人愛を意味するラテン語の caritas を語源とする英語で13世紀に成立した。その実践を慈善活動とよび，今日においては慈善事業という。また**博愛**（philanthropy）とは，人間を愛することを意味する。それが民間事業としてひろがった実践を博愛事業という。

　エルサレムの最初のキリスト教徒はユダヤ共同体にならって寡婦を援助したが，２世紀の終わり頃に初期キリスト教会においては，貧窮者の食事や埋葬，孤児や年老いた召使い，遭難者，牢獄にいる者への支援のために信者がお金を出しあった。

　また３世紀の半ばにローマ教会は1,500人以上の寡婦と貧窮者を養っていた。特に250年代のキリスト教徒による活動は，共同体においてペストの犠牲者を区別することなく対象とした。

　そののち313年にキリスト教が公認されると中央権力と結びつき，新たな慈善活動の組織化が展開されてやがて380年にローマ帝国の国教となった。

　その頃，慈善施設として「クセノドケイオン」（ギリシャ語）や「クセノドキウム」（ラテン語）がみられた。どちらも巡礼者や放浪者も受け入れて病人を世話する建物を意味する施設であり，それは一般信徒や貴族そして君主の施しにより成立した。たとえば，カッパドキア（現・トルコ）の近郊に修道院付属宿泊所とハンセン病患者の収容施設を設けた総合施設の実践例がある。

必ず覚える用語

☐ 相互扶助
☐ 神愛・慈善・博愛
☐ 救貧税（10分の１税）
☐ ギルド

◆1　10分の１税
中世ヨーロッパ社会において，教会が教区民から農産物や家畜に対して生産物貢租として徴収した現物税である。旧約聖書を根拠に５世紀以降にはじまり，８世紀後半には公認され全キリスト教徒が対象となった。

間違いやすい用語

「救済」と「共済」

救済には宗教的理念にもとづく救済と政治的理念にもとづく救済の２つがある。前者は宗教的な意味での魂の救済を示す場合であり，後者は為政者による救済である。それら救済は，タテの関係によるパターナルな関係にもとづくともいえる。一方共済は，原生関係にもとづく血縁や地縁における相互扶助が，ヨコのつながりのなかでの助け合いとなり後に血縁や地縁を超えて社会の成熟とともに同業者や地域内の共済とその組織化につながる。

第2章
社会福祉の歴史と思想：古代から近世
第1節　海　外

　古代ローマ皇帝**コンスタンティヌス**[2]は，「貧者に施与する義務」と「聖職者を支える義務」の2つを背負い，キリスト教の教会に「喜んで与える人」という考え方が与えられた。なおコンスタンティヌスは，「貧者への配慮」を使命とする教会に対して，教会に登録された寡婦や孤児そして貧者支援のために食料および衣服の徴収分を聖職者たちに割り当てて，キリスト教徒から支持された。

中世社会と生活支援

　中世社会では，「貧困」や「貧民」という概念が多義的であった。それは貧困がその社会において何らかの欠如状態を指すのに対して，貧民は有力な他者と比べて身体的に社会的に劣った状態を指す言葉であるからである。

　特に中世初期においては，貧民は旅人や巡礼者，寡婦や孤児などの「キリストの貧者」と呼ばれた人々であったが，それに加え領主の保護外にあった自由土地所有農民も社会的および経済的状況の悪化により「貧民」とされた。

　そして中世社会において「**慈善**」(caritas) は，富裕層から貧者への行為だけでなく幅広くとらえる必要がある。それは中世における慈善は，純粋な利他的行為としての贈与行為ではなく，贈与行為によって魂の救済という見返りがもたらされると考えられていたからである。また中世社会の生活支援は，富裕者から貧者への救済と，他方で**ギルド**[3]（同職組合）やフラタニティ（兄弟団）のような共済的意味の救済があった。

　また中世社会は都市化を伴う社会であり，都市部に貧しい人々も集まる社会構造となったことで「良き貧民」（身体的不自由者）と「悪しき貧民」（身体壮健者）の区別が行われた。その都市社会では，物乞いや浮浪行為に対する制限や労働の義務を明文化する条例が，イングランドやフランス，スペインの王権によって1350年代前後から現れている。

イギリスにおける児童保護

　最後にイギリス市民革命までのイギリス社会における児童保護をみておきたい。

　イギリス社会では早くから犯罪児童少年に対する保護立法がみられた。8世紀のヨークでは他害行為をした15歳未満の児童少年への処遇として懲治師による訓育がみられた。また925年には15歳未満の者に対して死罪は認められず，監督下におくことが規定されている。

　その後ヘンリー8世がローマ法皇と決別したことで，イギリスは宗教改革の時代に入った。ヘンリー8世の1531年法は貧窮児童少年の保護責任を教区が負い，1536年に僧院と教団の解体，財産の没収を命じたことで，修道院644，救貧院110，祈禱所2374か所が閉鎖され保護貧民が街頭に放り出されて，結果的には国家規模の救貧制度が必要となった。そしてエリザベス1世のエリザベス救貧法（1601年）において貧窮児童への処遇がみられ，救貧制度のなかで保護されるようになった。

24 | 第Ⅰ部　社会福祉とは何かを学ぶ

2 ◆2 コンスタンティヌス
古代ローマ皇帝（在位306-337）として専制政治を強化し，キリスト教をミラノ勅令により信教自由を認めて公認宗教に加えた。

3 ◆3 ギルド
中世ヨーロッパにおいて，中世都市のなかで同業者の発展を目的とした同業者組合で大きくは商人ギルドと手工業者の同職ギルド（ツンフト）に分かれる。なおイギリスでは guild，ドイツでは Gulde，フランスでは gildes が組織された。

間違いやすい用語

「welfare」と「福祉」

- - - - - - - - - - - - - - - - - - - -

「福祉」は B.C.220年頃に古代中国で成立する漢字であり，welfare は西ヨーロッパ社会の封建制解体期の14世紀にイギリス社会で成立する単語であり，良い状態を続けるという意味をもつ。さらにドイツ語の wohlfahrt は16世紀に成立する。両者の成立する時代が異なるということは，意味内容も異なる。

〈参考文献〉
桑原洋子（1989）『英国児童福祉制度史研究』法律文化社。
アラン・コルバン編／浜名優美監訳，藤本拓也・渡辺優訳（2010）『キリスト教の歴史——現代をよりよく理解するために』藤原書店。
ピーター・ブラウン／戸田聡訳（2012）『貧者を愛する者——古代末期におけるキリスト教的慈善の誕生』慶應義塾大学出版会。
田中俊光（2014）『ユダヤ慈善研究』教文館。

第2節 日本

この節のテーマ
- 地域社会の血縁・地縁による「相互扶助」について理解する。
- 「慈恵」「徳治」「慈悲」と救済の関係について学ぶ。

古 代

本書の「はじめに」でも述べたように紀元前に成立する「福」の漢字と「祉」は，ともに「さいわい」を意味する。世界の他の地域と同じく日本でも古代国家が成立するなかで「福祉」は政治と結びつくようになる。

推古天皇を支えた聖徳太子は，仏になる道として慈悲の実践を「慈心は楽を与へ，悲心は苦を抜く」（抜苦与楽）と説いた。593年創建と伝えられる「四天王寺」には，お参りする敬田院のほかに，薬草を施与するための施薬院，病院機能を備えた療病院，収容施設としての悲田院が**四箇院**として奈良時代にかけて整えられたが，それらは仏教理念にもとづく施設であった。

古代日本の天皇は**慈恵**[◆1]策として国家の救済策を具体化していった。その救済対象は儒教の考え方に基づき，「鰥寡孤独」[◆2]でかつ「無告の窮民」[◆3]である。それは日本の古代国家の救済は，天皇の権威にもとづく政治的制度であり政治を行う人が恵みを施すという性格であったためである。

平安時代には律令国家の形骸化とともに，高齢者や病人等に国家が食料品などを支給する制度（賑給）ができた。9世紀末には食料不足となる毎年5月に京都で実施された。

古代国家の救済は，罹災時の租税免除制度である「蠲免」，飢饉に備えて平時に農民の貧富の差に応じて粟・麦・豆などの穀物を徴収し蓄えておく倉庫の「義倉」，米を安い季節に購入し高い時に放出する穀価の平準化のために設けられた「常平倉」がある。

なお大宝律令（701年）を修正した**養老律令**（718年編纂・757年施行）には各保護救済規定がみられ，近代日本の恤救規則（1874年）にもその考え方が復活したと指摘されている（**表2-1**）。

中 世

11世紀後半から戦国時代末までの時期は，武士が力をもつようになり，支配構造が貴族から武士によるものへと変化した。他方で中央には幕府が成立し，それは古代権力である天皇へ従うことにより成立した。

武家社会における救済の初めての例は源頼朝による平家討伐翌年の1186年の飢饉対策としての未納の年貢免除実施である。また1213年には源実朝による非人施行が奈良十五大寺で行われた。なお1200年には北条泰時が風水害に際して領民の救済を行った。逆に室町幕府第8代将軍・足利義政は，飢饉時の無策を花園天皇に批判される事態となった。また江戸幕府初代将軍・徳川家康は隠退時に2代将軍・秀忠に「軍事」以外に福祉への使途のための金銀の貯蓄を厳命した。それは，

26 第I部　社会福祉とは何かを学ぶ

表2-1
養老律令にみられる保護救済規定

救済対象	保護救済規定（根拠規定）
貧民救済原則	戸令 鰥寡 条
高齢者介護	戸令 給侍 条
災害救助	戸令 遭水旱 条
行旅病人・行旅死亡人	格
孤児への綿服や布団支給	充 薬悲田 条
犯罪幼年者への特別処遇	犯罪時雖未労疾 条

出所：桑原洋子（2006）『社会福祉法制要説〔第5版〕』有斐閣から抽出し，筆者作成。

統治者である将軍が自分の持つ徳に基づいて人民を治めていく，福祉実践であった。

　地方における救済例は，武田信玄による釜無川築堤や上杉謙信による租税免除がある。

仏教と福祉

　また中世社会の仏教と福祉の関係も無視できない。奈良時代末の行基は造寺，池堤や道橋および布施屋（宿泊所）を設置し，女官の和気広虫は，すてられた子や孤児の収容保育を行った。

　また空海による讃岐の万農池の池溝の整備，空也による道路修築や井戸掘りの実践は施行としての意味があった。

　このように仏教の慈悲の実践において造寺・造仏・架橋・施行・救済を行うことが人々の暮らしにかかわる福祉実践であった。

　鎌倉時代の叡尊は「非人救済」を主張したが，その弟子である**忍性**は，北条氏に迎えられた鎌

必ず覚える用語

- ☐ 四箇院
- ☐ 養老律令
- ☐ 忍性
- ☐ 七分積金
- ☐ 養生所
- ☐ 人足寄場

1

◆1　慈恵
政治的理念とされる儒教の「仁」を実践することが「慈恵」であり，政治を行うことが庶民の生活支援につながることを意味する。

2

◆2　鰥寡孤独
鰥は61歳以上で妻のない者，寡は50歳以上で夫のない者，孤は16歳以下で父のない者，独は61歳以上で子のない者と規定された。現在でも寡婦や孤独という用語が残る。

3

◆3　無告の窮民
自ら働いて収入をえることができず，さらには身寄りがなく地縁の人間関係においても保護や救済されずに生活に困窮している人である。

第2章
社会福祉の歴史と思想：古代から近世
第2節　日　本

倉で極楽寺開山（1267年）において施薬院・悲田院・療病院・薬湯室などを設け，1274年の飢饉時には50日間の施粥（食事の提供）を実施した。

鎌倉時代の新仏教では，法然が戒律や作善を超えて救われると主張し，その弟子の親鸞はすべての人に極楽往生を保障する教えを広めた。それは念仏を通じて仏にすがることで来世での救済を説くことを意味した。その親鸞の主張は，後に蓮如によって現世利益を肯定する実践につながっていった。現世における救済は共済の福祉実践であった。

近世社会と地域相扶

近世社会は，時においては戦国時代を終わらせた徳川家康による江戸幕府の開設から，大政奉還までの時期をいう。近世社会では救済を必要とする下層民衆が形成され始めた。

そのような中，三大飢饉（享保・天明・天保）が起こり，特に1732年享保の飢饉では，翌年にかけて江戸でも米価高騰をもたらした。餓死者は1万人と推定され，下層民衆への打撃となり社会問題化した。大坂では『町方施行』が行われ，家持層およそ1万2,000人によって8,151両が集められたが，そのうち有力町人14人で4,529両を拠出した。それは治安対策的側面をもちながら，他方で仏教の功徳の意味をもっていた。

江戸では寛政改革の一環として老中・松平定信が実施した「**七分積金**」は，1791年に公布された町法改正，七分積金令によって運用され1872年まで続いた。これは地域社会の相互扶助を自治的

な町方行政の一環として制度化したもので，町費のうち節約できる金額を算定し，その70％を困窮者の救済にあてるしくみであった。

儒教の教えにもとづく福祉実践として山鹿素行は防貧的性格となる衣食貸与，次に救済的性格の米穀金銀支給，最後に保護的性格となる流民収容の必要性を段階的に説いた。

具体的には貧困に陥る前に防貧策として，お米やお金を貸すこと，貧困に陥った際には救貧策として施米・施粥・救金を行うこと，生活する場所がない場合には収容施設として救小屋・**養生所**◆4・**人足寄場**◆5を設置することを指す。

また，地方における救済例は，熊本藩主・細川重賢による天明飢饉時の救済や米沢藩主・上杉治憲の農村復興策がみられた。

これらは現在の社会福祉にも通じる部分がある。

4

◆4　養生所

徳川将軍・吉宗の時代に施薬院設立を希望する目安箱への投書により，1722年に幕府直営の小石川薬園内に町奉行所の所管により設置された。施設は，当初，入院定員40人であったが1726年に外来を中止して定員100人となり，医師・小川笙船が所長（肝煎）を務めその子孫が世襲した。明治維新後は小石川植物園と改称され，現在は東京大学大学院理学系研究科附属施設となった。

5

◆5　人足寄場

1787年に火付盗賊改加役となった長谷川平蔵が，1789年に老中・松平定信に無宿人対策として寄場建設を建議したことにより，1790年に石川島に浮浪者収容施設として人足寄場が設立されて，1870年まで存続した。

Check

日本における地域福祉の前史について，次の記述の正誤を答えなさい。

　七分積金制度は，生活に困窮する者の救済を目的とした儒教的徳治主義を象徴する天皇の慈恵政策のことをいう。

(答)×：七分積金制度は寛政改革の一環として松平定信により命名され，町費の節減分7分を積み金として積み立てたものであり，地域社会の相互扶助を自治的な町方行政の一環として制度化したものであるために，天皇の慈恵政策とは直接的な関係がない。
(第29回社会福祉士国家試験問題34より)

〈参考文献〉

池田敬正（1986）『日本社会福祉史』法津文化社。

宮城洋一郎（1993）『日本佛教救済事業史研究』永田文昌堂。

吉田久一・長谷川匡俊（2001）『日本仏教福祉思想史』法藏館。

桑原洋子（2006）『社会福祉法制要説〔第5版〕』有斐閣。

阿部志郎・岡本榮一監修，日本キリスト教社会福祉学会編『日本キリスト教社会福祉の歴史』ミネルヴァ書房，2014年
日本のキリスト教社会福祉の歴史だけではなく，世界のキリスト教の歴史や近代以前のキリシタンの慈善事業について解説され，巻末資料には年表や参考文献がリストアップされて学びを深める一書である。

池田敬正・池本美和子『日本福祉史講義』高菅出版，2002年
通史的性格の書であるが，自由が成立しない段階である近代以前の社会の福祉実践について，社会共同と生活支援，地域社会と福祉実践，儒教と福祉実践，仏教と福祉実践の4つの観点から整理され解説されている。

 第2章

問：中世ヨーロッパ社会における，救済とキリスト教の慈善がどのように結びついたか，についてまとめてみよう。

ヒント：中世ヨーロッパ社会におけるキリスト教の慈善の実践は，限界があるからこそ宗教改革や近代社会における救済や救貧法を生み出した要因が内包されていたことをおさえよう。

第3章

海外の社会福祉の歴史と
思想：近代から現代

本章で学ぶこと

- ●近代における資本主義経済の発展と，貧困観の転換について理解する。
- ●ソーシャルワークと社会福祉専門職の形成について理解する。
- ●20世紀における福祉国家の成立について理解する。

第1節 近代

○ この節のテーマ
- ● 諸外国の手本となったイギリス救貧法制の概要を知る。
- ● 産業革命の進展と各国の対応について理解する。
- ● 社会福祉史における貧困観の転換について理解する。

キリスト教慈善の転換

第2章でもみてきたように西洋社会における貧民対策の歴史は古い。特にキリスト教（カトリック）教会が強大な力を誇った中世までは，教義的にも貧民たちを救済することに一定の意義はあった。ヨーロッパ各地の王侯や貴族，修道院などによって大規模な慈善事業が行われた。しかし，16世紀に起こった宗教改革によって台頭してきたプロテスタントの教義の下では労働と勤勉さにもとづく経済的自立が望ましいとされ，貧民に対する救済は宗教上の意味を失い，貧困はなまけや不道徳などの結果として貧民個人の問題として考えられるようになっていった。

特にイギリスでは羊毛増産のための農作地の第一次囲い込み（エンクロージャー）が進められ多くの農民が土地を追われた。さらには相次ぐ戦争と国王ヘンリー8世の首長令によって貴族や修道院など慈善事業の担い手そのものが没落し，多くの貧民が生存の糧を失う事態に拍車をかけた。このような状況において，1530年代から浮浪化して社会秩序を乱すような貧民を処罰したり，都市部から追い立てるための法律がつくられてはいたが，それらの有効性は限られていた。

エリザベス救貧法と産業革命

イギリスでは16世紀後半に入ると労働力を有する者とそれ以外の貧民（高齢者や児童など）との処遇上の区別が図られるようになり，これら一連の改革は1601年の**エリザベス救貧法**へと結びついた。同法では，①親族の扶養が期待できない労働不能の貧民は貧民院において教区で養う。②労働能力のある貧民は**ワークハウス（労役場）**で強制的に就労させる（拒否者は投獄）。③児童は里親へ出され8歳以上の男子は24歳，女子は結婚（または21歳）まで徒弟に出されることになった。救済費用は教区住民からの救貧税を財源とし，各教区の治安判事と貧民監督官が貧民救済を担当した。

その後のイギリスは，名誉革命などを経て政治世界で「市民革命」という大変革を遂げた。次いでイギリスの植民地支配に抵抗してアメリカ合衆国が独立を宣言（1776年7月4日），フランスでも革命が起こり1789年8月に「人間と市民の権利の宣言（人権宣言）」が採択された。これらによって自由権・平等権などの基本的人権と国民主権・三権分立など市民社会の基本原理が確立し，西洋諸国は近代社会へと扉を開いた。

経済面では蒸気機関の実用化と工業機械の発

明により18世紀中頃にはイギリスで産業革命が始まる。時同じくして農村地域では再び大規模な「囲い込み」(第二次)が起こり,多くの土地を失った人々が工場労働者として産業革命を支え,イギリスは「世界の工場」としての地位を確立する。しかし,産業革命の進展と資本主義経済の確立は同時に多くの失業者や貧民を生み出し,**スピーナムランド制度**◆1などの改革が行われたものの救貧法による対応は難しくなっていった。

自由放任主義と新救貧法

19世紀に入ってもイギリスの経済的優位は続いたが,フランスやドイツなどにおいても産業革命が進み,南北戦争が終結したアメリカでも産業の発展が著しかった。このようなアメリカなどの台頭により西洋諸国は植民地の獲得のための対立を深めた。

一方で資本主義経済の進展とともに,階級分離や賃金労働者とその家族の生活困窮は時期の差はあれども西洋諸国共通の社会問題となった。工業化の舞台となる都市部での過密・環境汚染などの衛生問題は,人々の健康を蝕んだ。それらは特に成人男性に代わり工場や炭鉱労働の主役となった女性や児童には,苛酷な労働条件とも合わさって大きなダメージを与えた。高度な技能を必要としない工場労働などはいつでも労働者を「交換可能」であり,不況ともなればまたたく間に彼らは「失業」に直面した。

また,市民革命によって育まれた人権思想=自由と平等を保障された新しい市民像は,貧民を非

1

必ず覚える用語

- ☐ エリザベス救貧法
- ☐ ワークハウス(労役場)
- ☐ 劣等処遇の原則
- ☐ エルバーフェルト制度
- ☐ 慈善組織協会(COS)
- ☐ セツルメント運動
- ☐ ブース,W.
- ☐ ラウントリー,B.S.

◆1 スピーナムランド制度(1795年)
賃金などの収入が最低生活に満たない者に対して,パンの価格と家族数にもとづいて不足する金額を救貧税より支給する制度。労働者の生活安定に一定の効果はあったものの,賃金の支払いを低く抑えても救貧税による補助があるため,実質的には経営者(雇い主)による低賃金と劣悪な労働条件の放置を助長し,救貧税の増大を招いたと批判された。

Check

ラウントリー(Rowntree, B. S.)が実施したヨーク調査に関する次の記述の正誤を答えなさい。

最低生活費を基準として貧困を科学的に計測する方法を生み出した。

(答)○
(第29回社会福祉士国家試験問題25より)

第3章
海外の社会福祉の歴史と思想：近代から現代
第1節　近　代

難し抑圧する強力な根拠ともなり得た。「自由」
には「自己責任」がともなう。失業や貧困は個人
的な事情・責任から生じたものだという認識は，
自由放任主義にもとづく政府の政策（＝不介入）
の根拠となった。産業革命によってあふれかえる
失業者や貧民への救貧費用を抑えるため，新救貧
法がイギリスで成立し（1834年），各国の救貧制
度にも影響を与えた。同法は貧民の労役場（ワー
クハウス）収容を徹底し，その生活条件を一般労
働者よりも低水準なものとする「**劣等処遇の原
則**」を全国統一で実施した。

■ 慈善・博愛事業と社会政策の萌芽：
　イギリス・ドイツ・フランス・アメリカ

　救貧事業のコスト増大とその抑制という課題
は各国共通のものであったが，ドイツのエルバー
フェルトでは市民の篤志家（貧民扶助員）たちが
貧困家庭の訪問調査と生活支援を行い一定の効
果を上げた。この**エルバーフェルト制度**における
「調査」と救済の「個別化」というアプローチは
イギリスの**慈善組織協会（COS）**や日本の方面
委員制度に大きな影響を与えた。

　さらに自由放任主義を見直す動きも各国で見
られるようになる。イギリスでは社会主義思想の
普及とともに労働運動が急速に発展し，最初の工
場法制定（1802年）を皮切りに労働条件の向上を
実現させていった。統一を実現したばかりのドイ
ツでは，社会主義や労働運動を懐柔するために宰
相ビスマルクのもとで社会保険制度（疾病保険，
災害保険法，廃疾・老齢保険）を成立させ，フラ
ンスにおいても首相であった**ブルジョア，レオン**◆²

が提唱した「社会連帯主義」の下で一連の社会政
策が整備された。

　このような動きの一つの要因として欧米諸国
同士の経済競争や植民地獲得競争の激化がある。
帝国主義は安定した労働力や軍事力を必要とし
たが，際限のない労働力の食いつぶしと貧困の放
置は国家の次世代を担う者たちに深刻なダメー
ジを与えることが判明したのである。子どもたち
は劣悪な生活環境や重労働，捨て子や虐待，無教
育，不良化などさまざまな問題を抱え，フランス
では19世紀末に早くも少子化問題が明らかにな
った。イギリスでは矯正学校法（1854年）・授産
学校法（1857年）が定められ，アメリカ・イリノ
イ州では少年裁判所（1899年）を設置して非行・
犯罪傾向のある子どもたちの自立支援制度が整
えられ，初等教育法（イギリス・1870年）をはじ
めとして全ての子どもを対象とした学校教育・
保健制度も整備された。また，児童虐待防止法も
イギリスで1889年に成立している。

　19世紀には子どもに限らずさまざまな困難を
抱える人々に支援を行う民間の慈善・博愛事業
も発展した。数多くの事業を組織化（連携）して
貧困家庭などへ個別訪問を行い，ケースワーク的
な手法を用いて自助・自立支援を展開した団体
にロンドンの**慈善組織協会（COS）**があった。活
動の根底には貧困原因はあくまでも人々の「個人
的責任」にあるという認識があったが，救貧法の
苛酷な労役場収容に代わる在宅での個別支援と
いう道をひらいた。COSの活動と同時期のイギ
リスでは**セツルメント運動**も発展した。それは貧
困問題が深刻な地域に知識人や学生が住込み，教

34 | 第Ⅰ部　社会福祉とは何かを学ぶ

育活動などを通じて住民の主体性を促し，地域社会や生活環境の改善をめざす活動であった。1884年には活動拠点・**トインビー・ホール**[3]がロンドンに建設された。彼らはCOSとは異なり，貧困が個人の責任範囲を超えた経済や社会状況によって生み出され，解決には国家（公）的な支援が必要であると認識した。このような貧困に対する考え方の転換には，19世紀末頃から行われた**ブースやラウントリー**の大規模な**貧困調査**[4]が大きく貢献した。二人の調査は，貧困がもはや個人の問題ではなく「社会問題」であることを客観的に証明した。これらCOSやセツルメント運動はアメリカなどでさらなる発展を迎え，ソーシャルワークの体系化や専門職制度の確立に大きな貢献を果たしていくことになる。

◆2　ブルジョア，レオン（Léon Victor Auguste Bourgeois: 1851-1925）

フランスの政治家。フランス急進社会党の代表として44歳で首相に就任，後も政府要職を歴任。第一次世界大戦後の国際連盟創設に尽力，1920年にノーベル平和賞を受賞。彼の「社会連帯主義」思想は，『連帯』（1896）にまとめられている。社会の一員として個人は社会から何らかの利益を受けており，多くの利益を受けている者はその分を社会に対して（奉仕する）義務を負うべきであり，社会から受ける利益の公平性を確保することが「社会正義」であると提起した。ブルジョワはこの連帯主義にもとづいて「老い」や「病気」，「事故」などによる生活保障や経済的格差の是正の実現をめざし，さまざまな社会連帯立法（労働災害補償法・児童扶助法など）の制定に尽力した。

◆3　トインビー・ホール

バーネット夫妻によってロンドンのイーストエンドに設立されたセツルメント運動の拠点。その名称は夫妻の協力者であり，早世したトインビーによる。トインビーは「産業革命」という歴史的用語を考案（『イギリス産業革命史研究』）した優秀な学者であり，貧しい労働者の生活改善に積極的に取り組んだ。ホールは地域住民への教育講座や美術展，読書会，法律相談などさまざまな活動の拠点となった。

◆4　貧困調査

ブースはリヴァプールに生まれ船舶会社の経営者であったが，同時に貧困・階級問題に関心を持ち，1886年から17年間にわたって巨額の私費を投じてロンドン市民の生活実態調査を行い，『ロンドン民衆の生活と労働』（全17巻）として発表した。彼は「貧困線」という概念を用いてロンドン市民420万人のうち約30％が貧困状態にあること，貧困に陥った原因の多くが雇用上の問題（低賃金等の労働条件）にあることをつきとめた。同時に彼は，公的年金制度の強力な提唱者でもあった。
ラウントリーはブースと懇意であったことから彼に刺激を受け，1899年からヨーク市において第一次調査（1936年：第二次，50年：第三次調査）を実施，1901年に『貧困 — 都市生活の研究』を発表した。彼は，ブースと同様に住民の約3割が貧困状態にあることを明らかにした。また，その原因は低賃金と大家族にあること，不熟練労働者のライフサイクルでは生涯で三度貧困線以下の生活に陥るリスクがあること，日本の生活保護制度でも採用されたマーケットバスケット方式による貧困線を考案した。

〈参考文献〉

チャールズ・ディケンズ／北川悌二訳（2006）『オリバー・ツイスト（上・下）』角川文庫。

室田保夫編著（2013）『人物でよむ西洋社会福祉のあゆみ』ミネルヴァ書房。

倉持史朗ほか編（2017）『社会福祉の歴史——地域と世界から読み解く』法律文化社。

第2節 現代

この節のテーマ

- 20世紀における福祉の展開と福祉国家の成立の経緯について理解する。
- 福祉国家成立における「ベヴァリッジ報告」の意味について理解する。
- 福祉国家のゆらぎ（見直し）と福祉供給体制の多元化，準市場化の背景について理解する。

王命救貧法委員会の設置と「多数派報告」，「少数派報告」

19世紀末のイギリスでは，自由放任主義に対する批判が高まっていった。また，貧困の原因について科学的な根拠にもとづく新たな見解が示され，社会的な対応の必要性が認識され始めた。そして，20世紀に入ると，生活困窮児に対応する学校給食法（1906年）や，無拠出老齢年金法（1908年）が成立する。

1905年には，「**救貧法及び貧困救済に関する王命委員会**（王命救貧法委員会）」が設立され，貧困救済に関する諸立法の実施状況の調査と救貧法の改正，救貧行政の変革について検討されることとなった。

委員会では，王命救貧法委員会を廃止して新たな救貧行政組織を設けることや，混合収容形態の労役場（ワークハウス）を廃止して専門的施設を創設すること，老齢年金制度の創設を支持すること，職業紹介制度を強化すること等，多くの事項で共通の認識が確認された。

しかし一方で深刻な対立もあり，委員会メンバーは多数派と少数派に分裂した。まず，救貧行政官やボーザンケットを中心とする慈善組織協会（COS）のメンバーらは，国家による援助は自ら自立しようとする生活態度を条件としなければならないとする救貧法の原則の擁護を主張し，「多数派報告」をとりまとめた。一方，フェビアン社会主義者の**ウエッブ夫妻**らは，救貧法の撤廃と社会的権利としての**ナショナル・ミニマム**を主張し，「少数派報告」をとりまとめた。

社会保険制度の導入

両報告書は，救貧法の改正や廃止にはつながらなかった。しかし，イギリス政府も世論の盛り上がりに押され，もはや社会問題に対して無策ではいられず，新たな方策として拠出主義の社会保険方式をとる国民保険法（1911年）を成立させた。この後も，失業法，児童法，最低賃金法等が相次いで成立し，救貧法は実質的に役割を終えていくことになる（廃止：1948年）。なお，イギリスにおける社会保険制度の導入にあたっては，19世紀末のドイツで導入された**社会保険制度**◆1が参考にされている。

アメリカにおけるケースワークの理論的発展

慈善組織協会はアメリカにも導入されて各地に広がっていき，19世紀後半以降は，民間の救済

36 | 第Ⅰ部 社会福祉とは何かを学ぶ

活動が活発化していった。これにより，救貧院で行われていた公的な院外救済が廃止されていく。

また，慈善組織協会の活動の中から，ヨーロッパとは異なる個別処遇に比重をおくソーシャルワークが発展していく。フィラデルフィア慈善組織協会の総主事であった**リッチモンド**[◆2]は，1917年に『**社会診断**』を著して，その後のケースワーク理論発展の基盤形成に貢献した。リッチモンドは，ケースワークを「**社会改良**[◆3]の小売的方法」であるとし，「卸売的方法」である政策的な対応との関係を提示した。

社会主義国家の成立

一方，貧困や不平等といった資本主義の欠陥を社会保障制度等によって補うのではなく，私有財産制度を否定し，計画経済や生産手段の国有化によって解決することを目指す**社会主義国家**が出現する。1917年にはロシア革命が起こり，世界初の社会主義国家であるロシア・ソビエト連邦社会主義共和国（後のソビエト連邦）が成立した。その後も，第二次世界大戦を挟んで多くの社会主義国が誕生し，その存在は，後の先進資本主義諸国における**混合経済体制**[◆4]や福祉国家体制にも影響を与えることになる。

ベヴァリッジ報告と福祉国家体制の成立

1929年，アメリカ・ウォール街に端を発した大恐慌は全世界に拡大し，大量の失業者を発生させた。イギリス，フランスは，植民地を抱え込んで

必ず覚える用語

- ☐ **救貧法及び貧困救済に関する王命委員会**
- ☐ **ウエッブ夫妻**
- ☐ **『社会診断』**
- ☐ **ナショナル・ミニマム**
- ☐ **社会主義国家**
- ☐ **「ベヴァリッジ報告」**
- ☐ **福祉国家**
- ☐ **「シーボーム報告」**
- ☐ **準市場化**
- ☐ **「グリフィス報告」**
- ☐ **エーデル改革**

◆1　社会保険制度
第8章第3節参照。

◆2　リッチモンド，メアリー（Mary Richmond：1861-1928）
ボルチモア慈善組織協会やフィラデルフィア慈善組織協会で活動した。『社会診断』（1917），『ケースワークとは何か』（1922）等を著し，ケースワークの理論化に貢献したことから「ケースワークの母」と呼ばれる。

◆3　社会改良（social reform）
社会問題を解決する方策として，革命によって国家の体制を変えるのではなく，その体制の中で漸進的に修正，改革していくこと。代表例として，セツルメント運動があげられる。

◆4　混合経済体制
市場経済の欠点を補うために，政府が雇用対策や富の再配分施策等を通じて，経済活動に介入する経済体制のことを指す。

第3章　海外の社会福祉の歴史と思想：近代から現代 | 37

第3章
海外の社会福祉の歴史と思想：近代から現代
第2節　現　代

ブロック経済体制をしき，アメリカではルーズベルト大統領が，積極的な公共事業を行って雇用を創出するニューディール政策によって不況からの脱却を試みた。

1935年には，アメリカで社会保障法（Social Security Act）が成立し，連邦政府による老齢年金と失業保険の社会保険と，州政府による高齢者，視覚障害者，要扶養児童を対象とした扶助が実現した。ただし，医療保障は含まれていなかった。

一方で，第一次世界大戦の敗戦国であるドイツの状況は深刻で，失業者があふれ，インフレが進行した。1933年にはナチス（国家社会主義ドイツ労働者党）が政権を獲得してファシズム体制が確立した。ナチスは，軍事費と公共事業費の支出を拡大させることによって景気を回復させたが，この政策は周辺国への侵略なしには持続できず，1939年に第二次世界大戦が勃発する。貧困問題が，世界大戦を引き起こしたのである。

この世界大戦の最中，イギリスではベヴァリッジによって1942年に「社会保険と関連サービス」（通称：**ベヴァリッジ報告**）が提出された。ベヴァリッジは，疾病，無知，窮乏，不潔，無為の五大悪が，窮乏を中心に関連しあって社会問題を発生させており，その解決にあたっては国民生活の最低限を国家が包括的に保障する必要があるとした。そして，そのために基本的なニードに対応するため，均一拠出による均一給付の社会保険制度を導入することを提唱した。資力調査によって対象を選別せず，つまりスティグマを課すことなく，普遍的な権利としての給付を行うことを目指したのである。

しかしながら，社会保険では個別の事情には配慮できないし，保険料を拠出するには安定して収入を得られることが条件となる。そのため，社会保険制度導入の前提条件として，扶養する子どもの数に応じた児童手当と包括的な保健医療サービス，保険料拠出の前提となる完全雇用策が不可欠であることも指摘している。

そして，世界大戦終結後には，労働党政権のもとで家族手当法（1945年），国民保険法（1946年），**国民保健サービス法**[5]（1946年），国民扶助法（1948年），児童法（1948年）等を相次いで成立させ，「ゆりかごから墓場まで」と言われる**福祉国家**[6]体制を整えていった。ベヴァリッジ報告は，その基本設計としての役割を担ったのである。

福祉国家の成立と拡充

1950年，朝鮮戦争が勃発し，東西冷戦が深刻化する。そのため，「大砲かバターか」といった論議は再燃したが，先進諸国では高齢人口の拡大と，地域社会の変化によって，所得保障だけでは対応できない課題が拡大しており，必然的に対人社会サービスの進展がみられた。

さらに，1960年代以降は，北欧諸国で提唱されたノーマライゼーション思想や，コミュニティ・ケア（1957年：イギリス王命委員会）の普及により，先進諸国では入所施設から地域（在宅）サービスへの移行が進む。

イギリスでは，1968年に「地方自治体とパーソナル・ソーシャルサービスに関する委員会報告書（通称：**シーボーム報告**）」が提出された。こ

の報告書では，行政機関の中で専門分化していた組織とサービスについて再検討し，ニーズに総合的に対応する個別的対人社会サービス（パーソナル・ソーシャルサービス）を，地方自治体の責任によって提供することが提唱された。1970年には，この方針を受けて地方自治体サービス法が成立した。

　一方，アメリカでは，経済的な繁栄の陰に隠れていた貧困と人種差別問題が表面化してくる。社会保障法は，大戦後たびたび改正され，むしろ公的扶助を引き締める方向にあった。しかし，公的扶助受給者は増加していることが，統計調査からも示され（「貧困の再発見」），ジョンソン大統領は「貧困戦争（貧困との戦い）」を宣言して，貧困対策を実施した。しかし，一定の効果はみられたもののその効果は限定的であったため，**公民権運動**◆7の流れとも重なって，福祉権運動が盛り上がった。

　1965年の社会保障法改正では，高齢者を対象としたメディケア（医療保険）と低所得者等を対象としたメディケイド（医療扶助）を持つことになったが，公的な福祉サービスについては，まだ体系化されていなかった。そして，1974年に，社会保障法「タイトルXX」が制定され，所得保障と福祉サービスを分離させた。同法によって，福祉サービスについては州政府が担うことになり，高齢者や障害者の地域生活を個別に支援するパーソナル・ソーシャルサービスが確立された。

　また，1950年代後半以降のスウェーデンにおいては，5割を超える社会保険料と税の国民負担率を導入し，徹底した普遍主義的な給付やサービス

5

◆5　国民保健サービス（National Health Service（通称：NHS））
ベヴァリッジ報告に基づいて実現した医療保障制度である。包括的な保健・医療サービスを税方式によって提供する。

6

◆6　福祉国家
第6章第2節参照。

7

◆7　公民権運動
1950年代から60年代にかけてのアメリカにおいて，白人との平等な権利を要求する黒人運動のこと。マーティン・ルーサー・キングが展開したバス・ボイコット運動等による非暴力運動が有名である。この運動が，1964年の公民権法の制定につながった。

8

◆8　小さな政府
市場への政府の介入をなるべく小さくする国家のあり方のことを指す。同時に，規制緩和やそれまで公的セクターが担ってきた部門を民営化するによって，政府が国民生活に関与する側面を限定していく。政府の役割が大きくなった福祉国家（大きな政府）に対して，批判的に使われる。

第3章
海外の社会福祉の歴史と思想：近代から現代
第2節　現　代

の実施体制を整備した。高負担・高福祉の福祉国家であるスウェーデンモデルは，デンマーク，ノルウエー，フィンランドの北欧諸国に波及していった。

福祉国家の危機

1980年代に入ると，イギリスやアメリカでは，自助を強調し，市場経済を重視する一方，政府の介入を少なくする**小さな政府**[8]を標榜する新自由主義，新保守主義が政治の中心的な流れとなり，福祉国家は批判にさらされる。

イギリスは，1970年代後半以降，深刻な不況に見舞われ，保守党政権のもとで「福祉の見直し」が唱えられるようになる。首相のサッチャーは，サービス費を抑制し，公的部門だけでなく，民間非営利部門やインフォーマル部門，民間営利部門も福祉サービスの担い手として期待し（供給体制の多元化），限定的な市場原理を導入（**準市場化**）した。

また，1988年には「**グリフィス報告**」によって，コミュニティ・ケアに対する勧告がなされた。この勧告のもとに「国民保健サービス及びコミュニティ・ケア法（1990年）」が成立し，自治体ごとのコミュニティケアプランの策定や，ケア・マネジメントの徹底，サービス評価の仕組みの導入，民間資源の積極活用の方針がとられていった。

また，アメリカでも，共和党のドナルド・レーガン大統領によって，自助と個人の責任が強調され，社会保障予算の縮小が図られるとともに，連邦政府から州政府に権限が委譲されていった。

一方，高水準の福祉国家体制を築いてきた北欧諸国においても，1970年代後半の経済の停滞や高齢化の進展によって福祉政策が見直され，民営化と合理化が進んでいく。

スウェーデンでは，1980年に成立した社会サービス法（1982年施行）によって，それまで県によって担われていた福祉サービスが，日本の市町村に相当するコミューンの責任によって行われるようになった。この方針のもと，高齢者福祉分野においては**エーデル改革**が実施され（1992年），障害者福祉分野においては当事者の支援を受ける権利を明確にしたLSS（一定の機能的な障害のある人々に対する援助とサービス法）が導入された（1994年）。

グローバル化と「第三の道」の提唱・オバマケア

1989年のベルリンの壁崩壊以降，社会主義体制諸国は相次いで崩壊した。そして，ポスト産業化の進展により，経済のグローバル化が加速度的に進行するとともに，再び所得格差や不平等の拡大が問題となっていく。

1997年，イギリスでは18年ぶりとなる政権交代が実現し，労働党のブレアが首相となった。ブレアは，旧来の福祉国家路線でも，保守党政権下の「小さな政府」とも異なる「第三の道」を模索した。経済・財政政策については，それまでの保守党政権の方針を継承しながら，参加によるインクルーシブな社会を目指す方針を打ち出し，「結果の平等」より「機会の平等」に政策の重点をおいていた。ただ，所得の再配分には無関心であった

40 | 第Ⅰ部　社会福祉とは何かを学ぶ

ため，格差の縮小については十分な成果を挙げられなかった。

また，福祉サービス供給主体の合理化や民営化の負の面も表面化し，修正が図られた。スウェーデンでは，民間に委託された高齢者施設内で適切なケアがなされていない実態が告発され（1997年：サラ事件），サービスの質を実質的に確保するためにサラ法（Lex Sarah）の制定（1999年）と社会サービス法改正（2010年）が行われた。

一方，アメリカは，全国民を対象とした公的な医療保障制度が整備されないままであった。そのため，概ね6人に1人が医療保険に未加入であり，高額な医療費の負担によって自己破産する人が多数生じていた。2010年，オバマ大統領によって，「患者保護及び医療費負担適正化法（Patient Protection and Affordable Care Act）」（日本での通称：オバマケア）等が署名され成立した。ただし，これは日本のように公的医療保険を整備するものではなく，メディケイドの受給要件を緩和するとともに，公費助成を設けて民間の医療保険会社への加入を促すものである。

しかしながら，制度導入のための増税や保険料の値上げ等に対する不満が高まり，オバマケアの撤廃を公約に当選したトランプ大統領によって，その一部が見直されている。

このように，現代における福祉の展開をたどってみると，局所的あるいは一時期の成果も，いつかは行き詰まりや破局を迎えている。また，福祉国家のゆらぎや社会主義国家の崩壊後のビジョンは，未だ明確に描かれているとは言い難い。そして，グローバル化によって，一国の閉じられた

仕組みの中で社会保障や福祉問題を議論することの限界も，もはや自明のものとなりつつある。複雑な問題に対して，目の前の現実や一世紀程度の歴史を眺めただけでは対応できないだろう。人類の長い歴史と，広い空間の中に現状を位置づけることによってしか，未来の展望は得られないことをあらためて確認してほしい。

Check

次の記述の正誤を答えなさい。

イギリスのブレア政権の経済社会政策を支えた理念としての「第三の道」とは，自由放任主義的な経済政策と，社会主義的な計画経済を共に否定し，社会民主主義の伝統的な考え方に沿って福祉国家の再建を図るという考え方である。

（答）×
（第25回社会福祉士国家試験問題27より）

〈参考文献〉
右田紀久恵・高澤武司・古川孝順（1977）『社会福祉の歴史——政策と運動の展開』有斐閣。
吉田久一・岡田英己子（2000）『社会福祉思想史入門』勁草書房。
朴光駿（2004）『社会福祉の思想と歴史——魔女裁判から福祉国家の選択まで』ミネルヴァ書房。
西下彰俊（2012）『揺れるスウェーデン——高齢者ケア・発展と停滞の交錯』新評論。

室田保夫編著『人物でよむ西洋社会福祉のあゆみ』ミネルヴァ書房，2013年
福祉に関連のある重要人物として，30人が取りあげられている。それぞれの生涯をたどりながら，どのような業績や思想を遺したのか，人物が生きた時代背景とともに学ぶことができる。「福祉は人である」という言葉の意味を考えながら読み進めてほしい。

岩崎晋也・池本美和子・稲沢公一『資料で読み解く社会福祉』有斐閣，2005年
社会福祉における重要な概念について，それぞれの原典資料に解説が付されている。福祉国家とは何か，福祉国家が直面する問題とは何か，ソーシャルワークの概念や援助関係の捉え方の変遷など理解を深めるのに最適である。

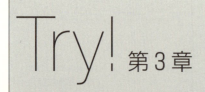 第3章

問：福祉国家成立における，「ベヴァリッジ報告」の意味について考えてみよう。

ヒント：ベヴァリッジが示した五大悪やナショナル・ミニマムの概念について確認してみよう。

第4章

日本の社会福祉の歴史と思想：近代から現代

本章で学ぶこと

●近代から現代までの福祉の史的展開について理解する。

●慈善事業，社会事業，社会福祉の三段階の展開と，公的責任，権利性の拡大過程について理解する。

第1節 近代

この節のテーマ
- 日本の近代化に伴う貧困の発生と，明治政府の救済方針について理解する。
- 民間の慈善事業がうまれた背景と代表的な慈善事業について学ぶ。

明治政府の政策実施と貧困の発生

1871（明治4）年の廃藩置県によって幕藩体制は解体され，窮民の実情はそのままに，救済制度はその主体を失った。政府は，1874（明治7）年に**恤救規則**（**資料4-1**）を公布したが，近代的な救貧制度としての実効性は極めて薄かった。さらに，中央集権の性格も強化された。

また，この時期に政府が出した救済施策としては，行旅病人取扱規則（1871年），貧困児童の保護と救済のための堕胎禁止令（1868年），棄児養育米給与方（1871年），三子出産ノ貧困者ヘ養育料給与方（1873年），備荒儲蓄法（1880年）があげられる。

一方，明治政府が掲げた富国強兵，殖産興業策を目指した政策実施のため，人々の生活は困窮していく。さらに，1880年代の松方財政は，デフレーションをもたらし，人々の暮らしはますます困窮していく。

また，四民平等が唱えられ，いわゆる身分解放令（1871年8月28日の太政官布告）によって，被差別民も平民同様とされた。しかし同時に職業上の特権も廃止され，経済的配慮もなされなかったため，その生活はさらに困窮化する。

政府による救済策が停滞する中で，民間による慈善事業が起こり始める。当初は，**育児施設（事業）**が中心であった。最も早いものとしては，1869年，松方正義による日田養育館や，長崎でのド・ロ神父や岩永マキらカトリック教会の関係者による孤児救済が挙げられる。また，仏教関係者によるものでは，福田会育児院が1879年に東京で設立されている。

非行少年の感化事業については，1884年の池上雪枝による池上感化院，高瀬真卿の私立予備感化院（東京感化院），千葉感化院（成田学院）が設立された。

また，富国強兵策，殖産興業策の方針のもと，国家政策への貢献が見込めないとして公教育から排除された障害児についても，慈善事業による教育活動が始まる。京都では古川太四郎による聾唖児の教育が京都府立盲唖院（1878年）の設立につながっていく。また，1875年には，古川正雄，大内青巒，津田仙，中村正直，岸田吟香らによって楽善会が結成され，後には工部頭であった山尾庸三の尽力によって楽善会訓盲院（1880年）が設立される。

「産業革命」による社会問題の発生と慈善事業の勃興

明治10年代の自由民権運動を乗り切った政府は，近代国家としての体裁を整えていく。1889（明治22）年に大日本帝国憲法が発布され，翌90年には第一回帝国議会が開かれた。また，同年に

資料4-1

恤救規則（明治七年十二月八日　太政官達　第百六十二号）

済貧恤救ハ人民相互ノ情誼ニ因テ其方法ヲ設クヘキ筈ニ候得共目下難差置無告ノ窮民ハ
自今各地ノ遠近ニヨリ五十日以内ノ分左ノ規則ニ照シ取計置委曲内務省ヘ可伺出此旨相
達候事
　　　　恤救規則
一極貧ノ者独身ニテ廃疾ニ罹リ産業ヲ営ム能ハサル者ニハ一ケ年米壱石八斗ノ積ヲ以テ
　給与スヘシ
　但独身ニ非スト雖モ余ノ家人七十年以上十五年以下ニテ其身廃疾ニ罹リ窮迫ノ者ハ本
　文ニ準シ給与スヘシ
一同独身ニテ七十年以上ノ者重病或ハ老衰シテ産業ヲ営ム能ハサル者ニハ一ケ年米壱石
　八斗ノ積ヲ以テ給与スヘシ
　但独身ニ非スト雖モ余ノ家人七十年以上十五年以下ニテ其身重病或ハ老衰シテ窮迫ノ
　者ハ本文ニ準シ給与スヘシ
一同独身ニテ疾病ニ罹リ産業ヲ営ム能ハサル者ニハ一日米男ハ三合女ハ二合ノ割ヲ以テ
　給与スヘシ
　但独身ニ非スト雖モ余ノ家人七十年以上十五年以下ニテ其身病ニ罹リ窮迫ノ者ハ本文
　ニ準シ給与スヘシ
一同独身ニテ十三年以下ノ者ニハ一ケ年米七斗ノ積ヲ以テ給与スヘシ
　但独身ニ非スト雖モ余ノ家人七十年以上十五年以下ニテ其身窮迫ノ者ハ本文ニ準シ給
　与スヘシ
一救助米ハ該地前月ノ下米相場ヲ以テ石代下ケ渡スヘキ事

は天皇制国家の保持を方針とした教育勅語が示された。そして，1894（明治27）年には，清国と朝鮮半島における利権をめぐって，日清戦争に突入する。翌年に結ばれた講和条約によって獲得した賠償金によって，官営八幡製鉄所が建設され，軍備拡張が行われる。

　第二次産業への従事者比率が高まるにつれ，社会，労働問題は明確に意識されるようになる。横山源之助は，後に『**日本之下層社会**』（1899年）として出版される一連の調査記事を『毎日新聞』に連載する。この中で横山は，都市住民の「多数は如意ならざる下層の階級に属す」と，貧困を社

1

◆1　育児施設（事業）
孤児や生活困窮児の収容施設（事業）を指す。当時は，孤児院，育児院，保育所，教育院等と呼ばれていた。また，現在まで存続している施設は，児童福祉法に規定される児童養護施設となっている。

第4章
日本の社会福祉の歴史と思想：近代から現代
第1節　近　代

会の外側にある例外的な異世界としてではなく，資本主義に固有の現象として「下層社会」を位置づけようとしている。また，農村でも寄生地主制が確立し，小作農の困窮は深刻さを増していく。

このような貧困の拡大に対して，政府はほとんど無策であり，公的救済制度の立法化は進まなかった。ただ，それを代替する制度や，一部の特殊分野における立法化が進む。

たとえば1900（明治33）年には，精神病者監護法が制定される。ただ，これは治安的要請から，従来の私的監護を制度化する側面が強く，かえって精神障害者の医療を阻害する要因となっていく。

非行少年への対応については，小河滋次郎や窪田静太郎らの働きによって感化法が制定され（1900年），道府県に**感化院**が設置されることとなる。ただし，その設置は任意であったため設置の動きは鈍く，全ての道府県に設置されたのは1915年のことである。

国家政策が停滞する反面，民間の慈善事業の活動が活発になる。その代表例として，小野太三郎による小野慈善院（1864年）や，石井十次による岡山孤児院が挙げられる（1887年に孤児教育会として設立された）。

石井十次はクリスチャンであったので，孤児院の運営にあたってはキリスト教会関係者等からの支援が寄せられた。とりわけ，倉敷紡績の社長であった大原孫三郎からの財政面の支援は大きかった。

石井と同時期に活動した小橋勝之助も，兵庫県赤穂郡に博愛社（1890年）を設立する。博愛社は，一時期岡山孤児院と合併するが後に分離し，勝之

助の実弟の小橋実之助，林歌子らに引き継がれ，1894年には大阪に移転して育児事業を中心とした事業を展開する。

この時期以降，児童に関連した慈善事業の中で多数を占めていくのは保育事業である。日本における託児事業は，1890（明治23）年に赤沢鐘美が，新潟県の静修学校に付設した託児所が最初であるとされる。しかし，明治10年代には，弟妹の世話のため就学できない児童のために，乳幼児の保育を併せて行う子守学校も各地で取り組まれるようになっていた。また，**野口幽香**や森島峰らによって設立された二葉幼稚園（1899年）は，東京のスラム街で貧困家庭の児童の保育にあたっていく。

公教育から排除された知的障害児への教育も，慈善事業によって取り組まれていく。石井亮一による滝乃川学園は，その最も早いものである（1891年に孤女学院として設立され，1906年に改称された）。また，やや遅れて脇田良吉も京都で白川学園（1909年）を開いた。

また，感化事業については，1899（明治32）年には，留岡幸助によって**家庭学校**が創設された。留岡はその設立にあたって，非行少年の育ってきた「境遇の不良」を重視し，「善良なる家庭の内」に置くべきであるとして，当時一般的であった感化院という名称をとらなかった。

更生保護（免囚保護）事業については，1888（明治21）年の金原明善らによる静岡県出獄人保護会社を初めとして，各地に釈放者の保護団体が設立された。また，1897（明治30）年の英照皇太后の逝去に伴う恩赦により，一万数千人が出獄し

たことを契機に保護団体の数が増加した。とりわ
け，原胤昭によって設立された東京出獄人保護所
（1897年）の取り組みは注目に値する。

　養老事業[4]としては，聖公会のエリザベス・ソー
トンによる聖ヒルダ養老院の創設が早く（1895
年），1899年には寺島信恵によって友愛養老院（神
戸養老院）が，1902年には岩田民次郎による大阪
養老院が創設された。

　そして，労働問題の生活困窮に対して，セツル
メント事業も取り組まれるようになる。アリス・
ペティ・アダムズによる岡山博愛会（1891年）が
最初期のものとして挙げられる場合もあるが，組
織だった活動としては**片山潜**が館長を務めたキ
ングスレー館（1897年）が有名である。

　また，ハンセン病については，遺伝病説が広く
普及していたため，家族が偏見にさらされること
をおそれて浮浪する患者も少なくなかった。この
状況に対しても，外国人宣教師による民間の療養
事業が始められる。

日露戦争後の慈善事業（感化救済事業）の展開

　1904（明治37）年，日本政府はロシアとの開戦
に踏み切り，膨大な犠牲を払うこととなる。国民
生活，特に農村の疲弊は深刻であった。また，戦
後は軍備の増強が至上命題となり，そのための増
税は状況をさらに悪化させた。そのため，政府に
とっては，労働争議，小作争議など，社会運動の
激化を押さえ込みつつ，国家方針と政策の中に国
民を取り込むことが最優先の課題となった。

　政府は，1908（明治41）年に「戊申詔書」を渙

必ず覚える用語

- ☐ 恤救規則
- ☐ 横山源之助『日本之下層社会』
- ☐ 感化院
- ☐ 石井十次・岡山孤児院
- ☐ 野口幽香・二葉幼稚園
- ☐ 留岡幸助・家庭学校
- ☐ 山室軍平・救世軍
- ☐ 片山潜・キングスレー館
- ☐ 方面委員制度
- ☐ 済世顧問制度

◆2　感化院
不良少年を監獄や懲治場（少年院の前身）以
外で教育・救済しようととする施設である。
1900（明治33）年に制定された感化法により，
全国の道府県に設置されることが規定された。

◆3　石井十次
宮崎県高鍋の出身で，医師になるため岡山医
学校に学んでいたが，巡礼中の貧しい親子か
ら子どもの養育を託され，医師になることを
あきらめて貧孤児の養育に取り組むようにな
る。濃尾大震災や東北凶作に際しても，多く
の貧孤児を受け入れ，一時は1200人もの子ど
もを収容した。

◆4　養老事業
現在の老人福祉事業の前身である。当初は，小
野慈善院のように，老人も子どもも混合で収
容する救貧事業として取り組まれていたが，
明治20年代に入ると老人のみを対象とした施
設が設立されるようになった。

第4章　日本の社会福祉の歴史と思想：近代から現代　47

第4章
日本の社会福祉の歴史と思想：近代から現代
第1節　近代

発し，内務省の主導によって地方改良運動が展開される。

しかし，国家財政の窮迫を受け，救済については共同体へ救済責任を持たせながら，一方では天皇の慈恵を強調していく方針がとられることとなる。そして，直接の救済費を削減するとともに，慈善事業に対する振興策が実施されていく。

また，天皇による慈恵としては，1911年の「施薬救療ノ勅語」を契機に，皇室からの下賜金150万円と民間の寄付金をもとに恩賜財団済生会が設立される。さらに，慈善事業の組織化も目指され，1908（明治41）年には，中央慈善協会が組織され，これが呼び水となり，地方における慈善事業の組織化もなされていく。

また同年には，感化法が改正され，感化院の設立や運営にあたって国庫や府県の負担が規定された。これにより感化院数は急増し，感化救済事業講習会においても，非行少年の感化に関する講義が多数なされている。

さらに，1911年の**細民調査**^{◆5}では，その対象に零細な労働者が含まれた。これは，それまでの慈善事業における限定的な対象とは異なり，労働者階層に対する政策の必要性が認識されるに至ったことをあらわしている。また，同年には，不十分な内容ではあるが労働者保護で立法として，工場法も制定された。ただし，政府は防貧事業を強調するものの具体策には乏しく，民間の職業紹介事業や宿泊施設が展開されていくこととなる。

このように，この時期の救済制度は**隣保相扶**^{◆6}を促進するものが優先され，国家による直接の救済制度は顧みられることはなかった。

ただし，軍事力増強の観点から，軍人の遺家族と傷病兵の問題は政府も無視できなかった。傷病兵による窮迫の訴えが起き，1917（大正6）年，傷病兵や遺家族の救護制度として軍事援護法が成立している。

社会事業の成立

第一次世界大戦（1914-18年）において，日本は軍需品の供給源として注文を受け，好景気に沸いた。しかし，急減なインフレーションにより貧富の格差は益々拡大し，戦後は一転して恐慌に見舞われた。民衆の不満は，1918（大正7）年の米騒動となってあらわれた。さらに1917年にはロシア革命が起こっており，国内外における資本主義体制の構造的な矛盾は深まっており，国内における労働者の増加と窮乏化，生活不安の高まりは政府を揺さぶった。

そして，米騒動を契機として，社会運動の組織的な展開がみられるようになる。友愛会は1919（大正8）年に，大日本労働総同盟友愛会と改称され（翌年には日本労働総同盟となる），団結権やストライキ権を主張し，翌20年には第一回メーデーが開かれた。また，1922（大正11）年には賀川豊彦や杉山元治郎らによって日本農民組合が結成された（本書50頁参照）。さらに，同年には全国水平社が設立されている。

この時期の社会事業政策の特徴は，経済保護事業にある。公的な施策としての住宅供給，宿泊保護，公設市場，簡易食堂，公益浴場，公益質屋等の設置が進んだ。また，1921年には職業紹介法が

資料4-2
（大阪府）方面委員規定（大正七年十月七日　大阪府告示第二百五十五号）

第一条　方面委員の区域は市町村小学校通学区域に依る（略）
第二条　方面委員は関係市町村吏員，警察官吏，学校関係者，有志者及び救済事業関係
　　者中より知事之を委託す
　　方面委員は名誉職とす
第五条　方面委員は関係区域内の状況を詳にして大凡左の調査及実行に従事するものと
　　す
　　一，関係区域内の一般的生活状況を調査し之が改善向上の方法を攻究すること
　　二，要救護者各個の状態を調査して之に対する救済方法の適否を攻究し其徹底に努む
　　　　ること
　　三，現在救済機関の適否を調査し其区域に新設を要すべき救済機関を攻究すること
　　四，日用品の需給状況を調査し生活安定の方法を攻究すること
　　五，其他特に調査実行を委任せる事項（略）

制定され，各都市に公営による職業紹介所が開設された。しかし公的扶助施策については，恤救規則改正の機運が次第に高まりつつあったものの，その実現までには至らなかった。それを肩代わりする役割を担った取り組みの一つが，1918（大正7）年，大阪府知事の林市蔵が，小河滋次郎の立案によって創設した**方面委員制度（資料4-2）**である。

　当時の大阪は，「東洋のマンチェスター」と称されるほどの産業都市として発展していた。そのため日雇い労働者が急増し，不良住宅密集地帯が旧市街地の周辺部に形成されており，生活問題は深刻であった。方面委員制度では，小学校区を一区域（方面）として，民間の篤志家を方面委員に委嘱し，地域の救済活動を行わせた。同制度は，全国に普及し，救護法施行後には補助機関と位置づけられる。なお，大阪における方面委員制度創設の前年には，笠井信一知事による岡山県**済世顧**

◆5　細民調査
内務省地方局が実施した都市の下層社会の居住者を対象にした，生業や収入等の生活実態を調査したものである。

◆6　隣保相扶
近隣の住民同士による相互扶助の形態，あるいはその思想をさす。恤救規則では，隣保相扶が公的救済に優先するとされた。

第4章　日本の社会福祉の歴史と思想：近代から現代　49

第4章
日本の社会福祉の歴史と思想：近代から現代
第1節　近　代

問制度（1917年）という類似する制度も創設されていた。

　社会事業施設も社会的な認知を得て，その質量ともに拡大をしていく。明治20年代以降，多くの孤児を収容した岡山孤児院は，岡山を離れ宮崎県高鍋の茶臼原への移転を進めていた。その一方で，1907（明治40）年には大阪事務所を設け，愛染橋夜学校（1909年），愛染橋保育所，日本橋同情館を開設し，都市におけるセツルメント活動を展開していった。石井は，1914（大正3）年に逝去するが，彼の事業は最大の協力者であった大原孫三郎によって引き継がれる。大原は，大阪での事業を拡大し，貧困問題研究のために1919（大正8）年に大原社会問題研究所を開設するなど，社会問題の根本的な解決を目指した。

　救世軍は，1904年の**山室軍平**の渡英，そして1907年のブースの来日を契機に，口入屋（職業紹介所），一膳飯屋など都市社会事業を展開していく。1906（明治39）年には，東京本所花町に木賃宿箱船屋を開設し，1912（明治45）年には救世軍病院を開設して，院長の松田三弥を中心にスラム街で巡回診察を行うなどの救療活動にあたった。1916（大正5）年には，結核療養所を開設し，結核患者の療養と社会復帰を目指す結核コロニーも構想された。

　また，セツルメント運動も著しく発展した。

　とりわけユニークなのは，1921（大正10）年，日本初の公設公営のセツルメントとして設立された大阪市民館（北市民館）である。初代館長である志賀志那人は，セツルメント事業は社会調査，個別的事業，倶楽部指導及他の集団事業の三方面

から行われるとしている。そして，特に「社会調査を目的の第一に数えないセツルメントがあるならば，其の事業は恐らく旧式慈善事業と何等撰ぶ所はあるまい」と，社会調査によって地域のニーズを把握しつつ，事業を展開していった。

　さらに，関東大震災後の救援活動を契機に，1924年に東京帝大セツルメントが開設され，その後の**大学セツルメント**◆7の先駆けとなった。

　そして，この時期の労働運動において指導的な役割を担った**賀川豊彦**◆8の足場も神戸の新川におけるセツルメントであった。しかし，その労働運動は厳しい弾圧に合い，運動内部の対立もあって，労働運動から離脱していく。その一方で，1919（大正8）年に購買組合共益社を，1920（大正9）年に神戸購買組合を設立して生活協同組合運動に取り組んだ。

　一方，社会事業においては個人の尊厳や権利性は未確立であり，政府による介入が人権を侵蝕していく場合もある。特に，ハンセン病については，1897（明治30）年の国際ハンセン病会議において，遺伝病ではなく感染症であることが確認されたが，日本では隔離政策が強化されていき，1907（明治40）年，「癩予防に関する件」が制定されて患者の隔離が進んだ。このような隔離政策については，小笠原登など一部の関係者からの反対もあったが，昭和初期の「無癩県運動」を経て，1930年には国内の全てのハンセン病患者を療養所に隔離する「癩予防法」が制定された。

資料4-3
『社会事業』改称改題の辞（大正十年四月）

　今回本会は会名を「社会事業協会」と改称し，同時に本誌は「社会事業」と改題し，新容を整へて読者諸君に見ゆること〉なつた。
　我が先輩同人等が明治三十三年の頃より，時々相会合して，貧民状態の研究調査を始め，社会の欠陥を塡充し，斬業の改善進歩を図らんと苦心し来つた二十余年来の経過を顧みると，誠に隔世の感なきを得ざる次第である。此の頃より吾人は社会連帯責任として相互扶助の大義を唱導し来つたのであるが，不幸にして世論は其処まで進んでいなかつた。明治三十六年第一回の全国慈善大会を大阪に開いてより，全国大会は回を重ねて，昨年第五回を東京に開くに到りたるが，此時始めて社会事業大会と改称する様になつたのである。慈善事業と称し，社会事業と称するは，啻に名称の相違のみでない。貧弱者を救助するのを以て，富強者の篤志に出る慈善的行為に待つと云ふ考は，個人的の問題である。個人対象の個人貧の時代では，夫でも宜いのであらふが，今や時勢は変遷して，社会対象の社会貧なるものを見るに至つた。この社会貧に対しては，是非とも世人一般に対し，社会連帯責任の観念を喚起せなければならぬのである。
　惟ふに欧州大戦後の世界思潮の変調に処し，我国に於ても大に社会事業の新使命を高調せねばならぬではないか。有産階級に対しては，社会的義務を唱へ無産階級に対しては，人々をして各其処を得，其堵に安んぜしむる様に指導することは，我社会事業家の責任でないか。実に社会事業こそは，貧富強弱の間に介在せる安全帯（セーフチー，マーヂン）に外ならぬのである。
　社会事業の当局者たる者は，須らく社会的安全帯を以て自ら任じ，労働問題を始め，婦人，小児等の諸問題に至るまで，相互対等の観念を以て，世論の喚起に努めなければならぬ。幼弱者保護にしても，病院，不具者，白痴，低能児等の収容，教養にしても，孰も皆平等，対等の主義に立つて，これが斡旋の労を執るべきである。其の他社会的変態を調節すべき，諸般の社会事業的施設に至つては，対等観念の必要なるは云ふ迄もないことである。故に此が為に当るものは，社会の代表的使命を確信し，社会の代表的機関たる任務を全ふせなければならぬでないか。
　吾人が爰に会名を「社会事業協会」と改称し，誌名を「社会事業」と改称するに当り，聊か平生の抱負を開陳して，巻頭の辞とした次第である。

（『社会事業』第五巻第一号，1921年4月）

7

◆7　大学セツルメント
大学の学生や教員らによって設立されたセツルメントである。深刻な生活問題の多い地域に学生が住み込み，人格的な交流を通して支援を展開した。また高等教育の一環として，調査や相談，教育等，自らの専門分野を，実地に活かしながら学んでいく目的もあった。

8

◆8　賀川豊彦（かがわ・とよひこ）
神戸神学校の学生であった賀川は，1909（明治42）年，神戸市新川のスラム街に住み込み路傍伝道を開始したが，その生活環境の劣悪さを目の当たりにして社会事業，そして労働運動に取り組むようになった。

Check

救貧制度の対象者として，次の記述の正誤を答えなさい。

　恤救規則（1874年（明治7年））では，身寄りのある障害者も含まれた。

（答）×
（第27回社会福祉士国家試験問題25　選択肢1より）

第2節 現代

この節のテーマ

- ●社会事業が戦時厚生事業として総動員体制に組みこまれていったことを理解する。
- ●戦後改革によって，個の尊厳と平等を原則とした社会福祉が展望されたことを，理解する。
- ●福祉六法の成立と福祉八法改正を経て，社会福祉構造改革までの展開を理解する。

戦時体制下の社会事業（厚生事業）

1929（昭和4）年，日本経済はアメリカの株式大暴落に端を発した世界恐慌の影響をまともに受け（昭和恐慌），中国大陸への侵略によって状況の打開を図ることとなる。1931（昭和6）年，満州事変を起こした軍部は，政府の不拡大方針にもかかわらず，全満州を占領し，満州国を建国した。この後，1945（昭和20）年まで続く戦争へと突入していく。

昭和恐慌のあおりを受け，企業倒産が頻発したことにより失業問題は深刻化し，労働者の賃金も著しく低下した。そのため，労働争議が急増し，スラムには膨大な数の困窮者が流入した。農村の窮乏化も進み，1931年以降は小作争議が急増した。娘の身売りも相次いだが，この期の身売りは前借り（借金）による年季奉公ではなく，売春身売りが主となった。また，生活の困窮化は，健康問題に直結し，「国民病」とまで言われた肺結核患者と死亡者が増加する。また，児童問題も深刻化し，欠食児童，親子心中，児童虐待などの問題が表面化して，その対応が求められた。

社会保障政策は，本来このような状況下で求められ，また本来の効力を発揮する。しかし，この期の日本には，充分な社会保障制度は整備されておらず，当面の応急処置で対応するほかなかった。1929（昭和4）年に成立した**救護法**も，財政上の理由から実施が遅れ，1932（昭和7）年にようやく実施をみる。救護の種類は，生活扶助，医療扶助，助産扶助，生業扶助の4種類であり，国庫負担は二分の一以内とされた。しかし，被救済者には保護請求権を付与せず，選挙権も剥奪された。

児童問題に対しては，欠食児童のための学校給食が1932（昭和7）年から制度化され，翌33年には14歳未満の労働児童や，監護を放棄された児童の保護のための児童虐待防止法が制定された。また，1933（昭和8）年には，それまでの感化法に代わって，少年教護法が成立し，感化院を少年教護院と改称して小学校令に準じた教育を実施することや少年鑑別所の設置，地域に無給の名誉職である少年教護委員を置いて居宅での指導を行うことが規定された。

その一方で，軍事力の維持，増強の必要から，「人的資源」確保を根拠とした施策の進展が顕著となる。1937（昭和12）年に制定された母子保護法は，女性保護を求める動きの一つの政策的な結実であるが，表向きは「第二の国民」の養育という国家目的への従属をもって，普遍的な社会扶助の実現を求めざるを得なくなっていた。

また，昭和恐慌の影響は，財政基盤の弱い社会事業の経営にも打撃を与えた。そのため，公的な助成を求めながら，同時に社会事業の組織化が進み，1936（昭和11）年には全国私設社会事業連盟が発足した。そして，1938（昭和13）年に成立した**社会事業法**により，国庫による助成が実現するとともに，民間の社会事業に対する監督も強化され，国家による統制が進むこととなる。

一方，戦時体制の進展は，軍事援護事業が公的扶助を肩代わりする状況を生み出していった。救護法の制定に併せて，軍事援護法も改正され，救護の種類と対象が拡大された。そして，1937（昭和12）年に軍事救護法が改正されて軍事扶助法となった。これは，救護法による一般救護と軍人家族や遺家族に対する保護を区別し，さらにその対象や要件を拡大するものであり，同法による被扶助数は急拡大した。

これらの施策を所管する行政機関の整備も進み，1938（昭和13）年に厚生省が設置され，軍事援護事業を所管する軍事保護院も独立して設けられた。また，軍事扶助法以外の事業を担う団体として恩賜財団軍人援護会が設立され，種々の施設や事業が展開された。同年には，国家総動員法も制定され，あらゆる人的，物的資源は戦争遂行のために統制，運用されることとなる。

さらに教育分野においても，「人的資源」涵養の方針の下，病虚弱児や軽度の障害児を公教育に取り込む動きもあらわれ，1940（昭和15）年の国民学校令の公布により，各地の国民学校では養護学級の設置が進んだ。ただ同時に，ナチスの断種法にならった国民優生法も制定され，戦時体制に

必ず覚える用語
☐ 救護法
☐ 社会事業法
☐ 生活保護法
☐ 糸賀一雄
☐ 児童福祉法
☐ 身体障害者福祉法
☐ 「社会保障制度に関する勧告」
☐ 知的障害者福祉法
☐ 老人福祉法
☐ 母子及び父子並びに寡婦福祉法
☐ エンゼルプラン
☐ 社会福祉基礎構造改革

◆1　スラム
都市に形成された貧困階層の密集地域のことを指す。周囲の環境からは隔離的であり，歴史的には「貧民窟」や「貧民街」と呼ばれた。狭くて不衛生な住環境を特徴としており，伝染病が蔓延しやすい。多くの住民は，不定期の単純労働者であり，生活は不安定である。農村の荒廃により，都市に流入した人々を吸収した。

第4章
日本の社会福祉の歴史と思想：近代から現代
第2節　現　代

資料4-3
救護法，（旧）生活保護法，（現行）生活保護法比較

	救護法	（旧）生活保護法	（現行）生活保護法
保護対象	第一条　左に掲ぐる者貧困の為生活すること能はざるときは本法に依り之を救護す 一　六十五歳以上の老衰者 二　十三歳以下の幼者 三　妊産婦 四　不具廃疾，疾病，傷痍其の他精神又は身体の障碍に依り労務を行ふに故障ある者	第一条　この法律は，生活の保護を要する状態にある者の生活を，国が差別的又は優先的な取扱をなすことなく平等に保護して，社会の福祉を増進することを目的とする。 第二条　左の各号の一に該当する者には，この法律による保護は，これをなさない。 一　能力があるにもかかはらず，勤労の意志のない者，勤労を怠る者その他生計の維持に努めない者 二　素行不良な者	第一条　この法律は，日本国憲法第二十五条に規定する理念に基き，国が生活に困窮するすべての国民に対し，その困窮の程度に応じ，必要な保護を行い，その最低限度の生活を保障するとともに，その自立を助長することを目的とする。 第二条　すべて国民は，この法律の定める要件を満たす限り，この法律による保護を，無差別平等に受けることができる。
扶養義務・他法優先	第二条　前条の規定に依り救護を受くべき者の扶養義務者扶養を為すことを得るときは之を救護せず但し急迫の事情ある場合に於いては此の限に在らず	第三条　扶養義務者が扶養をなし得る者には，急迫した事情がある場合を除いては，この法律による保護は，これをなさない。	第四条　保護は，生活に困窮する者が，その利用し得る資産，能力その他あらゆるものを，その最低限度の生活の維持のために活用することを要件として行われる。 (2) 民法（明治二十九年法律第八十九号）に定める扶養義務者の扶養及び他の法律に定める扶助は，すべてこの法律による保護に優先して行われるものとする。 (3) 前二項の規定は，急迫した事由がある場合に，必要な保護を行うことを妨げるものではない。
保護の実施機関	第三条　救護は救護を受くべき者の居住地の市町村長，其の居住地なきとき又は居住地分明ならざるときは其の現在地の市町村長之を行ふ	第四条　保護は，保護を受ける者の居住地の市町村長，居住地がないか，又は明らかでない時は，現在地の市町村長がこれをおこなう。	第十九条　都道府県知事，市長及び社会福祉事業法（昭和二十六年法律第四十五号）に規定する福祉に関する事務所（以下「福祉事務所」という。）を管理する町村長は，左に掲げる者に対して，この法律の定めるところにより，保護を決定し，且つ，実施しなければならない。
民生委員・方面委員	第四条　市町村に救護事務の為委員を設置することを得委員は名誉職とし救護事務に関し市町村長を補助す	第五条　民生委員令による民生委員は，命令の定めるところにより，保護事務に関して市町村長を補助する。	第二十二条　民生委員法（昭和二十三年法律第百九十八号）に定める民生委員は，この法律の施行について，市町村長，福祉事務所長又は社会福祉主事の事務の執行に協力するものとする。
保護の種類	第十条　救護の種類 一　生活扶助 二　医療 三　助産 四　生業扶助	第十一条　保護の種類 一　生活扶助 二　医療 三　助産 四　生業扶助 五　葬祭	第十一条　保護の種類 一　生活扶助 二　教育扶助 三　住宅扶助 四　医療扶助 五　介護扶助 六　出産扶助 七　生業扶助 八　葬祭扶助

貢献できない重度の障害児者に対する差別や排
除が深刻化することとなった。

敗戦後の混乱への対応と
福祉改革と福祉三法体制

　1945（昭和20）年 8 月の敗戦により，国民生活
は総動員体制による完全雇用状態から，総失業，
総貧困状態となる。政府は，戦災による生産設
備の壊滅や，復員軍人，植民地からの引き上げ
者への対応などの戦後処理と復興に追われるこ
ととなる。GHQ も，民主化政策の一環として，
SCAPIN775「社会救済（公的扶助）」等を発令し
て，無差別平等，公私分離，必要充足，国家責任
の原則を示し，政府に福祉施策の再編を求めた。
　そして，1946年 9 月，旧生活保護法が公布され
る。ただ，救護法から引き継がれた救貧法的な性
格も残っており，モラル条項が存在し，方面委員
を改称した民生委員が補助機関として位置づけ
られていた。翌1947年には日本国憲法が制定され，
生存権，幸福追求権等の福祉に関連する国民の権
利と国家の義務が規定された。そして，1950年に
現行の**生活保護法**が成立し，国家責任と国民の保
護請求権が明確にされ，不服申し立て制度も導入
された。また，実施者として専任の有給専門職員
である社会福祉主事が置かれることとなり，民生
委員はその協力機関と位置づけられた。
　一方，戦前の社会事業は，その多くが戦時体制
に組み込まれ，敗戦によって壊滅的な状況となっ
ていた。それでも戦後まもなく，戦災孤児や生活
困窮児を収容し，養育する施設が設立されていく。
後に**糸賀一雄**らによって障害児福祉の先駆的な

◆2　SCAPIN775「社会救済（公的扶助）」
1946年 2 月27日に出された連合国軍最高司令
官指令の775号。前年12月31日に，日本政府が
提出した「救済福祉に関する件」に対して，方
針を是正する目的で発せられたものである。
すなわち，日本政府が，戦争の遂行目的で設
立した軍人援護会や戦災援護会等の民間援護
団体に救済活動を行わせようとしていること
を批判している。そして，これらの国家主義
的な官製団体の復活を阻止する意図のもとに，
直接の実施責任と公私分離の徹底を要求した。
その要点は，次の通りである。
・生活困窮者に対して，差別又は優先的な取
　扱をすることなく平等に衣食住及び医療の
　措置を行うために単一の全国的な機関を設
　置すること。
・政府が救済に対して財政と実施の責任態勢
　を確立すること。したがって，私的又は準
　政府機関にこの責任を委任しないこと。
・救済に必要な費用の総額を制限せず，困窮
　者の必要な費用の総体によって決定すべき
　である。
これらは，1946年に制定される生活保護法の
原則となっていく。
（参考文献：菅沼隆（2005）『被占領期の社会
福祉分析』ミネルヴァ書房）

第4章
日本の社会福祉の歴史と思想：近代から現代
第2節　現　代

実践をおこなう近江学園も，当初は戦災孤児を収容する目的で設立された（1946年）。また，沢田美喜によって設立されたエリザベス・サンダースホームは，占領軍である連合国軍の兵士と日本人女性との間に生まれた「混血児」の保護にあたったことでも知られる（1948年）。そして，1947（昭和22）年に制定された**児童福祉法**によって，これらの施設は児童福祉施設として法的な位置づけを持つこととなる。また，1933年に制定されていた児童虐待防止法と少年教護法は，その内容が児童福祉法に引き継がれて廃止された。

身体障害者福祉については，身体障害者の中に多くの傷痍軍人が含まれることから，立法化はやや遅れることとなった。しかし，日本ライトハウスの創設者である岩崎武夫や，岩橋の招きによって来日したヘレン・ケラーの活動もあり，1949（昭和24）年に**身体障害者福祉法**が成立する。ただし，結核患者やその回復者はその対象に含まれず，各地に結核患者自身による**結核コロニー**[◆4]が形成されることになる。同様に，知的障害者も同法の対象とはならず，知的障害児施設等による独自のコロニー形成（**知的障害者コロニー**[◆5]）が進んだ。

社会保障の体系の整備については，1949年にGHQと厚生省の間で，六原則（厚生行政地区制度，市厚生行政の再編，厚生省の助言，公私分離（民間社会事業団体における公の関与からの分離），全国的規模の協議会の設置，有給官吏の専門職訓練）が確認された。翌1950年にはこの流れを受けて社会保障審議会が日本国憲法の理念に基づいて「**社会保障制度に関する勧告**」を提出した。この勧告の中では，社会保障制度を「疾病，負傷，分娩，廃疾，死亡，老齢，失業，多子その他困窮の原因に対し，保険的方法又は直接公の負担において経済保障の途を講じ，公衆衛生及び社会福祉の向上を図り，もってすべての国民が文化的社会の成員たるに値する生活を営むことができるようにすること」と広義に定義し，そのような生活保障の責任が国家にあることが明記された。

1951（昭和26）年，社会事業法が廃止され，社会福祉事業法が制定された。この法律によって，社会福祉事業や社会福祉法人等が規定され，社会福祉の第一線機関である福祉事務所も発足する。

高度経済成長と社会福祉の発展

1955（昭和30）年以降，日本は70年代の初頭まで続く高度経済成長期を迎えた。産業構造が大きく変わり，第一次産業の従事者割合が減少し，二次産業の従事者割合が急激に増加した。

その一方で，急激な成長と社会変化によるひずみも生じ，各地で深刻な公害問題や薬害問題も発生した。このような状況に対して，当事者や親の会，そして地域住民による福祉の権利保障を求める運動が展開されるようになる。また，経済成長によって拡大した財政の一部が社会福祉にも割り当てられるようになる。

生存権保障を求める動きとして画期的であったのは，1957（昭和32）年に始まった**朝日訴訟**[◆6]である。

また，知的障害者福祉分野については，知的障害児の親の会である全日本精神薄弱児育成会（現

56 | 第I部　社会福祉とは何かを学ぶ

全国手をつなぐ育成会連合会）を中心とした運動
が展開された。そして，1960（昭和35）年，精神
薄弱者福祉法（現・**知的障害者福祉法**）が制定さ
れ，それまで独自に取り組まれてきた知的障害者
への支援が規定されることとなった。しかし，重
度障害者や重複障害，重症心身障害者の対策は取
り残された。重度の障害のある子をもつ作家の水
上勉によって，『中央公論』誌上で展開された公
開状「拝啓池田総理大臣殿」は，重度障害者に対
する社会保障の欠落を追求し，この問題の存在を
広く知らしめた。

　また，1957（昭和32）年に，山北厚，横塚晃一，
横田弘ら脳性麻痺の当事者によって設立された
青い芝の会は，障害者に対して同情的に差しのべ
られる支援を否定し，優生保護法の改正に反対す
るなど徹底した人権主張を展開していった。

　高齢者福祉分野については，1963（昭和38）年
に**老人福祉法**が制定された。それより先，1961
（昭和36）年に国民皆保険，皆年金制度が確立し
ていたが，同法は所得保障で満たせないニーズ充
足を目的としている。また，革新自治体による老
人医療の無料化も始まるなど，行政施策の先導的
役割を担った。

　そして，1964（昭和39）年に母子福祉法（現・
母子及び父子並びに寡婦福祉法）が制定された。
戦前に制定された母子保護法は，生活保護法の制
定に伴って廃止されていたが，母子福祉資金の貸
付等に関する法律（1952年）と児童扶養手当法
（1961年）の成立を受け，これらの体系化がはか
られた。

◆3　糸賀一雄（1914～1968）
戦後の障害児者福祉の実践者。近江学園の他，落穂寮，信楽寮，あざみ寮，びわこ学園等の施設を設立した。また，障害のある子どもに対して，「この子らに世の光を」と世の中の恩恵を求めて活動するのではなく，そもそも自ら光り輝き主体的に生きる存在であり，そのことを支えていくことこそ福祉に求められる役割であるという意味で「この子らを世の光に」という名言をのこした。

◆4　結核コロニー
コロニーとは植民地の意味である。結核患者は，完治後もその後遺症から元の職場等に復帰することが難しい場合が多くあった。そのため，病院や療養所に隣接する場所に，コロニーと呼ばれる共同の住居と授産施設を兼ね施設が形成された。現在でも，「東京コロニー」のように，この流れをくむ身体障害者の授産施設の固有名詞として，その名称が使われている場合がある。

◆5　知的障害者コロニー
戦前から終戦直後の時期には，独力での自活が難しい重度の知的障害者の生活保障のシステムとして，児童施設と社会との中間に位置づけられる共同生活の場としてコロニーが構想，設置された。これはアメリカで，大規模施設から一般社会への移行過程における出先施設としてのコロニーが設置されているのを参考にしたものであった。ただし，日本では，1970年前後に大規模入所施設が各地に相次いで設置され（コロニーブーム），現在ではこれをコロニーと呼ぶことが定着している。

◆6　朝日訴訟
重症の結核患者であった朝日茂氏が，生活保護の基準は，憲法の保障する最低限度の生活水準に及ばないとして国を相手に訴えた。裁判の過程で，原告の朝日氏が死去したため裁判は打ち切られたが，生活保護制度への関心が高まる契機となった。

第4章
日本の社会福祉の歴史と思想：近代から現代
第2節　現代

少子高齢化の進行と福祉ニーズの多様化への対応

　1970年代に入って，経済成長の内実が問われるようになる。政府内でも福祉国家の建設が論議され，1973（昭和48）年を「福祉元年」として福祉の充実を打ち出した。そして，社会福祉施設の不足に対して「社会福祉施設緊急整備五ヶ年計画」を立て，計画的な施設整備を目指した。しかし，同年末の第一次オイルショック以降，高度成長期は終焉を迎え低成長の時代に入る。社会保障や福祉の充実は，経済成長の負担となると見なされ，「福祉の見直し論」が高まり，「新経済社会七カ年計画」では自助と地域社会における相互扶助を基軸とした「日本型福祉社会論」が展開された。しかし，施設整備は従来通りのペースで進み，本格的な福祉の停滞が起こるのは，国際的にも新保守主義による「**小さな政府論**」が台頭する1980年代であるとも言われる。

　1980年代後半には，高齢化率が10％を超え，人口の高齢化への対応がいよいよ差し迫った課題となってきた。1989年には，福祉の充実を名目として消費税が導入されるとともに，翌1990年には社会福祉関係八法改正（老人福祉法等の一部を改正する法律）が行われ，在宅福祉を推進するために福祉サービスの事務を市町村に一元化した。また，「高齢者保健福祉推進十ヶ年戦略（ゴールドプラン）」によって在宅福祉施策に重点を置いたサービス整備の目標値が設定され，市町村にも老人保健福祉計画の策定が義務づけられた。

　また，1990年には合計特殊出生率が1.57となり（1.57ショック），少子化の進行が深刻な状況であることが突きつけられた。1994年には，「子育て支援の計画的な充実を今後の子育て支援のための施策の基本的方向について（**エンゼルプラン**）」が策定された。さらに，1993年には，心身障害者基本法が改正され，国と地方自治体に障害者計画の策定が義務づけられた。これを受けて，国では「障害者プラン（ノーマライゼーション7ヶ年戦略）」が策定された（1995年）。

　しかし，1990年代初頭のバブル経済の崩壊により財政的な余裕はなく，福祉サービスの整備は，財政の緊縮や公的サービスの民営化，規制緩和の影響を受けていくこととなる。一方，1995年には高齢化率が14％を超え日本は「高齢社会」に突入した。このような状況の中で，**社会福祉基礎構造改革**と介護保険制度の導入がなされていく。

　2000（平成12）年の社会福祉事業法改正によって，同法は社会福祉法へと改称された。この改正により，戦後の福祉サービス供給の中核であった**措置制度**から，**利用契約制度**への転換が図られ，サービス供給体制も社会福祉法人と国及び地方公共団体に限定されていた状況から，供給主体の多元化を志向し，NPO法人や企業の参入が促された。同年に導入された介護保険制度がその先鞭をつけ，2003年には障害福祉分野でも支援費制度が導入されている。なお，障害分野のサービスは，2006年の障害者自立支援法によって再編され，さらに同法は2013年の障害者総合支援法へと改称され，内容も大幅に改正された。

　2000年代半ば以降，少子高齢化はさらに深刻となり，その対応は困難さの度を増していく。さら

に，地域社会や家族の変化は，自助自立や共助を
強調し，地方自治体の責任の強化と国家責任を希
薄化させる政策方針との間に矛盾を生じさせて
いる可能性もある。また，規制緩和とサービス供
給体制の多元化は，サービスの量的な拡大をもた
らしたと同時に，ニーズに対する敏感な感性や，
生活問題の根本的な解決と福祉の充実をもとめ
る運動的な側面の拡大をもたらしただろうか。実
践と政策の両面から，冷静な反省と将来への展望
が求められる。

7

◆**7 小さな政府論**
第3章第2節参照。

8

◆**8 措置制度**
措置権者である行政機関がサービスの要否や
内容，提供主体を決定し，サービス提供を行
うしくみのこと。

9

◆**9 利用契約制度**
福祉サービスの利用者の権利性を高めるため，
利用者がサービス提供者を選べるようにした
利用方式のこと。

〈参考文献〉
吉田久一（1960）『日本社会事業の歴史』勁草
　書房。
右田紀久恵・高澤武司・古川孝順（1977）『社
　会福祉の歴史——政策と運動の展開』有斐
　閣。
遠藤興一（1991）『史料でつづる社会福祉のあ
　ゆみ』不昧堂出版。
池田敬正（1994）『日本における社会福祉のあ
　ゆみ』法律文化社。
池田敬正・池本美和子（2002）『日本福祉史講
　義』高菅出版。
菊池正治・田中和男・室田保夫・清水教惠・
　永岡正己（2003）『日本社会福祉の歴史』ミ
　ネルヴァ書房。

Check

**現在の生活保護法成立前の公的扶
助制度に関する次の記述の正誤を
答えなさい。**

①旧生活保護法（1946年）は，勤労
　を怠る者は保護の対象としなか
　った。

②旧生活保護法（1946年）は，不服
　申立ての制度を規定していた。

（答）①は〇．②は×：旧生活保護法にはモラル
　　条項が存在し，不服申し立ての規定はなか
　　った。
（第28回社会福祉士国家試験問題63より）

吉田久一『日本社会事業の歴史』勁草書房，1960年
古代から現代に至るまでの日本における福祉の展開が詳述されており，重要な事項や人物，活動が網羅されている。日本の福祉の，大きな流れを理解するのに適している。

菊池正治・清水教惠・田中和男・永岡正己・室田保夫『日本社会福祉の歴史』
　ミネルヴァ書房，2003年
日本の近代から現代までの福祉の史的展開が，詳細に解説されている。また，本書の後半には重要な史料100点の他，詳細な年表も掲載されており，史料を参照しながら，明治から現在に至る福祉の展開を理解するのに適している。

池田敬正・池本美和子『日本福祉史講義』高菅出版，2002年
本書では，福祉を「人類史の拡がりのなかで捉える"福祉史"」として捉え，なぜ現代社会において社会福祉が成立する必然があるのかという問題意識が貫かれている。内容はかなり難解な部分もあるが，時間をかけて挑んでほしい。

 第4章

問：恤救規則，救護法，旧生活保護法，現生活保護法のそれぞれの特徴を挙げて，現生活保護法が成立するまでの経過をまとめてみよう。

ヒント：生活困窮者の救済に対して，政府がどのような責任を負うのか，またその実務を担う機関や専門職はどう規定されてきたのか，さらに救済を受ける権利はいつ頃から明確に示されているか整理してみよう。

第5章

社会福祉を支える考え方

本章で学ぶこと

- ●社会福祉にとっての人権の意味を知る。（第1節）
- ●人権思想の歴史的展開を学ぶ。（第1節）
- ●人権条約と国連の役割を考える。（第1節）
- ●人権思想と社会福祉を支える考え方の関係を学ぶ。（第2節）
- ●自立とは何かを考える。（第2節）
- ●新しい社会福祉の思想を知る。（第2節）

第1節 社会福祉と人権

この節のテーマ

- ●社会福祉にとっての人権の意味を知る。
- ●人権思想は歴史的にどう形成されたかを知る。
- ●人権とは何かを知る。
- ●人権に対して国際連合の果たした役割とは何かを知る。

社会福祉にとっての人権

社会福祉を学んでいると,「**(基本的) 人権**」という概念がよく登場する。たとえば,国際ソーシャルワーカー連盟（IFSW）および国際ソーシャルワーク学校連盟（IASSW）は，2014年7月メルボルンにおける総会において「**ソーシャルワーク専門職のグローバル定義**◆1」を採択した。そこでは,「社会正義, 人権, 集団的責任, および多様性尊重の諸原理は, ソーシャルワークの中核をなす」と「人権」が明記されている。また日本社会福祉士会は, 1995年に採択した「ソーシャルワーカーの倫理綱領」を2005年に「社会福祉士の倫理綱領」として改訂した。その前文では「すべての人が人間としての尊厳を有し, 価値ある存在であり, 平等であることを深く認識する」と宣言した。ここでは人権が「人間としての尊厳」「価値ある存在」「平等」といった言葉で表現されている。社会福祉分野の専門職としてのソーシャルワーカー（社会福祉士）が人権尊重の姿勢を堅持するのは当然で, 社会福祉は基本的人権を前提にして成立するものである。

では,そもそも基本的人権とはどういうものか。それは一人ひとりの人間の価値を尊重する思想を基盤にして, それを具体的に実現するための人類の叡智である。つまり人間は, 生まれながらにして生存・自由・平等・幸福に関して, 国家や社会の存在を前提にせずに保持している権利（**自然権**◆2）があるとする考え方を歴史的に形成してきた。このような考え方を実在させ, すべての人間の尊厳が守られるように基本的人権という概念を深化させてきたのだ。そこで次に人権に関する近代以降の経緯を簡単に振り返ってみよう。

人権思想の歴史的展開

まず近代的な人権宣言が, 18世紀末に登場する。たとえば「アメリカ独立宣言」（1776年）では, 生まれながらの自然権, 合意による支配, 抵抗権が明記された。またフランス革命の基本的原理を示した「人および市民の権利の宣言」（フランス人権宣言）（1789年）は, 人権宣言のモデルとして世界に影響を与えた。その後20世紀前半にかけて欧米で人権宣言を含む憲法が制定されていく。しかしこれらは「**自由権**」（**国家からの自由**）◆3が中心であった。

また, これらの宣言や憲法は, 「人」といっても白人の成人男性をイメージした一部の人びとの人権を念頭にしていた傾向がある。それは20世

必ず覚える用語
☐ （基本的）人権
☐ 自由権・社会権
☐ 国際連合憲章
☐ 世界人権宣言
☐ 国際人権規約

紀前半に至るまで，たとえば黒人奴隷に典型的な人種差別，女性参政権の否認，障害者の隔離収容，児童の強制労働等のような状況にほとんど疑問がもたれなかったことからわかる。むしろそれらに否定的な考え方を持ち，反対を表明する人たちが犯罪者であるかのように扱われてきた。

もちろんそのような「常識」を乗り越えようとする動きもあった。代表的なものとして，労働運動はすでに19世紀から始まっていたが，20世紀に入って女性参政権運動，公民権運動，ノーマライゼーション運動等の社会運動が次々と活発化した。こうして現代では自由権の基本部分は，根強い抵抗や巻き返しにあいながらも社会的合意になってきている。

さらに一方で，近代国家における貧困問題の激化とともに，人間らしく生きていくことを保障される権利を人権として主張する考え方も認められていった。国家が個人の生活に積極的に関与して人間らしい生活を保障する権利は，「**社会権**」**（国家による自由）** と認知され，ドイツの「ワイマール憲法」（1919年）で初めて成文化された。こうして人権思想は，国や国際機関によって，宣言，条約，法律（憲法）等の形態で次々と明文化されていった。

国連の創設と世界人権宣言

だが戦争の世紀と言われた20世紀，特にその戦時においては人権の抑圧は顕著であった。戦争遂行という大義名分のために人権は蹂躙されるどころか命さえもが軽視されることが日常であり，

1

◆1　ソーシャルワーク専門職のグローバル定義
ソーシャルワークは，社会変革と社会開発，社会的結束，および人々のエンパワメントと解放を促進する，実践に基づいた専門職であり学問である。社会正義，人権，集団的責任，および多様性尊重の諸原理は，ソーシャルワークの中核をなす。ソーシャルワークの理論，社会科学，人文学，および地域・民族固有の知を基盤として，ソーシャルワークは，生活課題に取り組みウェルビーイングを高めるよう，人々やさまざまな構造に働きかける。

2

◆2　自然権
人間の尊厳に根拠づけられる権利であり，いわゆる法律を根拠とする権利ではない。国家等の権力機関がこの権利を侵犯すれば抵抗権が生ずる。日本国憲法では「この憲法が国民に保障する基本的人権は，侵すことのできない永久の権利として，現在及び将来の国民に与へられる」（第11条）と表現されている。自然権に懐疑的な思想もあり，基本的人権はいわゆる法律によって作られるものであって，法律の変更によって変わるとする立場もある。

3

◆3　自由権（国家からの自由）
自由権は，国家が個人に介入することを排除して自由を保障する権利である。精神的自由（思想・良心の自由，信教の自由，学問の自由，表現の自由，集会・結社の自由），経済的自由（職業選択の自由，財産権），身体的自由（奴隷的拘束からの自由，法定手続の保障）等に分類される。国家から強制や制約をされずに行動したり，思考したりできる権利であり，その不当な干渉がある場合には抵抗できるとする権利である。

4

◆4　社会権（国家による自由）
社会権は，現代的な人権であり，生存権とも言われる。資本主義社会の必然である社会的・経済的課題，すなわち貧困問題に対して，国家が積極的に介入して人間らしく生きていくことを保障する権利である。日本国憲法においては，第25条が社会権規定に当たるが，その解釈にはプログラム規定説，抽象的権利説，具体的権利説がある。実際には，生活保護法等の社会保障・社会福祉関係法が制定されて権利が実体化されている。

第5章　社会福祉を支える考え方　63

第5章
社会福祉を支える考え方
第1節　社会福祉と人権

むしろ戦争のために命を捧げることが美徳とされた。世界規模の戦争であった第2次大戦では，非人道的な手段や兵器による大量殺戮が行われただけではなく，全世界で少なくとも5000万人以上の人命が失われた。戦争にともなうこのような状況は現在でも基本的に変化していない。

そのためすでに大戦中からこうした状況に終止符を打とうとする努力が続けられた。その結果として，国際機関を樹立することもひとつの有効な方策であると合意され，国際連合（the United Nations：国連）が創設された。**国際連合憲章**には，それまでの歴史への反省から，基本的人権を認めること，人間は尊厳が守られ価値ある存在として扱われるべきであること，男女は同権であることが盛り込まれた。その理念の下に国連に加盟した各国は，世界の人権問題に人びとが関心を持てば，人権の軽視・抑圧・蹂躙を阻止できると考えた。

そして人権を守る方策の樹立に努力が払われ，国連主導によって，1948年にパリで開かれた第3回国連総会において「**世界人権宣言**」が採択された。これは人権の歴史を考える上で画期的であり，人権および自由を尊重し確保するために「すべての人民とすべての国とが達成すべき共通の基準」を宣言した。この宣言を受けて，世界の各国は，多様な人種，女性，障害者，子どもまで包含し，最後のひとりの人権まで実現する努力を続けることが常識となっていく。こうして宣言の内容が次々に国際条約として採択，発効していく。国連総会では現在までに9つの主要な人権に関する国際条約が採択され，発効している。

主要な人権条約

まず1965年の総会では「あらゆる形態の人種差別の撤廃に関する国際条約（人種差別撤廃条約）」が採択され（1969年発効・日本1995年締結），次いで1966年には「**国際人権規約**」が採択された（1976年発効・日本1979年締結）。この規約は，労働基本権，社会保障，教育および文化活動に関する権利などの社会権について定めた「経済的・社会的及び文化的権利に関する国際規約」（A 規約＝社会権規約），生命に対する権利，身体の自由，表現の自由，裁判を受ける権利，参政権，平等権，少数民族の権利などの自由権について定めた「市民的及び政治的権利に関する国際規約」（B 規約＝自由権規約）および選択議定書からなっている。この人権規約では，生存権は国が保障し，人権の尊重は国の義務であると定めている。

1979年には「女子に対するあらゆる形態の差別の撤廃に関する条約」（女性差別撤廃条約）が採択された（1981年発効・日本1985年締結）。男女の完全な平等の達成に貢献する目的で，女子に対するあらゆる差別を撤廃することが基本理念である。1984年には「拷問及び他の残虐な，非人道的な又は品位を傷つける取扱い又は刑罰に関する条約」（拷問等禁止条約）が採択された（1987年発効・日本1999年締結）。拷問を定義し，刑法上の犯罪とするよう求めている。1989年には「児童の権利に関する条約」（児童の権利条約）が採択された（1990年発効・日本1994年締結）。この条約は，18歳未満を「児童」と定義し，人権規約

を児童にも対応させるものである。1990年には「全ての移住労働者及びその家族の権利保護に関する条約（**移住労働者権利条約**◆6）」が採択された（2003年発効・日本未締結）。季節労働者を含むあらゆる職種の国外からの移住労働者とその家族の尊厳と権利を保証するための条約である。2006年には「障害者の権利に関する条約（障害者権利条約）」が採択された（2008年発効・日本2014年締結）。この条約は，障害者に固有の尊厳を尊重し，障害者の権利を実現するための措置等を定めた条約である。同じく2006年「強制失踪からのすべての者の保護に関する国際条約（強制失踪条約）」が採択された（2010年発効・日本2009年締結）。この条約は，強制失踪を定義し，その犯罪化について定めている。

5

◆5　国際連合憲章

国際連合憲章は国連の基本文書で，前文と全19章，111条からなる国際条約である。1945年6月26日に調印され，1945年10月24日に発効した。国連加盟国の権利や義務を規定するとともに，国連の主要機関や手続きを定めている。1968年までに憲章の4つの条項が改正された。国連憲章が定める国連の目的は，国際平和の維持，主権平等による友好関係の樹立，人権および基本的自由の尊重，これらの達成のための調和の実現である。

6

◆6　移住労働者権利条約

違法就労を含むすべての外国人労働者とその家族に対して，自由権を保障し，集団的追放処分を禁止し，労働組合への参加やその国の労働者と同等の労働条件・待遇を認め，子どもが教育を受ける権利等を保障する国際条約である。正規登録・正規法的地位の外国人労働者とその家族についてその国の国民と平等な扱い等も保障している。日本は移住労働者の増加による国内の失業や治安の悪化などを理由に署名も批准もしていない。

間違いやすい用語

「世界人権宣言」と「国際人権規約」

- - - - - - - - - - - - - - - - - -

世界人権宣言は，国際条約ではなく，国連総会において採択された決議である。この決議は勧告であるが，慣習国際法として法的拘束力を認める立場もある。国際人権規約は，世界人権宣言の内容を国際条約にしたものであり，人権に関する条約の中で最も基本的かつ包括的なものである。

Close up

サフラジェット

19世紀末から20世紀初頭の英国で闘争的な女性参政権運動を展開した女性たちは「サフラジェット（suffragette）」と呼ばれた。英国でさえ男女平等の普通選挙権が実現するのは1928年のことであり，サフラジェットはそれを求めて過激な闘争を行った。2017年に日本公開された映画「未来を花束にして」（原題：サフラジェット）は，英国で

エミリン・パンクハースト（Emmeline Pankhurst）をリーダーとして婦人参政権運動を展開したサフラジェットの物語である。この映画からは，現在では当然のことになっている普通選挙権も，わずかここ100年ほどで実現してきた基本的人権なのだと知ることができる。

Check

次の記述の正誤を答えなさい。

日本国憲法では教育を受けさせる義務の定めはあるものの，教育を受ける権利の定めがないが，これは教育を受ける権利は国籍にかかわらず普遍的に保障されるべきものとして，世界人権宣言で定められているためである。

（答）×：日本国憲法第26条に教育を受ける権利が定められている。
（第25回社会福祉士国家試験問題30　選択肢1より）

第5章　社会福祉を支える考え方 | 65

第2節 現代の社会福祉を支える考え方

この節のテーマ
- 人権思想と社会福祉の関係について知る。
- 自助的自立と依存的自立はどう違うかについて知る。
- ノーマライゼーションが登場した背景について知る。
- バリアフリーの現状とその限界について知る。
- ユニバーサルデザインの特徴を知る。

人権思想と社会福祉を支える考え方

前節で，私たちは，①人は生存・自由・平等・幸福に関して，生まれながらにして保有する権利があるとする考え方，つまり人権思想を歴史的に形成してきたこと，②現代の人権思想は人間の尊厳を根拠にしていて，人間が作った法律や社会的な仕組みによって裏付けられるようなものとは考えないこと，③人権思想を実体化させるために基本的人権という概念を明確にしてきていること，④基本的人権を有効にさせるために国際機関の取り決めによって国家にその保障の義務を課してきていることを説明した。そして社会福祉は，基本的人権を前提にして成立するものであると強調した。つまり，社会福祉を考えていく上で，その基盤となる人権思想とそれに基づく基本的人権を理解することは，必要不可欠なのであった。だが人権思想や基本的人権の概念そのものは，それを理解するだけで社会福祉の存在意義を明確に把握することができて，さらにその実践的な意味や進むべき方向性を明確に示してくれるものではない。

つまり総論としての人権思想や基本的人権を理解しそれを踏まえることは当然として，より実践的な各論としての社会福祉を支える考え方とはどのようなものであり，それが社会福祉の現実や実践に具体的にどのような形を与えるのか，知っておくべきであろう。

以下，具体的にそれらの思想を見ていこう。

ウェルビーイング

ウェルビーイングとは，一般的には健康に問題がなく快適に過ごしている状態といった意味である。しかし世界保健機関（WHO）は，**WHO憲章**[1]で，「健康とは，病気ではないとか，弱っていないということではなく，肉体的にも，精神的にも，そして社会的にも，すべてが満たされた状態にあることをいいます。人種，宗教，政治信条や経済的・社会的条件によって差別されることなく，最高水準の健康に恵まれることは，あらゆる人々にとっての基本的人権のひとつです」（日本WHO協会仮訳）としている。ここで「すべてが満たされた状態」と訳されているのがウェルビーイング（well-being）という用語である。この意味するところは，健康を消極的なものとしてではなく，積極的なものとして解釈すべきものと捉

必ず覚える用語
☐ **ウェルビーイング**
☐ **自助的自立**
☐ **依存的自立**
☐ **ノーマライゼーション**
☐ **バリアフリー**
☐ **ユニバーサルデザイン**
☐ **ソーシャル・インクルージョン**

えるのである。そしてただ生きていればよいというのではなく，望ましい状態で生きていけることだという意味なのである。しかもそれは基本的人権であるというのである。

　これまでは，ウェルフェア（welfare）という用語を「福祉」を表すものとしてきた。しかしこの用語の示す具体的なイメージとしては，社会権に対する20世紀前半までの考え方を反映している。つまり救貧的，恩恵的，慈恵的な思想に基づく，事後的，補完的，代替的な社会福祉の実践や制度的対応を指している。したがって社会福祉をソーシャル・ウェルフェア（social welfare）と対応させる場合，社会権の保障が，それが認識された初期の消極的なものとして理解する傾向が否めない。現代では，社会権の保障は，人間にとってより良好な状態と考えられる社会的な環境を積極的に構築していくものだということを示すために，ウェルフェアに替わってウェルビーイングが用いられるようになっている。

　このような考え方の転換には，社会的弱者を対象とした前時代的な社会権保障の考え方による援助ではなく，問題発生の予防・問題解決の促進・問題意識の啓発によって，事後的対応を脱却した支援を構築しようとする積極的社会福祉観がある。そのためウェルビーイングは「ソーシャルワーク専門職のグローバル定義」にも「ソーシャルワークは，生活課題に取り組みウェルビーイングを高めるよう，人々やさまざまな構造に働きかける」として用いられているのである。

◆1　世界保健機関（WHO）憲章
世界保健機関（WHO）憲章は，1946年7月22日にニューヨークで61か国の代表により署名され，1948年4月7日より効力が発生した。日本では，1951年6月26日に公布された。WHOは，医学情報の総合調整，国際保健事業の指導的かつ調整機関としての活動，感染症及びその他の疾病の撲滅事業の促進，保健分野における研究の促進・指導，生物学的製剤及び類似の医薬品，食品に関する国際的基準の発展・向上等が業務である。

◆2　「社会保障制度に関する勧告」
1947年，GHQの招聘により来日したアメリカ社会保障制度調査団の調査報告書に基づき，翌年12月に社会保障制度審議会が設置された。社会保障制度審議会は1950年に「社会保障制度に関する勧告」（「第一次勧告」「50年勧告」等とも）を発表した。この勧告の内容は，社会保険，公的扶助，社会福祉等の総合的な運用や社会保険制度の統合，適用拡大，給付改善などで，これにより社会保障の中心が社会保険に置かれることになった。

Check

次の記述の正誤を答えなさい。

　生活困窮者自立支援制度における自立支援の在り方に関しては，自己肯定感の回復や居場所・役割の発見につながる支援を重視することが大切である。

(答)○：自立相談支援では，就労による自立支援だけではなく，人間の尊厳の確保に配慮することが目標になっている。
(第28回社会福祉士国家試験問題31　選択肢2より)

第5章
社会福祉を支える考え方
第2節　現代の社会福祉を支える考え方

自立の思想

　1950年の社会保障制度審議会による**「社会保障制度に関する勧告」**◆2では，「社会福祉とは，国家扶助の適用をうけている者，身体障害者，児童，その他援護育成を要する者が，自立してその能力を発揮できるよう，必要な生活指導，更生補導，その他の援護育成を行うことをいうのである」となっている。ここでいう「自立」は，就労することに困難を伴う社会的弱者でもそれなりの収入を得させること，つまり働いて稼げるようになることを目標にした考え方である。つまり社会福祉は「自立」を可能にするための方策であり，就労を実現することで社会的弱者を社会の一員として遇することにあると考えられていた。

　それなら現実的には，就労して収入を得るという方法では社会に参加できる可能性が相当低い人たち，たとえば重度障害者は，社会の構成メンバーとして接することはできないということなのだろうか。しかし退職後に年金のみで生活している高齢者，つまり就労していない高齢者を社会のメンバーとは考えないとするのはおかしいと考えるはずだ。年金受給者の場合，就労している間に掛け金を払っているというかもしれないが，年金は貯蓄ではなく，受け取る年金をすべて自分の掛け金で賄っているのではない。つまり年金のすべてが就労による収入ではないという点は否定できない。そのような年金生活者も社会のメンバーだと考えるならば，重度障害者の場合も同じだろう。

　そもそも人間の尊厳は，人間が作った法律や社会的な仕組みによって裏付けられるものではなかった。したがって就労できなければ社会のメンバーとして価値が無いとか低いとかいった価値観によって，自立とは何かが決まり，それによって人間としての尊厳が意味づけられるのではない。ある人が自らの判断と決定により主体的に生き，その行動について自ら責任を負いつつ，自己実現と社会参加を果たそうとする営みが自立なのであり，人間の尊厳にもとづく人間観なのである。だとすれば，主体的な判断つまり自己決定を可能にする状況の保障こそが真の自立につながるということになる。

　このように最近の社会福祉では，人間の尊厳にもとづく人権意識を背景として，自立とは自己決定に基づいて主体的な生活を営むことだと理解するようになった。こうした考え方によって，社会福祉サービスを必要とする人が，社会福祉制度やサービスの利用に際して，自己決定によってサービスを利用できる仕組みを構築していくといった動きに具体化されていくのである。

　特に1980年代以降は，自立を就労と結び付けるのではなく，自己決定と関連付ける考え方が浸透していく。このような考え方の強化は，重度障害当事者による**自立生活（IL）運動**◆3の成果であり，次項で述べるような考え方の変化につながった出来事の一つの成果でもある。

自助的自立と依存的自立

　とろで現在でも生活保護における**自立助長**◆4の

68　第Ⅰ部　社会福祉とは何かを学ぶ

ように就労して収入を得ることがすなわち自立であるとする考え方が否定された訳ではない。そしてこのような考え方は，経済的支援であろうとなかろうと，自己決定の可能性を高めようとするよりも，他者からの支援の有無を自立の判断根拠にしようとすることにつながる。自立に対するこうした考え方は，「**自助的自立**」といわれる。

　これに対して自己決定を重視する自立観は「**依存的自立**」と表現されて，自ら欲する生活を自己の意思に基づいて必要な支援を受けていくことで成立させることとされる。この場合「自律」と表現されることもある。だが依存的自立では，自らの決定は自らの意思を反映していなくてはならないのであるから，制限の無い自己決定ができる支援が重要になってくる。そのためには利用者に内在する自己決定の可能性を最大限に引き出す**エンパワメント**◆5が重要であり，自己決定を支援する権利擁護が不可欠になる。つまり社会福祉サービスの利用者が可能最大限に自らの意思に基づく決定によって生活を組み立てていくことが自立だという考え方に立っていくということである。

　このように「自立」の概念は，不変のものではなく，時代によって多様化する考え方を取り入れる柔軟なものである。過去には他者からの支援を受けないことが自立だとして，それのみを目指した時代もあった。現在は，生活の主体者として自己決定によって必要な支援を得ながら生活していくことが自立だとする自立観が受け入れられている。繰り返すが，依存的自立では，社会福祉サービスを利用する人の自己決定が最大限尊重

◆3　自立生活（IL）運動
自立生活運動（Independent Living Movement）とは，重度障害者が，自己決定による自立生活をしながら社会に参加することを目的にして，自らの権利を主張した運動のことである。この運動の主張によれば，自立生活とは，重度障害者であっても自らの生き方に関して自己決定することを最大限尊重されること，つまり自己決定に責任を負える主体者であること，社会福祉サービスの利用者として生きていけることを認められることである。

◆4　自立助長
生活保護法第1条は，「日本国憲法第25条に規定する理念に基き，国が生活に困窮するすべての国民に対し，その困窮の程度に応じ，必要な保護を行い，その最低限度の生活を保障するとともに，その自立を助長することを目的とする」となっていて，自立助長が生活保護の目的になっている。この自立助長は，就労して収入を得るようにすることだと考えられているが，その人らしく生きていけるよう支援することとする考え方もある。

◆5　エンパワメント
人権を侵害されている立場にある人が，その置かれている状況を自覚し，変えていく方法を知り，必要な自信や自己決定力を回復し，それを発揮できるように援助すること。エンパワメントは，内在する力をどう引き出し，それをいかに発揮させるかということであり，その考え方では，人は生まれながらにパワーを持っていて，潜在化しているパワーを再び呼び起こすために，その人の内的な資源に働きかけることが重要なのである。

◆6　1959年法
1953年にデンマーク社会省に「知的障害者福祉政策委員会」が設置され，バンク＝ミケルセンが委員長に就任した。1958年にはノーマライゼーションの理念を盛り込んだ報告書がまとめられた。それを受けて1959年法（「知的障害者福祉法」）が成立した。この法律は世界で最初に「ノーマライゼーション」を用いたため「ノーマライゼーション法」ともいわれる。1981年の「国際障害者年」のテーマ「完全参加と平等」へとつながる。

第5章
社会福祉を支える考え方
第2節　現代の社会福祉を支える考え方

されることが不可欠で，そのための方策が重要なものになるのである。

ノーマライゼーション

ノーマライゼーションとは，もともとは障害者であっても地域社会で普通に暮らせる社会を実現するという考え方である。1940年代からスウェーデンで用いられていた表現であったが，デンマークの福祉行政官で知的障害者の親の会の活動に共感したバンク＝ミケルセン（Niels Erik Bank-Mikkelsen）の尽力により**1959年法**◆6にその考え方が盛り込まれた。また1969年にスウェーデンのニィリエ（Bengt Nirje）によって「ノーマライゼーションの原理」がわかりやすい枠組を用いて示されたことで広がった。それまで知的障害者に対して北欧で一般的であった入所型施設での社会福祉サービスは，障害者から人間の尊厳を奪うものであったことを踏まえて主張されたのである。

ニィリエによれば，ノーマライゼーションという考え方は障害の有無に関係なく「普通の生活」ができるようにすることである。「普通の生活」とは，普通の時間に食事をし，気に入った洋服を着て，学校に通い，週末は遊び，季節の行事を楽しみ，おしゃれをし，髪型・音楽・異性に関心を持ち，親や友人に夢を語り，希望に沿って就職し，自分で借りた部屋から通勤し，たまには友人と飲み会に行き，望めば恋愛も結婚もし，必要なものやある程度は好きなものを買っても賄える収入があり，住む家を選ぶことができて，隣人ともう

まくやっていけるといったことである。これは人間らしい最低限度の生活である。

このような「普通の生活」ができない状況で生きることを国家や社会によって強いられている人々の人権を回復するのがノーマライゼーションの理念だと言える。それは，単に障害者のことだけではなく，社会的マジョリティーによって奪われたマイノリティーの人権回復という考え方，たとえば**共生の原理**◆7へと展開していく。北欧の知的障害者の領域から展開したこの考え方は，今日では社会福祉の基本的な理念のひとつになっている。

バリアフリー

障害の有無に関係なく誰でも地域の中で普通に暮らせる社会づくりを目指すのがノーマライゼーションの理念である。一方で**バリアフリー**は，障害者・高齢者・幼児等のために社会の中にある物理的な障壁（バリア）を無くしていこうとする考え方である。1950年代後半から欧米でバリアフリー基準の策定が進められていった。

日本では1970年代に関心が高まり，その後バリアフリーの考え方に基づいて法的整備も進んでいる。1994年に施行された「高齢者，身体障害者等が円滑に利用できる特定建築物の建築の促進に関する法律」（ハートビル法）や2000年に施行された「高齢者，身体障害者等の公共交通機関を利用した移動の円滑化の促進に関する法律」（交通バリアフリー法），それらを合わせて2006年に施行された，「高齢者，障害者等の移動等の円滑

化の促進に関する法律」（**バリアフリー新法**[8]）である。新法は，病院，劇場，集会場，デパート，ホテルなどの建築物や空港，駅，ターミナル，車両をバリアフリー化するための法的基盤の整備を定めている。

　逆に言えば，今までのまちづくりや商品設計は，障害を持つ人たち，高齢者，乳幼児，妊産婦，病人，けが人などに対して，無意識にバリアを作ってきたといえる。今日では，制度的バリアフリー，心理的バリアフリーや情報のバリアフリー等も言われる。つまり基本的には物理的な障壁を無くそうとする考え方であり，その考え方に基づいて一定の基準を策定し制度化していくことといえる。2016年施行の「障害を理由とする差別の解消の推進に関する法律」（**障害者差別解消法**[9]）はその一環である。

　しかし，バリアフリーの考え方では，障害者・高齢者・乳幼児等の特定の対象を前提として特別の対策を立てるという発想を乗り越えているとはいえない。このような前提に立つ限り，特別の配慮が必要な人たちに対する対策であると捉える人々の意識はなかなか変化しないのである。つまりすべての人に対して平等な人権の保障を実現するのではなく，一般的な水準以上に配慮が必要な人に対して特別措置をしていると考えがちなのである。

ユニバーサルデザイン

　バリアフリーが，障害者・高齢者・乳幼児等を念頭においているのに対して，**ユニバーサルデザ**

◆7　共生の原理
ノーマライゼーションを単にマジョリティーに対してマイノリティーも同じように生きていけることだと理解するのではなく，マイノリティーはそれとして独自の価値観や生活様式を尊重されるとする考え方にまで深化させた原理。多様な価値観や生き方をする人たちが共に生きていけることを目標にして，マイノリティーであっても人間としての尊厳を毀損されることなく尊重される社会を作っていくための鍵概念である。

◆8　バリアフリー新法
駅や空港，電車やバス等の公共交通機関を対象にした「交通バリアフリー法」と，大規模ビルやホテル・飲食店などを対象にした「ハートビル法」の内容を総合し，内容を充実させた法律。計画策定段階から，高齢者や障害者の参加を求め，意見を反映させるようにしている。基点となる建物や施設，周辺道路だけでなく，それらをつなぐ経路もバリアフリー化することで，移動が困難になるような状況を無くすことが目的である。

◆9　障害者差別解消法
この法律では，障害者に不当な差別的取扱いをしない，社会的バリアを取り除くために必要な合理的な配慮を行うとなっているが，「合理的配慮」を一定の範囲で義務化している点が重要である。合理的配慮とは，障害者一人ひとりの障害の種類や程度，ニーズに合わせて，可能な範囲で配慮を行うことであり，学校や職場等で合理的配慮をしないということが法律で禁止されている。すべての国民が共生できる社会の実現が目的である。

◆10　ロナルド・メイス（Ronald L. Mace 1941-1998）
ロン・メイスとも。彼は，9歳でポリオに罹患し，酸素吸入をしながら生活する電動車いすの使用者だった。メイスは，障害者にとってのバリアを前提としたバリアフリーが好きになれず，そういう考え方が心理的バリアにつながると考えた。たとえばトイレが，障害者用なら，そうでないと思う人は遠慮するが，広くて使いやすいトイレなら，誰でも使いたい。それなら最初からどんな人にでも使いやすいように考えようと発想したのである。

インは，すべての人を想定している。つまりユニバーサルデザインとは，あらゆる人にとって，できる限り利用可能であるように，製品，建物，環境空間をデザインすることであり，特定の人のために変更が必要だったり，特別な仕様が設けられたりするものであってはならないとされる「すべての人のためのデザイン」である。

ユニバーサルデザインは，米国のノースカロライナ大学デザイン学部の**ロナルド・メイス**◆10 （Ronald L. Mace）教授が，1985年に発表した論文で初めて提唱した考え方である。彼自身も障害者であったのだが，バリアフリーに飽きたらず，それを乗り越えるものとしてユニバーサルデザインを主張し，実際に住宅等の設計もした。

メイスの論文のタイトルは，「すべての人のためのバリアフリー環境」となっていて，バリアフリーを越えようとする意図がうかがえる。つまり障害等ハンディの有無に関係なく，すべての人にとってもよりよいもの，誰からも使いにくいと反論されないものを具体的にデザインして，社会的な意識を変革する手法として，ユニバーサルデザインを考えたのである。そのためユニバーサルデザインの7原則は，①誰でも公平に利用できること，②使う上で自由度が高いこと，③使い方が簡単ですぐわかること，④必要な情報がすぐ理解できること，⑤うっかりミスや危険につながらないデザインであること，⑥無理な姿勢をとることなく，少ない力で楽に使用できること，⑦使いやすい場所と大きさを確保すること，とされた。

ユニバーサルデザインは，すべての人が，自己決定以外の要素によってなんら妨げられること

なく平等に便利な物や使いやすいサービスを利用できるようにデザインするという点が重要なのである。自己決定以前にそれを諦めさせる要因が存在するのは，そうせざるを得ない人の人権を抑圧しているということである。

ソーシャル・インクルージョン

ソーシャル・インクルージョンは，1980年代以降のヨーロッパにおける移民労働者の排斥運動に象徴されるソーシャル・エクスクルージョンに対するアンチテーゼとして提唱された考え方であり，社会福祉政策の理念である。

社会制度にアクセスできず，孤立しがちな人たちを社会の構成員として認め，共生することを意味する。ノーマライゼーションが知的障害者の分野から展開し，すべての人の人権保障に広がっているのに対して，移民や難民に目を向けることから始まった考え方である。そのため一般に社会に受け入れられ難い人たちを意識する傾向が強く，たとえば在住外国人，少数民族，ホームレス等の貧困・低所得者，一人暮らしの高齢者，未婚の母親等のシングル・ペアレント，ニート・フリーターを含む非正規雇用者，刑余者，**LGBT**◆11等の性的少数者，DVや児童虐待の被害者，引きこもっている人，希少難病の罹患者，無国籍・無戸籍の人たち，宗教的少数派，不登校経験者，交通遺児，自死遺児，里子等のノーマライゼーションの議論ではあまり語られなかったマイノリティーを意識し，そういった人たちの人権を考えさせる言葉になっている。

また教育の分野では，インクルージョンという言葉は，障害児教育の分野で用いられ，インテグレーション，メインストリーミングの次の段階とされている。前二者は，障害児と健常児を区別する。インクルージョンは障害児・健常児を区別せず，多様な子どもの存在を前提とする考え方である。

　ビジネスの分野では，**ダイバーシティ**[12]に替わってインクルージョンという言葉が用いられつつあるようだ。ダイバーシティは，多様な人材を受け入れ生産性を高めるための取り組みであるが，インクルージョンは，多様な人たちが対等に参加し自分らしい組織への貢献を感じられるためのマネジメント手法であるという。

　一見異なるように思えるインクルージョンという言葉の用い方であるが，社会の発展，教育の成果，ビジネスの成功にとって，インクルージョンはあらゆる人の価値が平等に認められるという意味で共通した鍵概念になっているのである。

◆11　LGBT
女性同性愛者（レズビアン：Lesbian），男性同性愛者（ゲイ：Gay），両性愛者（バイセクシュアル：Bisexual），性同一性障害（トランスジェンダー：Transgender）の人々を意味する言葉の頭字語を取ったもの。性的少数者には，これ以外に両性具有（インターセクシャル：Intersexual，IS）等多様な人たちがいる。6色（一般に赤，橙，黄，緑，青，紫）のレインボーフラッグは，LGBT運動を象徴する旗である。

◆12　ダイバーシティ
企業等で女性を活用することと混用されているが，ダイバーシティ（diversity）とは，多様性という意味で，性別・年齢・学歴・資質・趣味・価値観・人種等を画一化・標準化せず，さまざまな人材を用いて生産性を高めようとする経営手法のこと。当初はマイノリティーの就業機会を拡大する意図で使われたが，現在は，未知の人材を発掘し，斬新なアイデアを生み出し，多様なニーズに対応するねらいを持つ考え方になっている。

Close up

CIL

14歳のときにポリオに罹り重度障害者となったエドワード・ロバーツ（Edward Roberts）が23歳でカリフォルニア大学バークレー校に入学したのは，1962年であった。当時は米国でも，大学で障害者が学ぶ環境が整っておらず，彼は自らそうした環境の改善を実現しながら，大学生活を送るしかなかった。彼は1972年に世界で初めて障害者自立生活センター（Center for Independent Living：CIL）を設立し，1995年に逝去するまで，自立生活運動の象徴的存在であった。CILは，障害者の自立のための国際的な運動拠点になり，ロバーツは「自立生活運動の父」と呼ばれた。依存的自立の概念は，彼の考え方から展開されたものである。

間違いやすい用語

「バリアフリー」と「ユニバーサルデザイン」

バリアフリーは，高齢者，乳幼児，妊産婦，病人，けが人などにとっての物理的な障壁を無くそうとする考え方であり，バリアの存在を前提にしている。ユニバーサルデザインとは，あらゆる人にとって，できる限り利用可能であるように，製品，建物，環境空間をデザインすることであり，最初からバリアの存在そのものを無くそうとする考え方である。

高木八尺・末延三次・宮澤俊義編『人権宣言集』岩波文庫，1957年
英国のマグナ・カルタに始まるとされる人権を保障するための宣言の精神は，現在では各国の憲法に取り込まれている。本書は人権の歴史上からみても代表的な多くの人権宣言についてそれぞれの専門家が解説し，編者による概説とともに人権宣言の流れを知ることができる。

関谷新助『社会福祉の哲学——人権思想を中心に』中央法規出版，2011年
社会福祉の中心にある「生存権」の保障，その前提になっている理念である「人間の尊厳」や「基本的人権の尊重」が，西洋の哲学・倫理思想の中でどのように形成されてきたか，それが現在の社会福祉にどういう意味で思想的根拠になっているかを明らかにしている。

木原活信『社会福祉と人権（シリーズ・福祉を知る）』ミネルヴァ書房，2014年
身近な話題を取り上げ，人間に尊厳があると考える理由，現代において尊厳が踏みにじられている例とはどういうものかを示し，自他の尊厳を尊重する意義，尊厳を尊重するためには何をすべきかを理解できるよう説明している。

中西正司『自立生活運動史——社会変革の戦略と戦術』現代書館，2014年
著者は，学生時代に頸髄損傷で車いす生活となり，1986年に全国で初めての自立生活センター「ヒューマンケア協会」を設立した。その後，日本の自立生活運動の先頭に立った著者によって，1980年以降の「障害者運動」が社会にもたらしたものが明らかにされている。

園田恭一・西村昌記編著『ソーシャル・インクルージョンの社会福祉——新しい〈つながり〉を求めて』ミネルヴァ書房，2008年
在住外国人，ホームレス等の貧困・低所得者，刑余者，LGBT等の性的少数者等の生活困難を抱えて孤立状態にある人たちを排除するのではなく，社会で生きられるよう支援することが，ソーシャル・インクルージョンである。その実践を通して，「共生社会」のあり方を提案する。

Try! 第5章

問：現代の社会福祉を支える考え方と，基本的人権の関係について述べなさい。

ヒント：基本的人権から社会福祉を支える考え方がどう生み出されてきたか考えよう。

第 II 部

社会福祉のしくみを学ぶ

第 **6** 章

社会福祉と法制度の関係

本章で学ぶこと

● 現代社会における経済や人口・家族といった構造上の変化について
理解する。（第1節）

● 社会福祉の対象と必要（ニーズ）について理解する。（第2節）

● 社会福祉政策の概念を理解し，財源を含む政策立案について学ぶ。
（第3節）

● 社会福祉の法制度について，体系的に理解する。（第4節）

第1節 家族をとり巻く社会の変化

この節のテーマ
- 現代社会の特質であるグローバル化について理解する。
- 日本における少子高齢化の現状と人口減少の要因について学ぶ。
- ステップファミリーなど多様化する家族形態の状況について理解を深める。

現代社会とグローバル化

ICT（情報通信技術）の急激な進歩と，生産・物流そして人的交流の促進は，**グローバル化**（グローバリゼーション）と称される。

グローバル社会は，多様性のある価値の交流などの利点がある一方で，投機的な金融市場の影響など多くの課題を抱えている。

少子高齢化と人口減少社会

日本における人口の高齢化そして人口の減少は，少子化と相まってさしせまった課題となっている。そのことは，厚生労働省が，『厚生労働白書』の特集を，「人口減少社会を考える」（平成27年版），「人口高齢化を乗り越える社会モデルを考える」（平成28年版）と2年続けていることからもうかがえる。

図6-1は，日本の人口動態を，1人（1組）あたりで示したものである。出生と死亡を比較した際，8秒のズレが生じていることがわかる。また，「日本の1日」によると，1日当たりの出生数が2,699人，死亡数の3,573人となっており，人口が毎日904人ずつ減少していることになる。

日本における人口の推移を示したものが，**図6-2**である。日本の総人口は，1億2,808万人であった2008年をピークに，減少局面へと転じており，2015年時点で，すでに人口100万人が減少している。さらに2060年には，人口規模が8,808万人になると推計されている。

次に人口の構造は，どのようになっているのであろうか。人口の高齢化を示す指標に，**高齢化率**[◆1]がある。日本における高齢化率は，1970年に7％を超え**高齢化社会**となり，1994年には14％を超え**高齢社会**へ，そして2007年には21％を超え**超高齢社会**に突入し，その後も増え続け，2016年10月1日現在で高齢化率27.3％（高齢者数3,459万人）に至っている。なお，男女の構成比は，男性1,500万人・女性1,959万人と，約3対4で女性が多い状況である。[(1)] また2060年の将来推計における高齢化率は，39.9％と5人に2人が65歳以上になると見込まれている。その一方で，**合計特殊出生率**[◆2]は，「**1.57ショック**」[◆3]以降も2005年の1.26をはじめ低調な状況が続いており，若干の持ち直しはあるものの2017年で1.44と**人口置換水準**[◆4]を大きく割り込[(2)]んでいる。

また2016年時点の平均余命は男性80.98歳，女性87.14歳である。[(3)]非婚という選択肢も含め，多様なライフスタイルが許容される社会を起点としつつ，政策対象としての課題の克服が求められる。

---

78 | 第Ⅱ部 社会福祉のしくみを学ぶ

図6-1
日本の人口動態（平成27年度概数）
出所：厚生労働省編（2017）『平成29年版厚生労働白書　資料編』4頁。

必ず覚える用語
□ グローバル化
□ 高齢化社会，高齢社会，超高齢社会
□ 1.57ショック
□ ワーキングプア
□ ワーク・ライフ・バランス

家族形態の多様化と家族機能の脆弱化

　人を育み，生活の拠点となる場が家庭であり，「家族」は相互の感情的紐帯に基づいた基礎的集団である。戸田貞三による家族機能（内的安定作用，家族財産の保護，経済生活の保障，対外的な連帯共同の4機能）をはじめ，社会が家族に求める機能は極めて多岐に及ぶ。

　近年における家族の形態としては，家族規模の縮小化をあげることができる。特に，単身世帯の増加は顕著であり，1986年のときに682万世帯（全体の18.2％）であったものが，2016年には1,343万世帯（全体の26.9％）にまで上昇している。たとえば，65歳以上の男性のひとり暮らし，女性のひとり暮らしの全体に対する割合は，1980年で男性4.3％，女性11.2％が，2016年には男性15.8％，女性33.6％とそれぞれ倍増している。さらに，ひとり親家庭も増加傾向にある。また，「ひとり親と未婚の子のみの世帯」は，1975年の138.5万世帯（4.2％）から364.0万世帯（7.3％）に増加している。このように，家族規模の縮小化は，介護や孤立の問題，子どもの育ちといった養育上の課題など様々な影響が指摘されており，家族機能の脆弱化が懸念される状況にある。

　また，**ステップファミリー**については，採用する統計がなく，正確な規模を推計することができない。少し前になるが，「平成21年度離婚に関する統計」（厚生労働省）によると，2008年の一年間だけでも子どものいる離婚件数が14.3万件あ

1　高齢化率
総人口に占める65歳以上人口の割合のことをいう。日本の場合，高齢化社会（高齢化率7％）から高齢社会（高齢化率14％）に到達した年数が，わずか24年間という早さで進行した。ちなみに，イギリスで46年間，フランスの場合115年間を要している。

2　合計特殊出生率
15〜49歳までの全女性を対象にし，年齢別出生率（各年齢の出生数を当該年齢の女性人口で除したもの）を合計した値であり，ひとりの女性が一生の間に生むとしたときの子どもの平均値である。なお，現在の人口を維持するための人口置換水準は2.07であり，それを下回ると人口減少のトレンドに移行することになる。

3　1.57ショック
1989（平成元）年の合計特殊出生率が1.57と過去最低であったことが，翌年の1990年に判明したことから衝撃的な出来事として捉えられたものである。それまでの合計特殊出生率1.58という最低値は，「ひのえうま」という特殊要因の影響によるものであったが，その値をさらに下回ることになり，政府も少子化の深刻さを認識するに至った。これを受けて，1994年に「今後の子育て支援のための施策の基本的方向について」（エンゼルプラン）が策定されており，それ以降の我が国の少子化対策の契機として位置づけられるものである。

4　人口置換水準
現状の人口が，増減せずに均衡した状況で置き換わるために想定される指標であり，そのことを可能にするための合計特殊出生率の水準となる値である。人口増減は，自然増減（出生率や死亡率）と社会増減（人口移動）により影響を受ける。そこで算出にあたり，人口の移出入がなく，かつ現在と同水準の死亡率が続くと仮定した場合に，増減ゼロをもたらす出生率として導き出されている。日本における人口置換水準の値は，国立社会保障・人口問題研究所で算出されており，2015（平成27）年の値は2.07である。

第6章　社会福祉と法制度の関係 | 79

第6章
社会福祉と法制度の関係
第1節 家族をとり巻く社会の変化

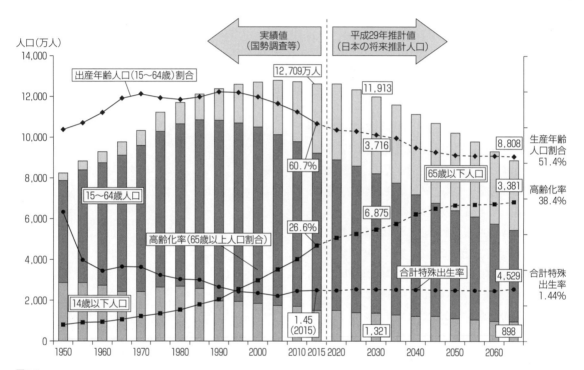

図6-2
日本における人口の推移
出所：厚生労働省編（2017）『平成29年版厚生労働白書　資料編』5頁。

り、1975年の約2倍に上昇している。また、「平成28年度婚姻に関する統計」では、2007年に離婚したものが、2015年までに再婚した累計件数は、男性で約10万件・女性で約8.6万件にのぼる。それらのことからもステップファミリーの増加が推察される。その他にも昨今では、**性的マイノリティ（LGBT）**◆6 の人に配慮する自治体も出てきており、法的拘束力はないものの「パートナーシップ証明書」を発行するなど、事実婚も含め、多様な家族形態がみられるようになってきている。

人間の生き方そして働き方の多様化

女性活躍推進法（2015年）の成立からもわかるように、活力ある社会の実現に向けて、女性の社会進出が重要な意味をもってきている。1997年に共働き世帯数が専業主婦世帯を上回って以降、近年その差は拡大傾向にある。2016年現在の共働き世帯数は、1,129万世帯と専業主婦世帯数の664万世帯に比べ大きく上回っている。(7)

雇用形態としては、不本意非正規の割合は減少

傾向にあるものの，雇用の流動化に伴う非正規雇用の割合が高い状況であることには変わりがない。「自分の都合のよい時間に働きたい」といった多様な働き方は尊重される必要はあるが，正規に比して非正規雇用の待遇面における格差は歴然としており，**ワーキングプア**[7]の問題は，極めて深刻なものとなっている。

　山縣文治は，少子高齢化を促進している要因として，①男女の社会的不平等にかかわる要因，②婚姻にかかわる要因，③子どもを育てることにかかわる要因の3つを挙げている[8]。ひとりで育児と介護を同時に担うダブルケアの問題など，ジェンダー化された従来から続く社会制度や慣行の脱却なしに，労働力としての女性に着目するのは本末転倒といえよう。現時点では，**ワーク・ライフ・バランス**やジェンダーフリーの実現に向けて，未だ途半ばの状況といえよう。

5 ◆5　ステップファミリー（stepfamily）

すでに子どもがいるひとり親家族（片方か，双方かの別は問わない）が，新たに結婚または同居（内縁）することで形成される血縁関係を前提としない親子関係や兄弟姉妹関係を有する家族形態のことである。ブレンド家族（blended family）ともいう。なお，政府統計は存在せず，現時点でどの程度の人口規模を占めているのかについては，正確な値は不明である。

6 ◆6　LGBT（性的マイノリティ）

第5章第2節を参照。

7 ◆7　ワーキングプア

疾病や障害，高齢などの理由で働くことができなくなり，生活に困窮する人たちと異なり，現に何らかの就労をしているにもかかわらず，生活に困窮する社会階層の人たちのことをいう。英語の"working poor"であり，「働く貧困層」を意味するが，外来語としての「ワーキングプア」の呼称で一般化している。非正規社員の収入が総じて低水準であることから社会的に問題視されるに至った。

注
(1) 内閣府編（2017）『平成29年版高齢社会白書』2頁。
(2) 厚生労働省（2017）『平成29年版厚生労働白書　資料編』8頁。
(3) 同前書，9頁。
(4) 厚生労働省（2017）「平成28年国民生活基礎調査の概況」3頁。
(5) 同前調査，5頁。
(6) 同前調査，3頁。
(7) 内閣府編（2017）『平成29年版男女共同参画白書』75頁。
(8) 山縣文治（2016）『子ども家庭福祉論』ミネルヴァ書房，6-8頁。

Check

日本の人口に関する次の記述の正誤を答えなさい。

　人口増加率は，2011（平成23）年からプラスで推移している。

（答）×：現代社会は，人口減少社会と呼ばれている。人口が減少していることからもわかるとおり，人口増加率も1970年代以降低下傾向している。少子化と多死社会化により，2011以降の人口増加率は，マイナスで推移している。

（第29回社会福祉士国家試験問題29より）

第2節 社会福祉の対象とニーズ

この節のテーマ
- 社会福祉の対象について理解する。
- 社会福祉の対象を決める上での社会福祉調査の意義について学ぶ。
- 社会福祉におけるニーズとは何かを知る。

社会福祉の対象とは何か

　ここまで，変わりゆく社会の状況と起こっている問題について学んできた。では社会福祉は，それらのうち何を対象にしているのだろうか。歴史的に見て**福祉国家**◆1が政策対象に位置付けたものに，**ベヴァリッジの「5つの巨悪」**（窮乏，疾病，不潔，無知，怠惰）があげられる（本書38頁参照）。

　社会福祉の対象になるものとは(1)，人間が生活する上での生きづらさを福祉的な視点からみて，福祉的支援の必要性について，行政や市民等が合意している課題のことを指す。

　福祉的支援とは，政策レベルでの制度はもちろんのこと，市民参加による主体的な活動も含む(2)。つまり，社会福祉とは「政策や制度のシステムである(3)」ともいえる。

　ここまでの第2～4章までで学んだ通り，社会福祉は歴史性を有するものである。そして社会福祉の対象も歴史的なもの，つまりその人の生きた時代や場，諸環境の影響といった制約を受けることになる。したがって，社会福祉の対象は，静的なものではなく，「対象」自体が変化する動的なものであるといえる。

　「**貧困の発見**」◆2「**子どもの発見**」といった表現をよくみかける。これは「介護による離職」「児童虐待」「子どもの貧困」などの問題から「見つけられた」といえる。従来から人間の暮らしの中に存在していた「介護」や「子育て」に対する問い直しの結果，新たに生成され社会福祉の対象に転換したものといえよう。これは岩田正美が言った「対象化のプロセス(4)」に他ならない。つまり，「対象化」の転換を前提とした対象認識をしていくことによって，それまでは，「社会福祉の対象」として認識されずに周辺化されていた課題が，現代的な福祉的課題として新たに対象として認識されることを意味する。

どうやって社会福祉の対象を決めるのか──政策対象の場合

　社会福祉の対象と認識されるということは，国であれば具体的には，政策主体である政府が，一定の予算措置（資源の分配）の必要性を認識することになる。具体的に，行動するためにはそうするための根拠が必要となる。

　たとえば，根拠の一例としては，①社会福祉調査を行って，社会的な支援の必要性を提示する，②市民の連帯等による「運動」やマスメディアによる世論形成などの政治的判断への働きかけ，などがある。ここでは，前者について考えてみよう。

　政策の実施は，国民の税を投入することに他な

82　第Ⅱ部　社会福祉のしくみを学ぶ

らず，無駄使いはできない。したがって，まず現状を正しく認識しその対象（「社会福祉」の政策対象）が何なのかについて，把握する必要がある。三浦文夫は，社会福祉の政策対象について「**要援護性**をもつ人間を何らかの形で集合的・範疇的に〈切りとり〉，その範囲内での集団を政策対象にする」としている。この「切りとり」の過程こそが，先に例としてあった①における社会福祉調査を行って，その結果に基づき問題の所在を明らかにし，政策対象を規定することにあたる。

　具体的には，調査結果の分析による課題の性質（どのようなことが課題となっているのか），対象者の規模や分布（どれくらいの人数がいるのか，性別や地域別などの分布はどうか），時系列データがある場合における過去の状況との比較（急激な変動はないか），推計による将来の社会状況の予測など，総合的に考えて政策対象の素案が規定される。ただし，調査の分析結果が直接，政策対象になるわけではなく，政策である以上，財源上の制限やサービス資源量の推計値に対する実現可能性など，様々な要因に対する政策主体の判断を経て対象化されることになる。

　したがって，昨今の計画行政下における社会福祉計画化の流れの中で，政策対象から捨てられるものも存在する。しかしながら，政策対象の俎上に載らない課題が，「無意味なもの」とイコールではない。個別具体性のある個人の生きづらさは，政策の対象にならなくても，実践の対象であることにはかわりはなく，そのような狭間の部分にこそ，ソーシャルワークの存在意義がある。

必ず覚える用語

- [ ] ベヴァリッジ
- [ ] フェルトニード
- [ ] ノーマティブニード

1

◆1　福祉国家
自由放任的な夜警国家や市民的自由を制限する警察国家とは異なり，政府が貧困の解消や国民生活の安定など，国民福祉の向上を図るための役割を積極的に担い，そのための諸政策を展開する国家体制のことを意味する。思想的には，18世紀末のドイツの社会国家と同義であるが，一般にイギリスがナチスドイツの戦争国家に対置する国家体制として用いるようになった呼称であり，社会主義国家とも異なる。第二次世界大戦後，先進国を中心に浸透するに至った。

2

◆2　貧困の発見
貧しい人は，キリスト教の新約聖書にも多く記述があり，古くから存在した。この「貧困の発見」とは，産業革命以降の資本主義社会における貧困を対象とするものであって，19世紀末のブースやラウントリーによる貧困調査に基づき，新たに貧困を把握したことを意味する。なお，1960年代にエーベルスミスとピータータウンゼントによって，「福祉国家」体制下における貧困が明らかとなった。この場合，「貧困の再発見」と呼ぶ。

3

◆3　要援護性
ニードのことを意味する。何らかの形で設けられた基準（尺度）に即して，ある所与の状態を測り，そしてこの「基準」からの逸脱あるいは乖離した状態があった場合に，その状態の解決・改善を図ることが，社会的に必要であるとの社会的な認識が働く状態のことをいう。なお，設定した基準により結果が変化するものであることから，絶対的なものではなく，相対的なものとして位置づけられるものである。

第6章
社会福祉と法制度の関係
第2節　社会福祉の対象とニーズ

福祉ニーズの類型と判断基準

　ここまで学んできたように，社会福祉の対象を考える時，何が必要とされているのか，誰が必要としているのか，必要な度合いはどうなのか，などを考えることが求められる。ここで頻繁にでてくる「必要」という言葉を，社会福祉ではニーズとあらわすことがよくある。ここではその「ニーズ」について学んでいく。

　ニーズ（need；needs）という言葉は，色々な意味をもつ言葉である。語源辞典[6]で調べてみると，古期英語として西暦700〜1000年には「必要」「欠乏」という意味で使用されており，1200年頃には「貧困な」という意味も加わっている。心理学者のマスローは，欠乏動機と成長動機からニーズ論を展開したことで知られる。その中でのニーズという言葉には，欠乏に対する必要充足といった意味を有していることがわかる。以下，福祉ニーズという言葉について見ていくこととする。

　日本における福祉ニーズの代表的な研究者である三浦文夫によると，ニーズは次のように定義できる。「社会的ニードとは『ある種の状態が，一定の目標となり，基準から見て乖離の状態にあり，そしてその状態の回復・改善等を行う必要があると社会的に認められたもの』」[7]である。この福祉ニーズ論の機能的側面を端的にいうと，目標と現状のギャップに対する価値判断と承認であり，そのことは，ギャップを充足するための資源供給に途を拓き正当性を担保するための装置としての機能がある。この機能は，政策の実施に不可欠

な財源・予算を確保する上で，影響を与えることになる。[8]

　その他にも，イギリスの社会政策学者であるブラッドショーのニーズ論も有名である。[9]具体的には，「感じ取られた必要」（**フェルトニード**），「規範に基づく必要」（**ノーマティブニード**），「表明された必要」（エクスプレスドニード），「比較に基づく必要」（コンパラティブニード）の4つのニーズに分類したものである。ただし，何をもって「真の必要」（リアルニード）とするかは，難しいところがある。たとえば，「感じ取られた必要」「表明された必要」は，欲求や需要を含む主観に依拠した概念であり，「規範に基づく必要」の場合は，専門的見地の優位性を前提にした**パターナリズム**[◆4]的な保護的介入の側面がある。

　また，「顕在的ニード」と「潜在的ニード」に分類する場合もある。多様な**ステークホルダー**[◆5]間における福祉ニーズの判断は，「誰にとっての必要なのか」「本当に必要としているのは誰なのか」「何を基準にするのか」によっても大きく異なってくる。いずれにせよ，単一の基準によって，「真の必要」を把握することには限界があり，いかにニーズ判定の基準を組み合わせて，近づけていくかが求められる。

4

◆4　パターナリズム（paternalism）

父権主義，温情的保護主義のこと。法的ない
し専門的な判断によって，当事者の利益とな
ると考えられる場合に，本人やその関係者な
どの意に反する場合であっても，一定の権
限・権威などをもって行為に介入すること。
児童虐待における一時保護の措置は，その代
表的なものであるが，一方で抑圧的な言説の
発露になる危険性を内在している。

5

◆5　ステークホルダー

利害関係のある組織や関係者のこと。たとえ
ば，公共政策（公共事業）を実施しようとし
た場合，地域住民や政府・自治体のほか，民
間企業や学校，福祉や医療機関，NPO をはじ
め地域におけるボランティア組織など，その
ことによって影響を受ける多様な関係者ない
し組織が存在する。ソーシャルワークにおい
ては，各利害関係者や組織・機関等が有する
意向が一致しない場合も存在するため，その
調整が求められることになる。

注

(1)　なお，ここでは岡村重夫（『社会福祉原
論』全国社会福祉協議会，1983年）に従い，
人間の集合を意味する「対象者」と「対象」
を区別して使用する。
(2)　右田紀久惠（2005）『自治型地域福祉の理
論』ミネルヴァ書房，13-17頁。
(3)　太田義弘（1992）『ソーシャルワーク実践
とエコシステム』誠信書房，23頁。
(4)　岩田正美（2008）「社会福祉政策における
問題──『対象化』のプロセス」日本社会
福祉学会編『福祉政策理論の検証と展望』
中央法規出版，250-271頁。
(5)　三浦文夫（1995）『〔増補改訂〕社会福祉
政策研究──福祉政策と福祉改革』全国社
会福祉協議会，12頁。
(6)　寺澤芳雄（1997）『英語語源辞典』研究社。
(7)　三浦，前掲書，60頁。
(8)　三浦は，必要とするサービス形態の充足
手段としてもニードという言葉を使用して
おり，現金給付が対応する貨幣的ニードと，
現物給付を要する非貨幣的ニードの形態に
大別できるとした。
(9)　Bladshaw, J. (1972) A Taxonomy of
Social Need, Mclachlan, G. ed., *Problems
and Progress in Medical Care*, Oxford
University Press, pp. 71-82.

Check

**個人の福祉ニードに関する次の記
述の正誤を答えなさい。**

利用者のフェルト・ニードとは，
専門職が社会規範に照らして把握
する福祉ニードのことである。

（答）×：設問文は，「規範に基づく必要」（norma-
tive need）の説明である。フェルト・ニー
ドは，あくまで，利用者自身が感じ取った
ニードである。
（第29回社会福祉士国家試験問題28より）

第3節 社会福祉の政策と財政

この節のテーマ

- 社会福祉と社会福祉政策の関係性について理解する。
- 政策を実現するために必要不可欠である財政の状況について理解を深める。
- 社会福祉の政策を立案する時の考え方と課題について理解する。

社会福祉と福祉政策

　社会福祉という言葉は，日本国憲法第25条に規定されている「健康で文化的な最低限度の生活」や，人々がもつ自分自身にとって意味のある生き方がしたい，自己実現ができるより良い暮らしをしたい，といった目的レベルの概念（目的概念）の側面からとらえることができる。しかし，それでは目的レベルの社会福祉，つまり福祉の理念を掲げさえすれば，社会福祉は自動的に達成されるのだろうか。

　たとえば，相互扶助におけるお互い助け合うことの重要性や，そこからくる連帯意識の重要性を理解さえすれば，理想とする社会が実現できるのだろうか。しかしながら，すべての人々を対象にした社会福祉の問題に対して，個人や民間を中心とした私的活動だけで支えていくことは，自ずと限界があり，現実的ではない。また個人がバラバラにそれぞれの思いだけで支援していると，偏りや専門性など，様々な課題が生じてくる。そこで，社会福祉を具体化し，実現していくにあたり，政策的な手段を講じていくことが有効なものとなってくる。本節では，この政策を実施するにあたり，必要となる財政そして政策設計にあたっての考え方をみていくことにしたい。

社会福祉の政策と財政

　政策の実行には，当然のことながら，先立つもの（金銭）が必要となる。ここで社会福祉関連の財源の説明の前に，日本という国の収支についてみておこう。わが国の「国及び地方の長期債務残高」は，年々増加しており2016年度末で約1,070兆円（対 GDP 比209％），国の公債残高も2016年度末で約844兆円を見込んでいる。この金額は，一般会計税収の約15年分に相当し，国民 1 人当たりでいうと約669万円， 4 人家族で約2,676万円の借金額に相当する。

　一方，2017年度一般会計予算（総額97兆4,547億円）の公費依存度は35.3％にも及ぶ。復興債などの国難時での緊急対応は別としても，恒常的な国債への依存は好ましいものではない。現在国は2020年度の**プライマリー・バランス**[1]の黒字化の目標を掲げている（2017年度は10.8兆円の赤字）。

　社会福祉の政策を実行するための財源は，公費，社会保険料収入，利用者自己負担などから構成される。国の財政規模を示す指標には，**社会保障給付費**[2]と社会保障関係費などがあるが，ここでは後者を見ておきたい。国の予算は，一般会計予算と特別会計予算に分けることができる。厚生労働省管轄の特別会計には，年金特別会計，労働保険特

別会計，東日本大震災復興特別会計の３つがある。
2017年度の一般会計予算額の内訳は，社会保障関係費32兆4,735億円（33.3％，4,997億円増），国債費23兆5,285億円（24.1％），地方交付税交付金等15兆5,671億円（16.0％）などをあげることができる。

なお，国債費と地方交付税交付金等を除いた一般歳出に占める社会保障関係費は，全体の55.6％に及ぶ。2017年度の社会保障関係費の主な内訳としては，医療給付費11兆5,010億円（約35.4％），年金給付費11兆4,831億円（約35.4），生活扶助等社会福祉費４兆205億円（約12.4％），介護給付費３兆130億円（約9.3％），少子化対策費２兆1,149億円（約6.5％）などである。次に，社会福祉の政策に密接な関係にある社会保障関係費についてくわしくみていく。

社会保障関係費と福祉政策

わが国では，今後も人口の高齢化や医療の高度化等に伴う歳出（支出）増が見込まれており，約１兆円規模で**社会保障関係費**の自然増が発生するといわれている。現在の政府による政策の方向性としては，自然増の歳出抑制に舵を切っており，2017年度予算でも対前年比で4,997億円に圧縮を図っている。

2012年制定の社会保障制度改革推進法や2013年制定の「社会保障改革プログラム法」，2015年の経済財政諮問会議による「経済・財政再生計画改革工程表」をベースとした改革が着実に実行されている（2016年に改訂版が策定された）。

必ず覚える用語

- ☐ 社会福祉
- ☐ 社会保障関係費
- ☐ 資力調査（ミーンズテスト）
- ☐ スティグマ
- ☐ 応能負担
- ☐ 応益負担

◆1　プライマリー・バランス
基礎的財政収支ともいい，公債を除いた収支と，実質的な支出との釣り合いを示すものである。主に，公債に依存しない歳入（収入）で，公債償還（返済）を除く歳出（支出）をまかなうことを目指すときなどに使われる。

◆2　社会保障給付費
国が１年間で社会保障制度に支出した金額をILOの定める基準に基づいて集計したものであり，社会保障費用統計として公表されている。部門別社会保障給付費としては，年金・医療・福祉その他で示されているが，これは日本独自の分け方である。

第6章
社会福祉と法制度の関係
第3節　社会福祉の政策と財政

ただし，社会保障関係費は，国民生活に直結するものであり，メリハリの効いた予算編成といっても総じて国民には痛みを伴う内容となっている。「希望出生率1.8」に向けた保育士等の処遇改善（新規544億円），介護人材の処遇改善（新規289億円），障害福祉人材の処遇改善（新規120億円）など国民の生活にプラスになるものもあるが，しかしその一方で，国民生活への影響が懸念されるものも少なくない。

具体的に今後施行が見込まれるものとして，①70歳以上の高額療養費制度における上限額の引き上げ，②後期高齢者の保険料軽減特例の段階的廃止，③入院時の光熱水費相当額の引き上げ，④高額介護サービス費の上限額引き上げ，⑤介護保険による利用者負担割合の見直し（所得水準が現役世代並みの場合，3割負担に引き上げ）などがあげられる。

■ 社会福祉の政策をどう立案していくか

ここでは社会福祉の政策はどのような点に注意してたてられているのかについてみていく。まず前程として社会保障制度改革推進法にもあるとおり，「安定した財源を確保しつつ受益と負担の均衡がとれた持続可能な社会保障制度の確立を図る」（第1条），「社会保障の機能の充実と給付の重点化及び制度の運営の効率化」（第2条第2項）といった点が，社会福祉の政策において重要視される。具体的な配慮すべき点には，①税制上の取り扱い（直接税か間接税か），②政策対象や給付要件の設定，③受益者負担のあり方，④制度の効率的（合理的）運営，などがあげられる。以下順に説明していく。

①　税制上の取り扱い（直接税か間接税か）

所得税などの直接税は，公平さという視点からはいいものの，課税負担が大きくなると景気への悪影響が直接的に生じる欠点がある。一方，消費税などの間接税は，経済への影響が直接税に比して少ないものの逆進性を有しており，福祉政策が所得移転等の再分配機能を期待される性格上，その効果を減じることにつながる。

②　政策対象や給付要件の設定

福祉政策には社会的統合・社会的包摂の機能が期待されている。エスピン－アンデルセンの類型でいう社会民主主義レジームやベーシックインカム（すべての個人が最低限度の生活を営める所得を国が無償で保障するというもの）の構想は，これに即したものといえる。

一方，**資力調査（ミーンズテスト）**を課し，給付対象を絞り込む方法が選別主義である。選別主義は，近代的な劣等処遇の発想や**スティグマ**[3]の問題を持込む余地を残すとともに，**捕捉率**[4]が低調になると社会的排除の誘因となる。また，所得や資産額といった連続線上に位置するものに対して，基準を設定すると，どの部分に基準を設定しても，単一制度内ではどうしても一定レベルの**「貧困の罠」**[5]と呼ばれる現象が生じやすくなる。就労に向けた動機づけをいかに行うかといったことも課題となる。

③　受益者負担のあり方

福祉サービスを利用した場合，一定の自己負担が課されることが通例となっている。その際，所

得等の経済状況に応じて負担額を増減させる**応能負担**と受けた利益に応じて一定額を負担する**応益負担**がある。何をもって公正な負担とするかについては，意見が分かれるところである。

④　制度の効率的（合理的）運営

　行政への民間の経営手法の導入は，政策をPDCA サイクル[6]で回す考え方を定着させ，政策評価をする素地を形成してきた。政策の効果を何に求めるのかについては議論が分かれるところであるが，費用対効果を指標とした経済的効率性と，政策目的の達成度としての有効性をいかに両立させていくかが課題となっている。たとえば，2000年以降の社会福祉基礎構造改革にみる介護保険の導入は，措置制度の枠組みに加え，新たに準市場や民営化を前提にした利用契約制度に先鞭をつけた。

Check

社会保障の財源における公費負担に関する次の記述の正誤を答えなさい。

　2014年度（平成26 年度）の国の予算では，社会保障関係費の70 ％以上が，年金医療介護保険給付費で占められている。

（答）○：2016年度社会保障関係予算より，少子化対策費が新たに盛り込まれるようになったが，年金・医療・介護保険の規模が大きく，より一層の増加傾向にある。
（第28回社会福祉士国家試験問題51より）

◆3　スティグマ （stigma）
烙印を意味する言葉であり，16世紀のイギリスなどでは，物乞いをする貧しい人たちに対して，実際に身体に焼印が施された。福祉実践の中では，周囲から偏見や差別などのレッテルを貼られることで，本来ならば権利として当然利用できる扶助や福祉サービスに対して，負い目や後ろめたさなどの屈辱感や罪悪感を帯びることをいう。

◆4　捕捉率
公的扶助など制度を利用・受給する基準や資格を満たしている人のうち，実際に制度を利用・受給している人がどれだけ存在するのかについての割合のことである。この値が極端に低いのは，漏給（必要な人が受けていないこと）の状況にあると考えられる。なお，政府による生活保護制度の捕捉率に関する公式統計は存在しない。

◆5　貧困の罠
経済的に自立して就労しようとしても，賃金が低く可処分所得が公的扶助等の受給基準を下回ったり，稼働所得が上昇しても収入認定の結果，受給金額が減額されるなどして，生活水準が向上しないことにより，勤労意欲が減退し，貧困から抜け出せない状態に陥ることをいう。

◆6　PDCA サイクル
デミングによって提唱された品質管理の手法である。P は Plan（計画の策定），D は Do（計画の実行・実施），C は Check（評価），A は Action（計画の改善）を意味する。

〈参考文献〉
経済財政諮問会議（2016）「経済・財政再生計画改革工程表2016〔改訂版〕」。
財務省（2016）『日本の財政関係資料』。
財務省（2016）「平成29年度予算のポイント」（財務省ホームページ参照）。

第4節 社会福祉に関係する法律と制度の体系

この節のテーマ

- 人間の尊厳や生存権を支える社会福祉の法体系の基盤について理解する。
- 社会福祉の法体系を理解する。
- 行政が制度運用をするにあたっての指揮命令の方法について学ぶ。

日本国憲法

わが国の社会福祉法制の体系における基盤は，国の最高法規である**日本国憲法**である。特に，前文の「平和的生存権」にみる「非戦」の誓い，第13条「すべて国民は，個人として尊重される。生命，自由及び幸福追求に対する国民の権利については，公共の福祉に反しない限り，立法その他の国政の上で，最大の尊重を必要とする」の幸福追求権，第25条第1項「すべて国民は，健康で文化的な最低限度の生活を営む権利を有する」，同第2項「国は，すべての生活部面について，社会福祉，社会保障及び公衆衛生の向上及び増進に努めなければならない」の生存権の保障などの規定は，福祉制度の根幹といえる。

上記条項を概観した際，等しく**ウェルビーイング（well-being）◆1**が追求・尊重されるべきこと，そして私たちには等しく「平和的生存」「健康かつ文化的生活」を営む権利があることを確認することができる。

社会福祉法

社会福祉の基礎構造（「社会福祉を目的とする事業の全分野における共通的基本事項」）を定め

た法律が，**社会福祉法**である。社会福祉のあらゆる分野に大きく影響する法律となる。1949年にGHQが発した「厚生行政六原則」，翌年の社会保障制度審議会の「社会保障制度に関する勧告」（50年勧告）を受けて，1951年に社会福祉事業法として成立した。

その後**社会福祉基礎構造改革**を経て，2000年に社会福祉法に改称された。その時に利用契約制度が導入された。

現在の社会福祉法は，「社会福祉を目的とする事業の全分野における共通的基本事項を定め」（第1条）ている。具体的には，地方社会福祉審議会，福祉に関する事務所，社会福祉主事，指導監督及び訓練，社会福祉法人，社会福祉事業（第一種社会事業，第二種社会福祉事業），福祉サービスの適切な利用，社会福祉事業に従事する者の確保の促進，地域福祉の推進について定められている。

社会福祉六法と法体系

戦後日本における社会福祉の法体系は，敗戦の傷跡の残る最中，生活困窮・戦災孤児・身体障害といった待ったなしの対応を迫られる中で形成された経過がある（くわしくは第4章参照）。そのことから当初は，生活保護法・児童福祉法・身

90 | 第Ⅱ部 社会福祉のしくみを学ぶ

体障害者福祉法のいわゆる「福祉三法」の体制で展開された。その後，1960年代に知的障害者福祉法，老人福祉法，母子及び父子並びに寡婦福祉法が成立するに至ったことから，それらを加えた「福祉六法」体制が確立した。

その後，障害の領域については，1995年に精神保健法が精神保健福祉法に改称し，同法において精神障害者保健福祉手帳制度が創設された。また，知的障害を伴わない発達障害のある人は，それまで福祉の支援対象の外に置かれていたことから，2004年に発達障害者支援法が制定されることとなった。

貧困の領域については，2013年に生活困窮者自立支援法が制定され，生活保護法の要保護者とは別に「**生活困窮者**」を新たに福祉政策の対象者として加わることになった（本書第7章第2節参照）。なお，**図6-3**に示したように，国際条約等については，日本国憲法第98条に明記されており，「誠実に遵守する」ことが求められている。具体的には，国際条約は批准した場合，国内法に対して法的拘束力をもつ（法律より国際条約が優位）と解されている。

社会福祉の法体系については，最もポピュラーな分類は，「50年勧告」によって示されたもので，社会保障の切り口から「社会保険」「公的扶助」「医療・公衆衛生」「社会福祉」に分けている。

制度が現場の課題に対応するために

図6-3に示した社会福祉の法律を実際に施行し，社会福祉事業として実践していく場合，これらの

必ず覚える用語

- ☐ 日本国憲法
- ☐ 社会福祉法
- ☐ 社会福祉基礎構造改革
- ☐ 政令
- ☐ 省令（施行規則）

◆1　ウェルビーイング（well-being）
福祉，福利，幸福増進と訳せるが，片仮名での表記が一般的である。1984年のカナダオンタリオ州の「児童家庭サービス法」や1989年の「児童の権利に関する条約」の中で，確認することができる。その意味するところは，一個の人間として認められ，より積極的に人権を尊重し，自己実現を保障すること，「よりよく生きること」にある（高橋1994）。また，「生きる可能性のゆたかさに重点を置いた福祉」（加藤2011）のことである。

◆2　生活困窮者
現に経済的に困窮し，最低限度の生活を維持することができなくなるおそれのある者をいう（生活困窮者自立支援法第2条）。このことから生活保護法の要保護者は，この中には含まれないということになるが，生活困窮者自立支援法における学習支援事業では，被保護世帯も含まれている。

第 6 章
社会福祉と法制度の関係
第4節　社会福祉に関係する法律と制度の体系

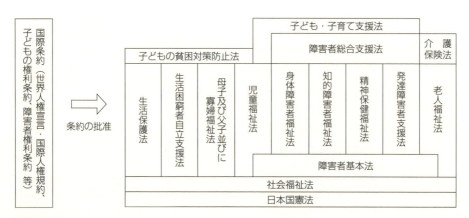

図6-3
社会福祉の法体系（概略図）
出所：筆者作成。

法律のレベルでは，実施事業の組織（担い手）や内容の概要までとなっており，十分に機能しない。したがって，より詳細な事項等の規定が必要となることから，内閣で閣議決定された命令であり法律を施行するための**政令**（施行令）や各主務大臣が発する命令である**省令（施行規則）**によって具体的に規定される。その他にも，告示や訓令，通達，通知，さらに自治体による条例の制定など地域の状況に応じたきめ細かな制度運用がなされることになる。社会福祉法制という場合，法律だけでなく，これらを総称して呼ぶものである。

また，判例からも影響をうける。たとえば，**保護請求権**[◆3]の観点からは，朝日訴訟をはじめとした司法による判断がなされてきた。その結果，法制度の運用に変更が加えられる。

制度とは，「複合的な社会規範の体系」であり，社会規範には慣習・習律・法律等が含まれている。したがって，社会福祉の制度といった場合，法律によって定められた公的な施策に加え，地域社会をはじめとした多様な担い手による公共的な取り組み（「社会福祉を目的とする事業」）も含む，広い概念として想定される。日々変化する現代的課題の状況にあって，制度を具体化する施策の体系も日々変化している。

例として，家庭内における虐待・暴力の問題に対する法制度の変化があげられる。最近まで家庭内の問題には旧民法第4編に規定された家制度（戸主権）の古い考えは，「私的自治の原則」や警察法第2条とも相まって，過度な「民事不介入」（私事への法的措置介入の自粛または回避する傾向）を容認する風潮が続いた。

それは，社会的な規範や法律の裏付け・解釈といったものが，夫婦の関係や親子の関係といった家庭という場で生じる問題に対して，私的な問題であると見なす考え方であった。結果的に問題（児童虐待・配偶者への暴力など）を家庭内に隠

蔽する要因となった。しかし，近年それらや**バル**
ネラブル[4]な人たちへの暴力を軽視することなく，
政策として法制化が図られるようになってきた。
　具体的には，2000年制定の児童虐待防止法，ス
トーカー規制法，翌2001年にはDV防止法（「配
偶者からの暴力の防止及び被害者の保護等に関
する法律」），2005年の高齢者虐待防止法，2011年
の障害者虐待防止法，2013年のいじめ防止対策推
進法，2016年のヘイトスピーチ対策法，部落差別
解消法など，人間の尊厳を貶める不当な暴力等の
防止を図るとともに，被害者保護のシステムが現
在も講じられている。

3　◆3　保護請求権
1946年成立の（旧）生活保護法における国の
立場は，保護を受ける権利を認める立場にな
かった。権利獲得運動の展開により，1949年
4月に生活保護法施行規則が改められ不服申
立制度が導入され，同年9月に社会保障制度
審議会が「生活保護制度の改善強化に関する
勧告」を提出した。翌1950年成立の（現行）
生活保護法により，国民に限定されるものの
保護を受ける権利と権利救済を行う不服申立
制度が法制化し，保護請求権が確立した。

4　◆4　バルネラブル（vulnerable）
名詞形はバルネラビリティ（vulnerability）で
ある。傷つきやすい，弱み・脆弱性のあると
いった意味である。具体的には，貧困や失業
（不安定な雇用），虐待（暴力），依存（薬物，
アルコール，ギャンブル），差別・偏見（人
種・移民，刑余者，HIV／AIDS，性的マイノ
リティなど），慢性的な精神疾患など，様々な
リスク要因にさらされることで，社会のメイ
ンストリームから周辺化されやすい状況にあ
ること。

〈参考文献〉
小川政亮（1989）『〔増補新版〕社会保障権』
　自治体研究社。
小川政亮（1992）『社会事業法制〔第4版〕』
　ミネルヴァ書房。
加藤博史編著（2011）『福祉とは何だろう』ミ
　ネルヴァ書房。
古川孝順（2005）『社会福祉原論〔第2版〕』
　誠信書房。
塩原勉"制度"，日本大百科全書（ニッポニカ），
　JapanKnowledge，http://japanknowledge.
　com
高橋重宏（1994）『ウェルフェアからウェルビ
　ーイングへ』川島書店。
吉永純・布川日佐史・加美嘉史編著（2016）
　『現代の貧困と公的扶助』高菅出版。

Check

**日本国憲法における社会権を具体
化する立法の外国人への適用に関
する次の記述の正誤を答えなさい。**

　生活保護法は，就労目的での在留
資格で在留する外国人に適用され
ることはない。

（答）○：定住外国人の場合でも，生活保護法の
　法的権利は認められておらず，あくまで行
　政措置としての準用である。「就労ビザ」で
　の在留外国人には，一切適用されることは
　ない。
　（第29回社会福祉士国家試験問題78より）

第6章　社会福祉と法制度の関係｜**93**

厚生労働省編『厚生労働白書』（各年版）
毎年，閣議に提出するために編纂された「厚生労働行政年次報告書」として位置づけられるものである。厚生労働行政が取り組む政策対象の現状やそれに対応する政策の動向を網羅的にまとめられている。2部構成になっており，例年第1部に当該年度の特集テーマがまとめられている。

古川孝順『社会福祉原論〔第2版〕』誠信書房，2005年
社会福祉把握の視点や社会福祉の対象理解，社会福祉の政策・制度・援助といった概要が，体系的に整理されている。社会福祉学を俯瞰的に捉える上での良書である。

坂田周一『社会福祉における資源配分の研究』立教大学出版会，2003年
資源や財政の制約を前提に，社会福祉供給のあり方が問われた1980～2000年の時期について，資源配分（財源の割当）の立場から分析した本格的な研究書である。福祉政策の予算に対して国が行う意思決定の特質や予算配分の構造，地方自治体間や自治体内部での資源配分のあり様等について実証的分析がなされている。社会福祉供給体制の変遷が理解できる社会福祉政策研究のエッセンスの詰まった一冊である。

問：福祉ニーズには，どのような種類のものがあるか。また，それぞれについて，実際，今，課題となっている福祉ニーズを具体的にあげてみよう。

ヒント：福祉ニーズと判断した主体は誰なのか，その主体は何に基づいて福祉ニーズと判断したのかによって，分類することができる。また，具体的な法制度が整備されるにあたって，その背景には福祉ニーズが存在している。そして，現時点では法制化されていない課題であっても，その必要性が提起されているものは少なくない。

第7章

社会福祉制度 I

本章で学ぶこと

●社会福祉法に規定する社会福祉事業と各分野法に規定される施設及び福祉計画について理解する。(第1節)

●貧困・低所得者への支援制度について理解する。(第2節)

●子どもとその家庭を支援する制度について理解する。(第3節)

第1節 社会福祉事業

この節のテーマ
- 社会福祉事業と社会福祉施設について学ぶ。
- 社会福祉法等に規定される福祉の計画を学ぶ。

社会福祉事業と社会福祉施設

社会福祉事業の根拠法は**社会福祉法**第2条にあり，**第一種社会福祉事業**と**第二種社会福祉事業**が規定されている。

そして社会福祉法第60条には，第一種社会福祉事業が国，地方公共団体または社会福祉法人が経営することを原則とすることが規定されており，その設立や運営において厳格な規制が求められ，それ以外の者が実施する場合は都道府県知事の許可が必要である。他方で国及び都道府県以外の者で第二種社会福祉事業の開始は，事業開始日から一月以内の届け出が求められている（第69条）。

したがって第一種社会福祉事業は，主として入所施設で設置運営面において規制が厳しい性格であり，第二種社会福祉事業は利用施設や通所施設であり第一種社会福祉事業以外の事業に該当する施設である。

なお社会福祉法第2条で規定される社会福祉事業のうち社会福祉施設以外の事業は，**表7-1**のとおりである。

他方で社会福祉施設には施設の種類や種別があり，さらに対象者別福祉法において根拠法があることも注意しておく必要がある。施設には，入所型や通所・利用型があり，設置主体は都道府県や市町村，社会福祉法人，その他であり，設置に際して届出や認可が必要である。個別の社会福祉施設には，施設の各目的があり，そこには対象者（サービス利用者）が存在している（**表7-2**）。

そして社会福祉施設を運営経営する多くは社会福祉法人であることが多い。同法人は社会福祉法第22条では「社会福祉事業を行うことを目的として，この法律の定めるところにより設立された法人」と規定され，詳細は同法第6章で規定されている。その社会福祉法第24条には経営原則が明記されて社会福祉事業の担い手としての福祉サービスの質の向上や事業の透明性が求められ，同26条には社会福祉法人による公益事業と収益事業が規定されている。

さらにその他の社会福祉施設や認定こども園，介護保険施設があり社会福祉施設との連携や他職種が連携することも重要である。

社会福祉の計画

なお社会福祉事業をすすめるうえで政策展開と連動し法律にもとづきながら地方自治体が定める福祉に関する計画が存在する。それは地域福祉に関する計画，障害福祉に関する計画，高齢者や介護に関する計画，児童に関する計画が市町村レベルと都道府県レベルにおいて策定されていることがある（**表7-3**）。

表7-1
社会福祉施設以外の社会福祉事業（社会福祉法第2条規定）
2017年4月1日現在

	第一種社会福祉事業	備　考
生活困難	生計困難者を無料または低額な料金で入所させて生活の扶助を行う施設を経営する事業	生活保護法
	生計困難者に対して助葬を行う事業	
	生計困難者に無利子または低利で資金を融通する事業	社会福祉法第2条第2項第7号
地域福祉	共同募金を行う事業	社会福祉法第112条および第113条
	第二種社会福祉事業	備　考
生活困窮	認定生活困窮者就労訓練事業	生活困窮者自立支援法
児童福祉	障害児通所支援事業	児童福祉法第6条の2の2
	障害児相談支援事業	児童福祉法第6条の2の2⑥
	児童自立生活援助事業	児童福祉法第6条の3
	放課後児童健全育成事業	児童福祉法第6条の3②
	子育て短期支援事業	児童福祉法第6条の3③
	乳児家庭全戸訪問事業	児童福祉法第6条の3④
	養育支援訪問事業	児童福祉法第6条の3⑤
	地域子育て支援拠点事業	児童福祉法第6条の3⑥
	一時預かり事業	児童福祉法第6条の3⑦
	小規模住居型児童養育事業	児童福祉法第6条の3⑧
	小規模保育事業	児童福祉法第6条の3⑩
	病児保育事業	児童福祉法第6条の3⑬
	子育て援助活動支援事業	児童福祉法第6条の3⑭
	児童福祉増進相談事業	児童福祉法
日常生活	母子家庭日常生活支援事業	母子及び父子並びに寡婦福祉法第17条
	父子家庭日常生活支援事業	母子及び父子並びに寡婦福祉法第31条の7
	寡婦日常生活支援事業	母子及び父子並びに寡婦福祉法第33条
高齢者	老人居宅介護等事業	老人福祉法第5条の2
	老人デイサービス事業	
	老人短期入所事業	
	小規模多機能型居宅介護事業	
	認知症対応型老人共同生活援助事業	
	複合型サービス福祉事業	
障害者	障害福祉サービス事業	障害者総合支援法第5条
	一般相談支援事業	障害者総合支援法第5条第16項
	特定相談支援事業	
	移動支援事業	障害者総合支援法第5条第24項
	身体障害者生活訓練等事業	身体障害者福祉法第26条
	介助犬訓練事業	
	聴導犬訓練事業	
	手話通訳事業	身体障害者福祉法第27条
	身体障害者更生相談事業	身体障害者福祉法
	知的障害者更生相談事業	知的障害者福祉法
生活困難	生活困難者に対して日常生活必需品・金銭を与える事業	社会福祉法第2条第3項第1号
	生計困難者生活相談事業	
	生計困難者に無料または低額な料金で簡易住宅を貸し付け，または宿泊所等を利用させる事業	社会福祉法第2条第3項第8号
	生計困難者に無料または低額な料金で診療を行う事業	社会福祉法第2条第3項第9号
	生計困難者に無料または低額な費用で介護老人保健施設を利用させる事業	社会福祉法第2条第3項第10号
地域福祉	隣保事業	社会福祉法第2条第3項第11号
	福祉サービス利用援助事業	社会福祉法第2条第3項第12号
	各種社会福祉事業に関する連絡	社会福祉法第2条第3項第13号
	各種社会福祉事業に関する助成	

出所：筆者作成。

第7章
社会福祉制度Ⅰ
第1節　社会福祉事業

表7-2
社会福祉施設と根拠法
2017年4月1日現在

	第1種社会福祉事業			第2種社会福祉事業			根拠法
	施設種類	区分	条文	施設種類	区分	条文	
保護施設	救護施設	入所	第38条	医療保護施設	利用	第38条	生活保護法
	更生施設	入所	第38条				
	授産施設	通所	第38条				
	宿所提供施設	利用	第38条				
老人福祉施設	養護老人ホーム	入所	第20条の4	老人デイサービスセンター	通所	第20条の2の2	老人福祉法
	特別養護老人ホーム	入所	第20条の5	老人短期入所施設	入所	第20条の3	
	軽費老人ホーム	入所	第20条の6	老人福祉センター	利用	第20条の7	
				老人介護支援センター	利用	第20条の7の2	
障害者支援施設等	障害者支援施設	入所・通所	第5条11項	地域活動支援センター	利用	第5条25項	障害者総合支援法
				福祉ホーム	利用	第5条26項	
身体障害者社会参加支援施設				身体障害者福祉センター	利用	第31条	身体障害者福祉法
				補装具製作施設	利用	第32条	
				盲導犬訓練施設	利用	第33条	
				点字図書館	利用	第34条	
				点字出版施設	利用	第34条	
				視聴覚障害者情報提供施設	利用	第34条	
婦人保護施設	婦人保護施設	入所	売春防止法第36条 DV防止法第5条				
児童福祉施設	乳児院	入所	第37条	助産施設	入所	第36条	児童福祉法
	母子生活支援施設	入所	第38条	保育所	通所	第39条	
	児童養護施設	入所	第41条	幼保連携型認定こども園	通所	第39条の2	
	障害児入所施設	入所	第42条	児童発達支援センター	通所	第43条	
	児童心理治療施設	入所・通所	第43条の2	児童家庭支援センター	利用	第44条の2	
	児童自立支援施設	入所・通所	第44条	児童館	利用	第40条	
				児童遊園	利用	第40条	
母子・父子福祉施設				母子・父子福祉センター	利用	第39条	母子及び父子並びに寡婦福祉法
				母子・父子休養ホーム	利用	第39条	
その他の社会福祉施設				授産施設	通所	第2条第2項第7号	社会福祉法
				宿所提供施設	利用	第2条第3項第8号	
				無料低額診療施設	利用	第2条第3項第9号	
				隣保館	利用	第2条第3項第11号	
				へき地保育所	通所		昭和36.4.3厚生省発児76号
				有料老人ホーム	公益事業・入所	第29条	老人福祉法

出所：ミネルヴァ書房編集部編（2017）『社会福祉小六法2017（平成29年版）』ミネルヴァ書房を参照し筆者作成。

社会福祉施設数と定員・在所者数の概要

社会福祉施設数の年次推移と定員，所在者数を確認しておきたい。社会福祉施設数は7万101か所（2016年10月1日現在）あり，その定員は371万9,236人となっている。またその従事者数は，常勤で96万31人となっている。[1]

福祉サービスの利用者には，利用者本人と利用者家族があり，利用者にはニーズがあり各福祉サ

表7-3
地方自治体が定める福祉に関する主な計画と根拠法

根拠法		計画名	備考
社会福祉法	第107条 第108条	市町村地域福祉計画 都道府県地域福祉支援計画	地域福祉の推進計画 市町村地域福祉の支援
障害者基本法	第11条 第11条	市町村障害者計画 都道府県障害者計画	市町村における障害者の施策 障害者のための施策の基本計画
障害者総合支援法	第88条 第89条	市町村障害福祉計画 都道府県障害福祉計画	サービス提供体制の確保 広域的見地からの計画
老人福祉法	第20条の8 第20条の9	市町村老人福祉計画 都道府県老人福祉計画	供給体制確保の計画 広域的見地からの計画
介護保険法	第117条 第118条	市町村介護保険事業計画 都道府県介護保険事業支援計画	3年1期の保険給付計画 上記実施の支援計画
次世代育成支援対策推進法	第8条 第9条	市町村行動計画 都道府県行動計画	5年1期の次世代育成支援対策 の実施計画
子ども・子育て支援法	第61条 第62条	市町村子ども・子育て支援事業計画 都道府県子ども・子育て支援事業支援計画	5年1期の教育・保育，地域子ども・子育ての支援事業の提供体制の確保

出所：厚生労働統計協会（2016）『国民の福祉と介護の動向2016/2017』およびミネルヴァ書房編集部編（2017）『社会福祉小六法2017（平成29年版）』ミネルヴァ書房を参照し筆者作成。

ービスを利用している。そのため，どのような生活空間や生活時間に身をおいて生活するかは重要であり，それを支えるために担い手や場所が必要であると言える。

なお少子高齢社会の進行や世帯構成の変化，生活の多様化を背景に「福祉・介護ニーズ」の顕在化は福祉・介護サービスの担い手の確保が課題となっているため2007年には「社会福祉事業に従事する者の確保を図るための措置に関する基本的な指針」（厚労告289）が示された。

必ず覚える用語

- [ ] **社会福祉法**
- [ ] **第一種社会福祉事業**
- [ ] **第二種社会福祉事業**

注

(1) 厚生労働省（2016）「平成28年社会福祉施設等調査の概況」。

〈参考文献〉
厚生労働統計協会（2016）『国民の福祉と介護の動向2016/2017』。
ミネルヴァ書房編集部『社会福祉小六法』ミネルヴァ書房（最新版）。

第2節 貧困・低所得者に対する福祉

この節のテーマ
- **生存権**について理解する。
- **生活保護制度**について理解する。
- **生活困窮者自立支援法**について理解する。
- **子どもの貧困**について理解する。

生活保護による支援と現状

日本の社会保障制度は，国民の**ナショナル・ミニマム**を達成するために5つの社会保険制度（医療，年金，介護，雇用，労働者災害補償の各保険）に加え，各種社会福祉制度が整備されている。これらの制度が上手く活用できなかった場合の最後の砦として，**公的扶助制度**がある。日本における公的扶助の中核にあるのが生活保護法である。1950（昭和25）年5月に現在の生活保護法が制定施行された。本制度は，**日本国憲法第25条**に規定された「国民は，健康で文化的な最低限度の生活を営む権利を有する」という生存権保障を国の義務として実現するとともに，自立を助長するための制度である。

貧困・低所得者支援において重要かつ共通理解しておくべき点は，この生存権保障の示す内容である。国民が健康なだけでは生存権を保障していることにはならないのである。つまり肉体的生存だけでなく，国民として日本社会において文化的な最低限度の生活を維持していくことを保障されなければならないということである。具体的に保障される生活内容と水準は，厚生労働大臣が定める保護基準によって設定される。

生活保護は，日本における貧困・低所得対策の中核を担い，かつセーフティネット機能やナショナル・ミニマム機能を果たしている。すべての国民が生活困窮に陥った理由に関係なく，現在の状態によって保護を受けることができる。

生活保護法は基本原理として，①国家責任，②無差別平等，③最低生活保障，④補足性の4つをあげている。また保護の原則として，①申請保護の原則，②基準及び程度の原則，③必要即応の原則，④世帯単位の原則の4つがあげられている。

また，生活保護には，生活扶助，教育扶助，住宅扶助，医療扶助，介護扶助，出産扶助，生業扶助，葬祭扶助，の8種類があり，生活保護法でその内容が定められている。各扶助の基準は，年齢や世帯構成員の状況，住んでいるところで定められている。

2017（平成29）年11月時点での被保護者総数は約212万人，世帯数にして約164万世帯である。世帯類型別でみると高齢者世帯が最も多く，世帯人員別でみると一人世帯が最も多くなっている。

また生活扶助を受けている世帯が最も多い。

なお，生活保護の財源は全て公費で賄われており，保護費の4分の3を国が負担し，都道府県，市，福祉事務所を設置する町村が4分の1を負担している。

生活困窮者に対する支援と現状

　2015（平成27）年4月に**生活困窮者自立支援法**が施行された。本法は，生活保護に至る前の段階で自立支援策を講じるものである。よって，生活困窮者は，「現に経済的に困窮し，最低限度の生活を維持することができなくなるおそれのある者」を対象としている。

　本法では，**福祉事務所**[◆2]設置自治体に，「自立相談支援事業」と「住宅確保給付金の支給」の2つを必須事業，さらに「就労準備支援事業」「一時生活支援事業」「家計相談支援事業」「学習支援事業」等の任意事業を行うこととしている。現在は自治体だけでなく，社会福祉協議会や社会福祉法人，NPO法人などへも委託され，生活保護に至る前に，自立に向けた人的支援を包括的に提供するための支援が展開されている。

　また，本法の施行に伴い，**生活福祉資金貸付制度**[◆3]との連動もされている。たとえば，総合支援資金や緊急小口資金の貸し付けにあたっては，原則として，本法の自立相談支援事業の利用を要件としたり，貸し付け資金の柔軟な運用と貸付期間の見直しなどがあげられる。

　社会保障制度審議会は社会保障制度の定義の中で，社会保障制度の関連制度に住宅対策と雇用対策をあげており，本制度は，貧困・低所得者支援として，一般的な社会保障制度から一歩踏み込んだものとなっているといえる（**図7-1**）。

必ず覚える用語

- ☐ **公的扶助制度**
- ☐ **日本国憲法第25条**
- ☐ **生活保護法**
- ☐ **生活困窮者自立支援法**
- ☐ **福祉事務所**
- ☐ **子どもの貧困**

◆1　ナショナル・ミニマム
19世紀末，ウェッブ夫妻（イギリス）によって提唱された概念である。日本では，日本国憲法第25条に規定されている生存権保障がこれにあたり，具体的には生活保護法における生活保護基準として設定されている。

◆2　福祉事務所
社会福祉法第14条に規定されている福祉に関する事務所のことである。都道府県および市（特別区を含む）に設置が義務づけられており，町村は任意設置である。福祉事務所は，生活保護法，児童福祉法，母子及び父子並びに寡婦福祉法，老人福祉法，身体障害者福祉法および知的障害者福祉法（福祉六法）に定める援護，育成又は更生の措置に関する事務を司る第一線の社会福祉行政機関である。現業員として社会福祉主事等の配置が義務付けられている。

◆3　生活福祉資金貸付制度
低所得者世帯，高齢者世帯，障害者世帯を対象にして，低利または無利子，目的によっては保証人不要で資金の貸し付けを行い，相談支援と併せて行うことで，経済的側面からの生活支援や在宅福祉，社会参加の促進等を図るものである。都道府県社会福祉協議会が実施主体となり，市区町村社会福祉協議会が窓口となって展開されている。

第7章
社会福祉制度 I
第2節 貧困・低所得者に対する福祉

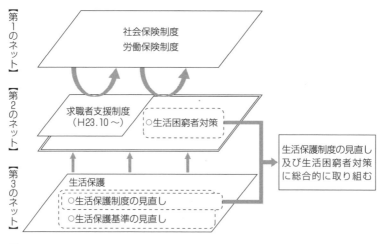

図7-1
生活保護制度の見直しと新たな生活困窮者対策の全体像
出所：厚生労働省「生活保護関係全国係長会議資料」（2013年5月）。

ホームレスに対する支援と現状

　2002（平成14）年8月に「ホームレスの自立の支援等に関する特別措置法」が10年の時限立法として制定，施行されている。本法はその後も5年延長され，2017（平成29）年8月の期限を迎えるにあたり，さらに10年延長されている。

　本法では**ホームレス**[◆4]の自立の支援等に関する基本方針を定めている。これに従い各自治体がホームレスの自立等に関する支援実施計画（努力義務）を策定し，雇用・保健医療・福祉等の施策を総合的に展開してきた。また，本法が成立する以前からホームレス支援を行ってきた民間支援団体の役割も大きいといえよう。

　2003（平成15）年の全国調査において，2万5,296人のホームレスが確認されていたが，2016（平成28）年1月現在では6,235人にまで減少している。

　しかし，近年では**ネットカフェ難民**[◆5]といった言葉で表現されるような本法のホームレス定義には当てはまらないような新たな貧困の形態が社会問題となっている。そんな中，本法は2015（平成27）年2月に改正され，ホームレス自立支援対策は，生活困窮者自立支援法の一時生活支援事業，自立相談支援事業等を活用することとなった。

子どもの貧困に対する支援と現状

　2013（平成25）年6月に「子どもの貧困対策の推進に関する法律」が成立し，2014（平成26）年に施行された。国は，同年8月に「子供の貧困対策に関する大綱」を策定し，基本的方針，指標，当面の重点施策，調査研究等及び施策の推進体制等を盛り込んだ。

　原則，生活困窮者自立支援制度の対象に生活保護世帯は含まないが，学習支援事業では，**子どもの貧困**対策の一環として，生活困窮世帯の子どもだけでなく，生活保護世帯の子どもにも支援対象

を拡大して，学習支援や居場所づくり，さらには保護者に対して養育に関する助言を行っている。これらは貧困の連鎖を防止することを目的としている。

　近年，子どもの**相対的貧困率**[6]は年々上昇傾向にあり，2015（平成27）年には13.9％である。さらに子どもがいる現役世帯の相対的貧困率は12.9％で，うち，ひとり親世帯等の相対的貧困率が50.8％と，大人２人以上世帯の10.7％に比べて非常に高い水準となっている。就学援助率も同様に上昇傾向にあり，2015（平成27）年は15.2％であった。

　近年では，未来への投資であるはずの奨学金が返済できずに若者の貧困に追い討ちをかけるケースが問題となっている。大学を卒業したばかりの若者が数百万円の借金を背負うことになる。彼らが自己責任論に飲み込まれ，貧困を連鎖させる当事者にならないような支援が必要となる。

4

◆4　ホームレス
法律上は「ホームレス」とは，都市公園，河川，道路，駅舎その他の施設を故なく起居の場所とし，日常生活を営んでいる者と定義されている。英語でHomelessは家のない状態を指し，人を指す用語ではないとの批判もある。一般的に野宿者や路上生活者とも表現されている。

5

◆5　ネットカフェ難民
本書17頁参照。

6

◆6　相対的貧困率
居住している国や社会で標準とされる生活水準を満たすことができていない状態にある人の割合を示したものである。OECDでは，等価可処分所得が全人口の中央値の半分以下の場合を相対的貧困者と算出している。

Check

問題64　生活保護法が規定する基本原理，原則に関する次の記述のうち，正しいものを１つ選びなさい。

1　すべて国民は，この法律及び地方公共団体の条例の定める要件を満たす限り，この法律による保護を受けることができる。

2　この法律による保護は，要保護者の年齢別，性別，健康状態等その個人又は世帯の実際の必要の相違を考慮して，有効且つ適切に行われる。

3　この法律は，地方公共団体が生活に困窮するすべての住民に対し，必要な保護を行い，その自立を助長することを目的としている。

4　生活保護の基準は，最低限度の生活の需要を満たすに十分なものであって，且つ，これをこえるものでなければならない。

5　この法律は，生活困窮に陥った原因によって，保護するかしないかを定めている。

（答）2
（第28回社会福祉士国家試験問題64より）

〈参考文献〉
厚生労働統計協会編（2016）『国民の福祉と介護の動向2016／2017』厚生労働統計協会。

第7章　社会福祉制度Ⅰ｜103

第3節 子ども家庭福祉

この節のテーマ

- ●子どもと子育て家庭の現状を知り，抱える福祉的課題について学ぶ。
- ●子ども家庭福祉の対象と目的を理解する。
- ●子どもと子育て家庭を支える制度について知る。

子ども家庭福祉の現状

わが国において，**少子化**の問題が社会的課題として注目されてから長い時間がたった。「1.57ショック」（1990年）として知られる合計特殊出生率の落ち込みからも，30年の歳月を経ようとしている。この少子化の背景の一つに，企業を中心とした日本人の働き方の影響が指摘される。また，昨今では非正規職員の増加による所得格差の問題が拡大しており，ことに「ひとり親家庭」にあっては，**相対的貧困率**が50.8％（2015年）と半分程度の世帯が貧困な生活状況にある。このことは，「子どもの貧困」の問題として，大きくクローズアップされてきている。

また近年の離婚率の増加とともに，ひとり親家庭やステップファミリーといった新たな家族形態が，増えている。これらの家族を含め，家族で何か問題を抱えているのに，十分な子育て支援が行き届かない状況になった時，養育上の課題が生じることになる。

児童虐待などの深刻な問題へと至る場合もある。虐待を受けた場合，子どもたちの心には傷が残り，低位な自尊感情・自己肯定観しか持ち得ない状況を生み出す要因ともなる。また不登校やいじめ，自傷行為，非行などといった学校生活における課題も家族と無関係ではない。家族への支援は政策的な課題であると言えるだろう。

子ども家庭福祉の理念

政策対象として子ども家庭福祉を認識し，政策実施によってもたらされる成果と実現すべき状況を想定するためには，まず，子ども家庭福祉が有する理念（施策に共通する指導原理）を押さえておくことが大切である。その中核的原理が，**「子どもの最善の利益」**（the Best Interest of the Child）である。網野によると，子どもの最善の利益とは，「子どもの生存，発達を最大限の範囲において確保するために必要なニーズが最優先されて充足されること」[1]を意味している。

わが国においては，1947（昭和22）年に**児童福祉法**が公布されたが，同法第1条第2項に「すべて児童は，ひとしくその生活を保障され，愛護されなければならない」，同法第2条第3項では「国及び地方公共団体は，児童の保護者とともに，児童を心身ともに健やかに育成する責任を負う」と明記された。さらに，従来の子ども観の刷新を期すべく制定された**児童憲章**（1951年）では，3綱領・12箇条から「子どもの基本的人権の尊重」「子どもの福祉の保障と増進」に向けた実現すべき理想を宣言している。これらのことは，歴史的

にも大きく前進する第一歩であったと評価できる。しかしその一方で，児童福祉法の制定過程において，当初「児童保護法案」を起点としていたという思想的背景を鑑みた場合，「受動的権利」[2]に軸足があることは否めない。

　子どもを「権利の主体」として，明確に位置づける契機となったものが，1989年に国際連合が採択した「**子どもの権利に関する条約**」である。同条約の第12条が規定する「意見を表明する権利」などは，「能動的権利」[3]として規定されたものである。日本も同条約を1994年に批准しており，当然のことながら，子ども家庭福祉の制度設計をするにあたっては，尊重されなければならない。

児童福祉法と子ども家庭福祉施策の体系

　わが国の福祉法制の体系は，国の最高法規である日本国憲法を基にしている。例えば，第13条の幸福追求権や第25条の生存権の保障などの規定は，福祉制度の根幹といえる。

　子ども家庭福祉制度の中核をなす法律をまとめて，「子ども家庭福祉六法」とよぶ。具体的には，①児童福祉法，②児童扶養手当法，③特別児童扶養手当法，④母子及び父子並びに寡婦福祉法，⑤母子保健法，⑥児童手当法である。その中でも，はじめて「福祉法」の呼称を持つことになった児童福祉法は，子ども家庭福祉制度の基本法として位置づけられる。同法は，第4条で「児童」を「満18歳に満たない者」と定義した上で，実施機関としての都道府県，市町村，児童相談所，その担い手としての児童福祉司・児童委員・保育士

1

2

必ず覚える用語

- ☐ 少子化
- ☐ 相対的貧困率
- ☐ 児童虐待
- ☐ 子どもの最善の利益
- ☐ 児童福祉法
- ☐ 児童憲章
- ☐ 子どもの権利に関する条約
- ☐ 子どもの貧困対策法
- ☐ 少子化社会対策基本法
- ☐ 次世代育成支援対策推進法
- ☐ 子ども・子育て支援法

◆1　児童虐待防止法
戦前における児童虐待防止法（1947年）では，児童虐待として，主に児童労働（軽業・曲馬・諸芸・物品ノ販売など）が規定された。なお，原案にあった「障害児」を「観覧ニ供」すること，児童に乞食をさせる行為などは，法案審議の過程で削除された。現行法の児童虐待防止法（2000年）においては，身体的虐待・性的虐待・ネグレクト（養育等の放棄）・心理的虐待の4つが定義されている。なお，2015年度の児童相談所における児童虐待相談対応件数は，103,286件に達している（厚生労働省「福祉行政報告例」）。

◆2　スクールソーシャルワーカー活用事業
2008年度に「スクールソーシャルワーカー活用調査研究委託事業」として開始された。現在は，都道府県・指定都市に対する補助事業（補助率1／3）として展開している。「平成29年度文部科学関係概算要求」によると，スクールソーシャルワーカーの配置状況は，5,047人であり，2019年度までに，全ての中学校区に約1万人を配置目標としている。学校をプラットフォームにした子どもの貧困・虐待への対応として，背景にある様々な環境への働きかけが期待されており，「チーム学校」としての教育相談体制が強化されてきている。

第7章　社会福祉制度Ⅰ　105

第7章
社会福祉制度Ⅰ
第3節　子ども家庭福祉

をはじめ，福祉の保障として，「療育」「居宅生活の支援（児童発達支援などを含む子育て支援事業）」「要保護児童の保護措置等（要保護児童対策地域協議会を含む）」や関連事業，養育里親，児童福祉施設などを規定している。また，同法の具体的な運用にあたっては，政令としての「児童福祉法施行令」や厚生労働省の省令である「児童福祉法施行規則」「児童福祉施設の設備及び運営に関する基準」や各種通達などによって補完されている。

また，現代的な社会的要請に応えるものとして，「**児童虐待防止法**[◆1]」「**子どもの貧困対策法**」「**DV防止法**」「**いじめ防止対策推進法**」があげられる。その他，深刻な少子化問題に対して，「**少子化社会対策基本法**」「**次世代育成支援対策推進法**」「**子ども・子育て支援法**」などによる子育て環境の改善に向けた社会的な支援システムの構築が図られている。なお，法定化には至っていないものの子どもと家庭を支援する施策に，文部科学省の「**スクールソーシャルワーカー活用事業**[◆2]」の取り組みや自治体独自の条例によるものなどが展開されている。このように，子ども家庭福祉の施策体系は，実に幅広い総合的な実践を支えるものといえる。

▎「子育ての社会化」に向けた2つの流れ

現代の子ども家庭福祉の政策動向としては，子どもの数の問題（人口問題）と子育ての質の問題（人権問題）の二つの潮流がある。端的に言えば，「子育て家庭支援」と「児童の権利保障」[(4)]であり，

その両者に共通する点として施策の対象が，「子ども」だけでなく，育児の孤立化など「子どもが育つ家庭そのもの」にシフトしてきている。

「**子ども・子育てビジョン**[◆3]」により，子ども家庭福祉の政策的課題が少子化対策から子ども・子育て支援へと移行する中，待機児童対策としての保育所の量的拡充と，女性の多様な働き方への対応としての延長保育や一時保育，病児保育など，保育機能の拡充が図られてきた。この流れは，2015年3月に閣議決定された「少子化社会対策大綱」でも確認でき，「待機児童解消加速化プラン」や「放課後子ども総合プラン」にも踏襲されている。また，2015年4月の子ども・子育て支援法施行以降，子ども・子育て会議の設置や市町村子ども・子育て支援事業計画等を策定し，地域状況に即した事業が展開されている。

子どもの人権の保障においては，増加の一途をたどる「児童虐待」の問題をあげることができる。政府は，2015年12月「すべての子どもの安心と希望の実現プロジェクト」において「児童虐待防止対策強化プロジェクト」を策定した。子育て世代包括支援センター（母子健康包括支援センター）や要保護児童対策地域協議会の設置をはじめ，「児童相談所強化プラン」による体制強化が図られている。また，**社会的養護**[◆4]においても，2013年4月から「児童福祉施設の設備及び運営に関する基準」の人員配置基準が約30年ぶりに引き上げられ，都道府県等では施設の小規模化や里親委託や**ファミリーホーム**[◆5]といった家庭養護の推進に向け，都道府県推進計画を策定している。

このように，子ども家庭福祉の政策は，少子化

対策としての普遍的な制度と養育環境による世代間連鎖の緩和を企図した育ちの保障・個別専門特化した制度の両者が，車の両輪となって「子育ての社会化」に向けて展開されている。

◆3　子ども・子育てビジョン

少子化社会対策基本法第7条の規定に基づき策定された「施策の大綱」であり，2010（平成22）年1月に閣議決定されたものである。チルドレン・ファーストの理念のもと，ワーク・ライフ・バランスと子ども・子育て支援を推進する内容となっている。具体的には，「子どもの育ちを支え，若者が安心して成長できる社会へ」などの「目指すべき社会への政策4本柱」とそれを細分化した12の主要施策から構成されている。

◆4　社会的養護

国および地方公共団体が，何らかの理由で，親などの保護者と一緒に暮らすことのできない（暮らすことが適切でない場合も含む）子どもに対して，社会的な養育責任を果たすために，家庭養護としての里親やファミリーホーム，施設養護としての児童養護施設等によって，家庭機能を代替し養護を行うことをいう。なお，わが国では，社会的養護を必要とする児童の約9割が施設に入所している状況にあり，里親委託の推進が行われている。

◆5　ファミリーホーム

児童福祉法改正（同法第6条の3第8項）により2009年に法定化された小規模住居型児童養育事業（第2種社会福祉事業）を行う住居のことであり，里親と同じく養育者の家庭に要保護児童（委託児童）を迎え入れて養育を実施する家庭養護（family-based care）に位置づけられる。里親のうち多人数を養育する事業形態であり，施設養護が小規模化（最小化）したものではない。委託児童の定員は，5人又は6人である。2016年3月現在で，287か所整備されており，今後2019年度までには520か所の整備目標が掲げられている。

注
(1) 網野武博（2002）『児童福祉学』中央法規出版，80頁。
(2) 同書，73-75頁。
(3) 同書，73-75頁。
(4) 柏女霊峰（2002）『現代児童福祉論』誠信書房，77頁。

〈参考文献〉
山縣文治（2016）『子ども家庭福祉論』ミネルヴァ書房。

Check

児童福祉法に規定されていることとして，次の記述の正誤を答えなさい。

　児童の福祉を保障するための原理は，すべて児童に関する法令の施行にあたって，常に尊重されなければならない。

（答）○：児童福祉法第3条に，前第2条の規定である「児童福祉の理念」「児童育成の責任」が，児童の福祉を保障するための原理であり，この原理がすべての児童に関する法令の施行にあたって，尊重すべきことが義務づけられている。
（第29回社会福祉士国家試験問題139より）

岡部卓・長友祐三・池谷秀登編著『生活保護ソーシャルワークはいま──より良い実践を目指して』ミネルヴァ書房，2017年
生活保護におけるソーシャルワークについて，先駆的な事例をもとに説明している。実践的でリアルな支援場面から，福祉事務所を中心とした支援を学ぶことができる。

厚生労働統計協会編『国民の福祉と介護の動向』厚生労働統計協会（各年）
1953年から『国民の福祉の動向』として発行され，2012年から現タイトルになる。最新データをもとに図表と概説により，社会福祉のあゆみ，政策動向，制度と実施体制と全体像を学ぶことのできる参考図書である。

山縣文治『子ども家庭福祉論（シリーズ・福祉を知る）』ミネルヴァ書房，2016年
子どもが一人の固有な人格をもった存在であること，内発的な生きる力をもった存在であることを起点として，子どもの内部に存在する生きる力を支える「子どもの生活の支援」の考え方について，思想や歴史的視点から子ども観そして子ども家庭福祉の展開をわかりやすく説きあかした良書である。

問：日本国憲法では第25条に国民の生存権と国の保障義務が規定されているが，社会福祉はどのような視点で福祉サービスを提供する必要があるのか考えてみよう。さらには，福祉職として利用者視点が重要であることを学ぶが，それは福祉専門職の視点とは異なるだろうか考えてみよう。

ヒント：福祉サービスについては，社会福祉法第3条を確認してみよう。専門職の視点については，各倫理綱領を確認してみよう。

第8章

社会福祉制度Ⅱ

本章で学ぶこと

●障害福祉関連の法の対象者について理解する。（第1節）

●障害福祉関連の法成立背景や法の目的について理解する。（第1節）

●高齢者福祉関連の法の対象者について理解する。（第2節）

●高齢者福祉関連の法成立の背景や法の目的について理解する。

（第2節）

第1節 障害児・者福祉

この節のテーマ

● 障害児・者福祉の現状を知る。
● 障害児・者福祉の法の対象者と目的を理解する。
● 障害児・者を支える制度について理解する。

障害者の福祉の現状と課題

現在の日本において障害者に関する法律や施策は，身体障害，知的障害，精神障害の3障害に，2004（平成16）年に成立した発達障害者支援法により，発達障害者への支援が加わった。そして，2013（平成25）年に成立した障害者総合支援法では難病等も対象となった。

また，18歳未満は障害児とされ，障害児と障害者には対象となる障害福祉サービスに違いがある。

障害者福祉を支える考え方には，ノーマライゼーション，ユニバーサルデザイン，ソーシャルインクルージョンなどがあるが，それらはすべて人権の思想からスタートしている。詳しくは本書第5章を読んでほしい。

近年，障害者福祉は入所施設から地域生活への移行や就労支援が積極的に行われる傾向にある。しかし，**地域移行**や就労に伴い生じるさまざまな生活支援のニーズや増加する高齢障害者への対応，また医療的ケアを要する障害児などへの支援体制の構築など課題は多い。

このような障害者を取り巻く問題に対し，支える法律・制度は複雑である。以下，学んでいく。

障害児・者福祉を支える主な法律と制度

① 障害者の権利に関する条約（障害者権利条約）

2006（平成18）年12月に第61回国際連合総会において採択された**国際条約**[1]である。同条約は，障害者の人権及び基本的自由の完全かつ平等な享有の促進や，障害者の固有の尊厳を促進することを目的としており，教育，労働，社会保障などあらゆる分野における障害を理由とする差別を禁止し，障害者の権利を保障することを規定している。

日本は2007（平成19）年9月に障害者権利条約に署名，国内法として2013（平成25）年には障害者差別解消法を成立し締結国となった。

② 障害者基本法

1970（昭和45）年に心身障害者対策基本法として制定され，その後，1993（平成5）年に『障害者基本法』と名を改めた。障害がある人々に関する基本的な考え方を示す法である。法の目的として，第1条に「全ての国民が，障害の有無にかかわらず，等しく基本的人権を享有するかけがえのない個人として尊重されるものであるとの理念にのっとり，全ての国民が障害の有無によって分け隔てられることなく，相互に人格と個性を尊重し合いながら共生する社会を実現するため」とさ

れている。また，第2条の1（定義）は「身体障害，知的障害，精神障害（発達障害を含む）その他の心身の機能の障害がある者であって，障害及び**社会的障壁**◆2により継続的に日常生活又は社会生活に相当な制限を受ける状態にあるもの」とされ，「発達障害」と「その他の心身の機能の障害」が明記されている。

③　「障害を理由とする差別の解消の推進に関する法律」（**障害者差別解消法**）

2013（平成25）年に制定された。障害が障害者の自立と社会参加に関するあらゆる分野において，障害を理由とする差別の解消の推進や，行政機関や民間事業者における障害を理由とする差別を解消するための措置について定め，障害を理由とする差別の解消を促進し，すべての国民が障害の有無によって分け隔てられることなく，共生する社会の実現につなげることを目的とするとされている。

また，障害を理由とする差別については「不当な差別的扱い」と「**合理的配慮**◆3の不提供」が禁止されている。（民間事業者における合理的配慮の提供は努力義務）

④　**障害者総合支援法**

障害者総合支援法は「基本的人権を享有する個人としての尊厳にふさわしい日常生活や社会生活を営むことができること」を目的とし，障害児・者が利用可能なサービスについて定めたものである。障害者自立支援法を一部改正するかたちで，2013（平成25）年に「障害者の日常生活及び社会生活を総合的に支援するための法律」（障害者総合支援法）と改称した。

必ず覚える用語

- ☐ 地域移行
- ☐ 障害者の権利に関する条約
- ☐ 障害者基本法
- ☐ 障害者差別解消法
- ☐ 障害者総合支援法
- ☐ 身体障害者福祉法
- ☐ 知的障害者福祉法
- ☐ 精神保健福祉法
- ☐ 発達障害者支援法
- ☐ 障害者虐待防止法

◆1　国際条約
国家間もしくは国家との国際機関との間で結ばれ文書による合意。

◆2　社会的障壁
障害がある人が社会生活を送る中で障壁（バリア）となるもののことであり，歩道の段差，車いす使用者の通行を妨げる障害物や，障害があることを理由に制限する制度的な障壁などがある。

◆3　合理的配慮
障害のある人が教育や就業，社会生活などにおいて何らかの助けを求める意思の表明があった場合，社会的な障壁を除去するため過度な負担になり過ぎない範囲で行われるとされる便宜のこと。障害者の権利に関する条約では，「障害者が他の者との平等を基礎として全ての人権及び基本的自由を享有し，又は行使することを確保するための必要かつ適切な変更及び調整であって，特定の場合において必要とされるものであり，かつ，均衡を失した又は過度の負担を課さないものをいう」と定義されている。

第8章
社会福祉制度 II
第1節　障害児・者福祉

⑤　身体障害者福祉法

1949（昭和24）年に制定された当初，身体障害者福祉法は戦争による傷病者等を対象とした身体障害者の更生を援助し，その更生のために必要な保護を行うものであった。のちに法の目的であった保護・更生は身体障害者の自立と社会経済活動への参加の促進に改正された。身体障害者の定義，範囲（身体障害程度等級表）などについて定めている。

⑥　知的障害者福祉法

知的障害者福祉法は，知的障害者に対する施策のための法として1960（昭和35）年に精神薄弱者福祉法として制定された。それまで，知的障害児に対しては児童福祉法により，施設入所など援助が行われていたが，18歳以上になるとそれらの援助は打ち切られる状況にあった。そのため，成人後の知的障害者への援助法が必要とされていた。

⑦　精神保健及び精神障害者福祉に関する法律（**精神保健福祉法**）

精神障害者に関する法として1950（昭和25）年に精神衛生法が制定されたが，精神障害者は入院を中心とした医療の対象者とみなされた。

その後，1987（昭和62）年に同法は改正され，精神障害者の人権擁護と社会復帰の促進をうたう精神保健法となり，**精神障害者社会復帰施設**◆4の制度が新設された。

さらに1995（平成7）年には，精神障害者の保健福祉施策の充実を図るものとする精神保健及び精神障害者福祉に関する法律に改正され，福祉施策が法体系上に位置付けられた。

⑧　発達障害者支援法

この法律は，発達障害者の自立及び社会参加に関する支援を行うことを目的として2004（平成16）年に制定された。2016（平成28）年には法の一部が改正され，目的には「支援が切れ目なく行われること」「障害の有無によって分け隔てられることなく，相互に人格と個性を尊重しながら共生する社会の実現に質する」ことなどが追加された。

また，発達障害者の定義（第2条）は発達障害者とは，発達障害（自閉症，アスペルガー症候群その他の広汎性発達障害，学習障害，注意欠陥多動性障害などの脳機能の障害で，通常低年齢で発現する障害）である者であって，発達障害及び社会的障壁により日常生活または社会生活に制限をうけるもの，とされたが，改正の際に「社会的障壁により」が新たに明記された。

⑨　障害者虐待の防止，障害者の養護者に対する支援等に関する法律（**障害者虐待防止法**）

障害者虐待の防止と養護者の支援のため，2011（平成23）年に施行された。障害者虐待とは，養護者，障害者福祉施設従事者等，障害者雇用時の使用者による(1)身体的虐待，(2)性的虐待，(3)心理的虐待，(4)養護の放棄（ネグレクト），他の障害者や労働者からの虐待の放置，(5)経済的虐待などの行為である。

障害者虐待防止法では，障害者虐待の予防および早期発見その他の障害者虐待の防止等に関する，国等の責務，障害者虐待を受けた障害者に対する保護及び，自立支援のための措置，さらに，養護者の負担の軽減を図ること等の養護者に対

する支援も含まれている。

以上のほかにも，障害者福祉を支える法律としては，障害者雇用促進法，児童福祉法（障害児のみ），などがある。以下，所得保障について簡単にみていく。

障害児・者の所得保障・年金

障害者の経済保障には大きくわけて，年金と各種手当がある。それぞれ受給のためには細かな要件がある。

① 年金

障害基礎年金，障害厚生年金がある（本書第8章第3節参照）。

② 各種手当

特別障害者手当等（20歳以上），特別障害給付金（障害基礎年金を受給できない障害者への福祉的措置）などがある。

③ その他

就労が原因となる障害の場合の労働者災害補償保険による給付金や，各自治体独自の制度もある。

④ 子ども対象のもの

特別児童扶養手当（20歳未満の精神または身体に障害のある子どもを育てる父母などが受けられる），障害児福祉手当（20歳未満の精神または身体に重度の障害のある子どもを育てる父母などが受けられる手当）などがある。

◆4　精神障害者社会復帰施設

雇用されることが困難な精神障害者が自活できるよう低額な料金で必要な訓練を行う精神障害者授産施設や，精神障害者が日常生活に適応できるように低額な料金で生活の場や必要な訓練，指導を行う精神障害者生活訓練施設などである。障害者自立支援法の施行により精神障害者社会復帰施設に係る規定は削除され，平成24年4月より，同法に基づく自立支援給付等に移行された。

Check

「障害者差別解消法」に関する次の記述の正誤を答えなさい。

「障害者差別解消法」は障害者の権利に関する条約を締結するための国内法制度の整備の一環として制定された。

（答）○
（第28回社会福祉士国家試験問題56より）

第2節 高齢者福祉

この節のテーマ
- 高齢者福祉の法の対象者を知る。
- 高齢者福祉に関係する法の目的を知る。
- 高齢者福祉を支える制度について理解する。

高齢者の福祉の現状と課題

　高齢者とは誰か，何歳から高齢者か，の共通した明確な定義はないが，だいたい65歳以上をそう呼ぶことが多い。日本における高齢者の人数は増加の一途である。総人口に占める65歳以上の人口の割合を高齢化率というが，2016（平成28）年時点での日本の高齢化率は27.3％であり，超高齢社会を迎えている。これは世界的にも高い状況である(1)。

　また，高齢者人口の増加に伴い，認知症高齢者も増加している。厚生労働省は2012（平成24）年のオレンジプラン策定（認知症施策推進5カ年計画）など，認知症の人や家族の支援構築を進めており，近年では認知症カフェの設置や認知症高齢者の見守りなど地域における支援体制づくりを推進している。

　次に65歳以上の高齢者の家族形態をみていくと，一人暮らしと夫婦のみの世帯が約57％を占める(2)。これは1980年に比べ，ほぼ倍に増えている。また，身体の衰えなどに不安を抱える一人暮らしや夫婦のみの世帯がケア付き住宅への入居を希望するケースがみられるようになった。

　国は2001（平成13）年に高齢者の居住の安定確保に関する法律（高齢者住まい法）を制定し，以後，サービス付き高齢者向け住宅など高齢者が安心して住み続けられる住宅の整備に取り組んでいる。

　また，所得の状況をみると，公的年金・恩給がそのほとんど（80％以上）を占める高齢者世帯が68％である。その暮らし向きは「心配ない」と感じている高齢者が64.6％と高い割合であるものの，一方で生活保護（第7章第2節参照）受給世帯のうち，高齢者世帯が52.8％でトップを占め，その数は年々増えており，2極分化が進んでいる(3)。

　このような状況の高齢者を支える法律・制度を以下学んでいく。

高齢者を支える主な法律と制度：介護保険法以外

① 老人福祉法

　1963（昭和38）年に高齢者福祉の基本となる老人福祉法が制定された。その主な目的は高齢者の福祉の増進と社会参加の促進である。また老人福祉法第1条では「……その心身の健康の保持及び生活の安定のために必要な措置を講じ」ることを記し，第2条で「……生きがいを持てる健全で安らかな生活を保障されるものとする。」とし，その公的責任を明記した老人福祉法の意義はいまなお重要である。

② 高齢者の医療の確保に関する法律

前身にあった老人保健法は，健康の保持と医療の確保そして必要な費用を国民が公平に負担することなどを目的に，1982（昭和57）年に制定され，1983（昭和58）年に施行された。

しかしその後高齢者の医療費は増大し続け，健康保険組合の保険料収入が老人医療拠出金により圧迫されるようになり，さらに拠出金の中の高齢者と現役世代の保険料の負担割合が不明確であったことなどから，老人保健法は廃止となった。その代わりに，「高齢者の医療の確保に関する法律」が施行され，2008（平成20）年に**後期高齢者医療制度**が新たに創設された。

それまでの老人保健制度と後期高齢者医療制度の大きな違いは，老人保健制度は**被用者保険**と国民健康保険の共同事業であったが，後期高齢者医療制度は75歳以上の者を被保険者とした１つの保険団体として独立させたことである。

③ 高齢者虐待防止法

介護保険制度が導入され，介護サービスの活用が進む一方で，介護放棄や身体的虐待など，高齢者に対する虐待が表面化し，深刻な社会問題となった。

そこで，高齢者虐待を受けた高齢者に対する保護のための措置や養護者の負担の軽減を図ることによる養護者支援，また高齢者の権利利益の守ることを目的とし，2005（平成17）年に「高齢者虐待の防止，高齢者の養護者に対する支援等に関する法律」（高齢者虐待防止法）が公布され，翌年の2006（平成18）年４月１日より施行された。

高齢者虐待防止法は，「高齢者」を65歳以上の

必ず覚える用語

- ☐ 高齢者
- ☐ 老人福祉法
- ☐ 高齢者の医療の確保に関する法律
- ☐ 後期高齢者医療制度
- ☐ 高齢者虐待防止法
- ☐ 介護保険法
- ☐ 地域包括ケア
- ☐ 地域支援事業

◆1　被用者保険
社会保険のなかで，会社等に雇用される者を対象とする保険のこと。年金保険における厚生年金や医療保険における職域保険がこれにあたる。

◆2　養護者
高齢者虐待防止法において，養護者とは，高齢者を現に養護する者であって，介護老人福祉施設等の要介護施設の従事者以外のものとされる。

◆3　ケアマネジメント
第9章第3節参照。

◆4　保険者
保険契約により保険料を受け取り，保険事故が発生したときには保険料を支払うもの。介護保険の保険者は市町村である。

Check

老人福祉法に規定される養護老人ホームについての次の記述の正誤について答えなさい。

老人福祉法に規定される養護老人ホームは，入所にあたって，居住地の市町村と利用契約を締結する必要がある。

（答）×：養護老人ホームは措置施設であるため，市町村との利用契約は必要としない。
（第27回社会福祉士国家試験問題135より）

第8章
社会福祉制度 II
第2節　高齢者福祉

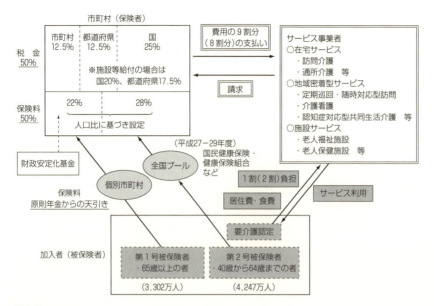

図8-1
介護保険制度のしくみ
注：第1号被保険者の数は、「平成26年度介護保険事業状況報告年報」によるものであり、平成26年度末現在の数である。第2号被保険者の数は、社会保険診療報酬支払基金が介護給付費納付金額を確定するための医療保険者からの報告によるものであり、平成25年度内の月平均である。
出所：厚生労働省資料。

ものと定義し、「高齢者虐待」を**養護者**◆2による高齢者への虐待及び養介護施設従事者等による高齢者への虐待とした。

また、養護者による高齢者虐待の防止や養護者に対する支援を市町村が行うこととし、養護者による高齢者虐待を受けたと思われる高齢者を発見した者は、高齢者の生命または身体に重大な危機が生じている場合は、速やかに、市町村に通報しなければならないとしている。

高齢者を支える主な法律と制度：介護保険法

① 制定の背景

高齢社会の進行や核家族化、女性の社会進出などにより、高齢者を支える家族システムを維持することが難しくなってきたことから、介護を社会全体で支え、家族の介護不安を軽減させるためのしくみが必要であると考えられるようになり、1997（平成9）年12月に**介護保険法**が成立し、2000（平成12）年から施行された。

この法律には、加齢に伴って生ずる心身の変化に起因する疾病等により要介護状態となり、介護、機能訓練並びに看護及び療育上の管理その他の医療を要するとされる人に対し、尊厳を保持し、その有する能力に応じ自立した日常生活を営むことができるように必要な保健医療サービス及び福祉サービスに係る給付を行うという目的がある。

② 介護保険制度の概要

わが国5番目の社会保険制度としてスタートした介護保険制度によって、老人福祉と老人医療に分かれていた従来の制度を、統合的・一体的に利用できるようになり、要介護状態になっても、利用者の選択に基づき、利用者の希望を尊重して、多様な事業主体から必要な介護サービスが受けられることとなった。

さらに，要介護状態の利用者が適切な介護サービスを受けることができるよう，**ケアマネジメント**[◆3]を活用し，介護サービスを利用する場合は契約によりサービス事業者から，介護サービスを受けるしくみを導入した。

また，将来的に増加が見込まれる介護費用は，安定的な財源確保のため，被保険者が共同連帯の理念に基づき，公平に保険料を負担する社会保険方式が用いられることとなった。

なお，介護保険法は成立当初より，法の附則において施行5年を必要な見直しを行うこととされている。

④　介護保険の構成要素としくみ

市町村及び特別区を**保険者**[◆4]とし，市町村の区域内に住所を有する人（住民）のうち40歳以上を**被保険者**[◆5]とする。しくみは**図8-1**を参照。

⑤　介護保険の改正

5年ごとに行われている。

・平成17年改正：介護予防の重視（要支援者への給付を介護予防給付とした），施設給付の見直し（居住費，食費が給付の対象外となる），地域密着型サービスの創設などが行われた。

・平成23年改正：**地域包括ケア**[◆6]の推進，市町村における権利擁護の推進，要介護高齢者の在宅を支えるための24時間対応の定期巡回・随時対応型訪問介護看護の創設などが行われた。

・平成26年改正：地域包括ケアシステムの構築に向けた**地域支援事業**[◆7]の充実，予防給付（訪問介護と通所介護）の地域支援事業の移行，低所得者の保険料の軽減，一定以上の所得のある利用者の自己負担の引き上げなどが行われた。

◆5　被保険者

保険料を支払い，保険事故が発生した場合には保険給付の対象になるもの。

介護保険の被保険者は65歳以上の第1号被保険者と40歳以上65歳未満の医療保険加入者である2号被保険者。

◆6　地域包括ケア

地域包括ケアは高齢者の日常生活圏域（30分でかけつけられる圏域）において，医療，介護，予防，住まい，見守り・配食・買い物などの生活支援の取り組みが，包括的，継続的に行われることである。

◆7　地域支援事業

高齢者が住み慣れた地域のなかで要支援・要介護状態となることを予防するとともに，要介護状態になっても在宅において自立した生活を送れることを目的としている。

地域支援事業には介護予防・日常生活支援総合事業（総合事業），包括的支援事業，任意事業の3つの事業がある。介護予防・日常生活支援総合事業は，要支援認定を受けた者と基本チェックリストの該当者が利用できる介護予防・生活支援サービス事業と，第1号被保険者のすべての者とその支援のための活動に関わる者に対して行われる一般介護予防事業があり，包括支援事業は介護予防ケアマネジメントや総合相談支援業務のほか，在宅医療・介護連携推進事業や認知症施策推進事業，生活支援整備体制事業などがある。

任意事業には介護給付費の適正化を図るための事業や家族介護支援事業などがある。

注
(1)　内閣府編（2017）『平成29年版高齢者白書』2頁。
(2)　同前書，14頁。
(3)　同前書，17頁。
(4)　島崎謙治（2011）『日本の医療　制度と政策』東京大学出版会，110-111頁。

第3節 関連法制度：所得保障，医療保障，権利擁護

この節のテーマ
- 所得保障，医療保障制度としての社会保険について理解する。
- 当事者の意思決定を支え，権利を擁護する仕組みについて理解する。

所得保障

日本の社会保障制度における所得保障には，公的年金と公的扶助各種手当がある。ここでは年金制度についてとりあげて説明していく。

公的年金保険制度は，老齢や障害，死亡等によって，収入が減少したり，喪失したりした際に備えて，あらかじめ保険料を拠出しておき，当事者やその家族が貧困状態に陥る事を予防する**社会保険**[◆1]の制度である。

1959（昭和34）年国民年金法が制定され，すべての人が公的年金保険制度の対象となった。これにより「国民皆年金」が実現したとされる。

そして，このような成り立ちから，日本の年金制度は自営業者等を対象とした**国民年金**，一般の被用者を対象とした**厚生年金保険**，公務員や教員を対象とした共済年金とにわかれて運用がなされてきた。

しかし，それぞれの年金が別々に運用されていることにより，財政基盤が不安定になりがちであったり，年金制度間による不公平が生じていたりしたため，それらを是正するため，1985（昭和60）年に基礎年金制度が導入された。これにより，国民年金には20歳以上60歳未満の日本国内に居住する全ての人が強制加入することとなり，共通の基礎年金を支給する制度として再編された。そ

して，支給額が国民年金より多かった厚生年金と共済年金については，報酬比例年金として支給されることとなった。

なお，基礎年金制度の導入に伴って，従来の国民年金保険の加入者と学生は国民年金の第1号被保険者，厚生年金と共済年金の加入者は第2号被保険者となった。また，第2号被保険者の被扶養配偶者は，新設された第3号被保険者となった。

また，厚生年金保険と共済年金保険の被用者保険については，2015年10月から厚生年金保険に一元化された。これによって，国民年金（基礎年金）と厚生年金（被用者保険）とに再編され，厚生年金の被保険者についても第1号被保険者（会社員），第2号被保険者（国家公務員），第3号被保険者（地方公務員），第4号被保険者（私立学校の教職員）の4つの種別ができた。

給付については，労働収入が失われた，あるいは減少した場合に支払われ，それぞれ老齢年金，障害年金，遺族年金に区分される（**表8-1**）。

医療保障

日本の公的医療保険は，1922（大正11）年に施行された職域の被用者保険に始まる。当初は，鉱山での労働など，特に危険を伴う職種への導入であった。

その後，戦中期から戦後の拡大を経て，1961

図8-2
医療保険制度の基本構造
出所：広井良典（2017）『社会保障〔第3版〕』ミネルヴァ書房，78頁。

（昭和36）年には，国民全てが何らかの医療保険に加入する「国民皆保険」が達成された。

以上のような経緯を経て，日本の公的医療保険には，被用者を対象にした被用者保険（職域保険：健康保険，各種共済など）と，個人事業主やその従業員，無職者を対象とした地域保険（**国民健康保険**）とに区分される。現在の医療保険制度の基本構造は**図8-2**のようになる。

その後人口の高齢化に伴い，保険給付に占める高齢者への給付の拡大が財政を圧迫し始めた。そのため，2008（平成20）年には65歳以上の障害者と75歳以上の後期高齢者を切り離して，都道府県ごとの後期高齢者医療広域連合が運営する**後期高齢者医療制度**に移行させた。

権利擁護のしくみ

① 日常生活自立支援事業

日常生活自立支援事業とは，認知症や知的障害，精神障害等があって，判断能力が不十分な場合，契約に基づいて日常生活に必要な福祉サービスの利用援助等（情報の入手や，その情報を理解して判断し，意思表示を行うことの支援）を行うこ

必ず覚える用語

- ☐ 社会保険
- ☐ 国民年金（基礎年金）
- ☐ 厚生年金保険（被用者保険）
- ☐ 国民健康保険
- ☐ 後期高齢者医療制度
- ☐ 日常生活自立支援事業
- ☐ 成年後見制度
- ☐ 後見，保佐，補助

◆1　社会保険

保険のリスク分散システムを用いて，保険料を主な財源として給付を行う社会保障の方式の一つである。一般的なリスクに対して，被保険者があらかじめ保険料を納め，リスクが生じた場合に必要な給付が行われる。日本の社会保険は，年金保険，医療保険，雇用保険，労災保険，介護保険の5つで構成されており，国や地方公共団体を保険者とし，被保険者は強制加入が原則である。ただし，全ての生活困窮状況やリスクに対して，事前に備えておくことができないため，個別の事情やリスクについては，租税を財源とする社会扶助による対応が必要となる。

間違いやすい用語

「健康保険」と「国民健康保険」

いずれも公的医療保険である。健康保険は，被用者を対象とし，国民健康保険は自営業者や無職の人を対象としている。また，健康保険は職域保険に，国民健康保険は地域保険に分類される。ただし，国民健康保険のうち，国民健康保険組合が保険者となる場合は，定められた地域内の同業者が被保険者となる（職域国保）。

第8章
社会福祉制度Ⅱ
第3節　関連法制度：所得保障，医療保障，権利擁護

表8-1
年金の種類

種類	保険事故		
	高齢で働けない	障害／疾病で働けない	配偶者の死去
国民年金（基礎年金）	老齢基礎年金	障害基礎年金	遺族基礎年金
厚生年金	老齢厚生年金	障害厚生年金	遺族厚生年金
＊共済年金	退職（老齢）共済年金	障害共済年金	遺族共済年金

注：＊共済年金は，厚生年金に統合されたため，平成27年9月以前に受給権が発生している場合のみが給付対象となる。
出所：筆者作成。

とを目的として社会福祉法に規定された事業である。ただし，本事業の契約内容について判断し得る能力を有していることも利用の要件となる。

実施主体は，都道府県社会福祉協議会（政令指定都市社会福祉協議会を含む）であるが，一部の業務は身近な市町村の社会福祉協議会等に委託して実施されている。

利用の相談（申請）を受けた実施主体は，利用希望者の生活状況を把握し，希望する援助内容を確認する。同時に，本事業の契約の内容について判断し得る能力があるか判定する。利用希望者が本事業の対象者の要件に該当する場合は，利用希望者の意向を確認しながら，援助内容や援助の頻度等について「支援計画」を策定し，契約が締結される。

なお，相談や利用開始にかかる費用は無料であるが，利用にあたっては実施主体が定める利用料の負担が必要となる。

援助の内容は，①福祉サービスの利用援助，②苦情解決制度の利用援助，③住宅改造，居住家屋の貸借，日常生活上の消費契約及び住民票の届出等の行政手続に関する援助等である。また，これらの援助に伴って，預金の払い戻しや預金の解約，預金の預け入れの手続等利用者の日常生活費の管理（日常的金銭管理）を行う。そして，定期的な訪問による生活変化を察知し，「支援計画」を見直していく。

また，事業の信頼性を確保するため，利用者からの苦情を受付け，適切な運営がなされるよう監視するために，第三者的機関である「運営適正化委員会」が設置されている

②　成年後見制度

認知症や知的障害，精神障害等の事由により，法律行為が困難な人を保護，支援するための制度として，民法に規定されている（1999年に「民法の一部を改正する法律」等，成年後見制度関連四法として成立した）。

成年後見制度には，法定後見制度と任意後見制度の二つがある。

まず，法定成年後見は，判断能力の程度など本人の状況に応じて，**後見**，**保佐**，**補助**の三類型に分類される。家庭裁判所から選任された成年後見

人，保佐人，補助人が，本人の代理として，契約
などの法律行為を行ったり，保佐人，補助人の同
意を得ない法律行為を後から取り消したりして，
本人を保護・支援する。なお，後見開始の請求は，
本人，配偶者，四親等以内の親族，未成年後見人，
市町村長等が行う。

　また，任意後見制度は，本人の判断能力が十分
になるうちに，前もって自分で代理人（任意後見
人）を選任しておき，自分の生活や財産管理に関
する事項について，代理権を与える契約を結んで
おく制度である。

◆2　権利擁護（アドボカシー）

アドボカシーの訳語であり，社会福祉の支援
における権利擁護とは，支援を通じて当事者
の当然の社会的・法律的権利が擁護される，
あるいはそれらの権利を行使できるように支
援していくことである。また，単に代弁した
り，代理で権利を行使したりするだけでなく，
当事者のエンパワメントを促進していく支援
も含まれる。
ちなみに，アドボカシーにはシステムアドボ
カシーとパーソナルアドボカシーの2種類が
ある。システムアドボカシーとは，属性の人
全てに対して，権利が保護されるように政策
や制度に働きかけることである。一方，パー
ソナルアドボカシーとは，個人や個別の家族
を対象として，当然の権利が行使できるよう
に代弁したり，支援したりすることである。

Check

日本の社会保障の歴史的展開に関 （答）×
する次の記述の正誤を答えなさい。 （第29回社会福祉士国家試験問題49より）
　国民皆年金は，基礎年金制度の導
入によって実現した。

第 8 章　社会福祉制度Ⅱ　 121

福祉労働編集委員会『季刊 福祉労働149特集——権利条約・差別解消法ガイドラインから見る障害者政策の課題』現代書館, 2015年
障害者権利条約や障害者差別解消法のガイドラインなど, 障害者政策についてポイントをおさえた内容になっている。

月刊ケアマネジメント編集部『月刊介護保険』（各月号）, 法研
介護保険法について常に新しい動きや改正のポイントを特集し, わかりやすく説明している。

秋元美世・平田厚『社会福祉と権利擁護——人権のための理論と実践』有斐閣, 2015年
権利擁護の理論と仕組み, 権利擁護のための実践について, 事例を含めながら解説されている。福祉の根底には人権があり, その尊重のために様々な施策や取組があることをあらためて確認することができる。

 第8章

問：日本の社会保障制度の体系について, 表の中にあてはまる制度名を記入してみよう。

	社会保険	社会扶助	
		公的扶助	社会手当 社会サービス
所得保障			
医療保障			
福祉サービス			

ヒント：社会保険と社会扶助は主な財源が異なる。また, 公的扶助と社会手当, 社会サービスは給付に際して資力調査（ミーンズテスト）が課されるか否かが異なる。

第 III 部

社会福祉の実践を学ぶ

第9章

社会福祉の援助と方法

本章で学ぶこと

- ●ソーシャルワークとは何かを理解する。（第1節）
- ●ソーシャルワークの専門性・固有性・専門職倫理について理解する。
  （第1節）
- ●ソーシャルワークの機能・援助技術・プロセスについて理解する。
  （第2節）
- ●社会福祉サービスの利用支援の意義を理解する。（第3節）
- ●社会福祉サービスの利用支援の方法を知る。（第3節）

第1節 ソーシャルワークの専門性と専門職倫理

この節のテーマ

● ソーシャルワークとは何かを知る。
● ソーシャルワークの専門性について理解する。
● ソーシャルワークの固有の視点を学ぶ。
● ソーシャルワークの専門職倫理について理解する。

社会福祉とソーシャルワークの関係

　私たちは，病気，障害，失業，経済的困窮，人間関係の問題などの困難に直面した時，自分の力で，あるいは家族や友人の助けを借りて解決を試みるが，それだけでは乗り越えられない場合がある。社会福祉は，そのような生活上の困難を解決するための社会的な仕組みの一つである。

　たとえば，生活保護制度によって経済的な困窮が緩和され，介護保険制度によって高齢者の生活が安定し，介護する家族の負担が軽減する。しかし，制度やサービスの存在を知らない，自分の問題が制度やサービスで解決できると思っていない，制度やサービスの利用に迷いや不安があるなどの場合も多い。すると，問題が長期化・深刻化したり，別の問題が生じたりする可能性もでてくる。

　そこで，困難に直面した人が制度やサービスを適切に利用して生活問題を解決し，より良い生活を営むことができるように支援することが必要となる。このような側面的な支援が社会福祉援助活動，すなわちソーシャルワークである。社会福祉の法律や制度がハード面であるとすれば，ソーシャルワークは社会福祉のソフト面と言える。

ソーシャルワークの専門性を構成する要素

　ソーシャルワークは，「人々の生活課題の解決と自分らしい幸福の追求」を支援し，「誰もが幸せに暮らせる公正な社会」を創るという2つの目的を持っており，ソーシャルワーカーには，①価値・倫理，②専門的知識，③専門的技術，の3要素から構成される専門性が求められる。

　①　価値・倫理

　「人々の幸せ」と「公正な社会」を追求する実践には専門的な知識や技術が必要となるが，それはマニュアル的な知識や小手先のテクニックではない。人によって「幸せな人生」や「公正な社会」の捉え方は異なり，実際の支援の中で唯一の正解を求めることは難しい。

　また，個々のソーシャルワーカーが単なる社会通念や個人の価値観を一方的に押し付けてしまう危険性もある。そこで，実践に際しては，ソーシャルワークの価値（何を大切にするか）と倫理（どのように行動すべきか）に基づいて判断することが必要となる。この「価値と倫理」は，専門的知識と専門的技術を支える基盤として，最も重要な要素である。

　ソーシャルワークの「価値」とは，「人間の尊

厳」や「社会正義」であり，**ソーシャルワーク専門職のグローバル定義**[1]においても，「社会正義，人権，集団的責任，および多様性尊重の諸原理は，ソーシャルワークの中核をなす」と述べられている。「すべての人間は平等であり，出自，人種，性別，年齢，身体的精神的状況，宗教的文化的背景，社会的地位，経済状況等の違いにかかわらず，誰もがかけがえのない存在として尊重されるべきである」という信念を持ち，すべての人の尊厳が保障される公正な社会を探求するのである。そして，そのような価値から専門職倫理が導かれ，それに基づいてソーシャルワーカーは自らの行動を律していくのである。

② 専門的知識

「専門的知識」とは，生活課題をもつ人々やその生活状況などを理解し，生活課題を解決してよりよい社会をつくっていくために必要となる専門的な知識のことである。私たちの生活課題は，何か一つの原因によって発生するわけではなく，個人的な要因，環境的な要因，人と環境の相互作用が複雑に絡み合って発生することが多い。したがって，問題発生のメカニズムを読み解き，その解決を図るには，隣接分野である医学，心理学，社会学，経済学，法学，コミュニケーションや集団・組織に関する理論などの幅広い知識や，ソーシャルワーク実践を積み上げる中で生み出されたソーシャルワーク固有の理論についての知識が必要である。

③ 専門的技術

「専門的技術」とは，個人・家族，集団・組織，地域社会などの幅広い対象者とかかわり支援す

必ず覚える用語

- ☐ **ソーシャルワーク専門職のグローバル定義**
- ☐ **ストレングス**
- ☐ **ミクロ・レベル**
- ☐ **メゾ・レベル**
- ☐ **マクロ・レベル**
- ☐ **倫理綱領**

1

◆1 **ソーシャルワーク専門職のグローバル定義**
第5章第1節参照。

2

◆2 **ストレングス**
「ストレングス」（strengths）とは，「強い」という意味の形容詞「ストロング」（strong）の名詞形であり，「力・強さ・良いところ」という意味である。ソーシャルワークにおいては，個人・家族・集団・地域社会が持つストレングス（長所，意欲，得意なこと，健全な部分など）に着目し，それを引き出し活用しながら支援することが大切である。

3

◆3 **ソーシャル・インクルージョン**
「社会的包摂」と訳される。社会は多様な人々から構成されており，その多様性を尊重し，すべての人を一つの社会の中に包み込むという考え方である。誰も排除させない，誰も孤立させない，共に認め合い支え合う社会を目指している。

第9章
社会福祉の援助と方法
第1節　ソーシャルワークの専門性と専門職倫理

るための技術や技法である。たとえば，問題状況を理解するための情報収集やアセスメント，専門職としての自己成長や自己活用，多様な人たちとのコミュニケーションや面接などにかかわる技術である。この「技術」とは小手先のテクニックではなく，ソーシャルワーカーのパーソナリティに組み込まれ，その人のスタイルとして定着したスキルとなることが望まれる。

ソーシャルワークの固有の視点

ソーシャルワークは，医師，看護師，公認心理師，臨床心理士などの専門職とは異なり，①「個人」と「社会」への複合的な視点，②クライエントを生活主体者としてトータルにとらえる視点，③社会資源の活用，④ミクロ・メゾ・マクロのレベルへの介入，といった固有の視点を持っている。

①　「個人」と「社会」への複合的な視点

ソーシャルワークは，一人ひとりの幸福と，誰もが幸福を追求できる公正な社会の実現を目指す。個人の生活問題の背景には，社会福祉の制度や仕組みの問題，ひいては社会全体の問題が隠れていることがある。そのため，ソーシャルワークにおいては，個人の問題解決を支援しながら，社会の制度や仕組みをも変えていくことが望まれている。そして，改善された制度や仕組みを使って，同様の問題を抱える人たちを支援することが可能となる。「個人」へのまなざしと「社会」へのまなざし，複合的な視点を持つことが求められる。

②　クライエントを生活主体者としてトータルにとらえる視点

人は誰でも身体的側面，心理的側面，社会的側面を持っており，それらが相互に関連し合って一人の人格が成り立っているため，各側面の相互関連性に注目し，クライエントをトータルな存在として理解する必要がある。また，生活上の問題は人と環境の相互作用の不具合から生じることが多いため，クライエントと環境の相互作用を調整することにより，問題を解決する視点が欠かせない。さらに，現在の生活問題を過去からのつながりの中で理解し，将来を見通しつつ現在の生活課題を解決していかなければならない。過去・現在・未来という時間軸を意識し，ライフサイクルをトータルで捉える視点も必要である。最後に，その人の抱える問題やできないことだけでなく，その人の持つ能力や良いところ，すなわち**ストレングス**[2]にも目を向けることが大切である。クライエントのプラス面とマイナス面の両方をトータルで受け止めることにより，その人の力や意欲を活用した問題解決が可能になる。

③　社会資源の活用

さらに，ソーシャルワークは，生活問題の解決のために社会資源を活用するという特徴を持つ。社会資源には，制度やサービスなどのフォーマルな社会資源と，家族や友人のサポートなどのインフォーマルな社会資源とがあり，クライエントの生活課題やニーズにふさわしい社会資源につながなければならない。そして，ニーズに対応する社会資源がない場合には，社会資源を改善・開発することも，ソーシャルワークの大切な視点である。

④　ミクロ・メソ・マクロのレベルの介入

　また，個人に対する支援だけでは生活問題を解決することが難しく，家族，チーム，組織，地域社会，行政などへの働きかけが鍵を握ることもある。「**ミクロ・レベル**」とは個人や家族のレベル，「**メゾ・レベル**」とはチームや組織のレベル，「**マクロ・レベル**」とは制度や政策のレベルである。個人や家族の相談支援だけでなく，個人や家族に関わる支援チームや組織の問題を解決し，問題の背景にある制度や仕組みの改善に向けてアクションを起こす姿勢も求められている。

ソーシャルワークの専門職倫理

　ソーシャルワークの専門職倫理は，日本社会福祉士会などの専門職団体の**倫理綱領**に定められている。その中の「倫理基準」には，「クライエントに対する倫理責任」（クライエントとの関係，クライエントの利益の最優先，受容，説明責任，クライエントの自己決定の尊重，参加の促進，クライエントの意思決定への対応，プライバシーの尊重と秘密の保持，記録の開示，差別や虐待の禁止，権利擁護，情報処理技術の適切な使用），「組織・職場に対する倫理責任」（最良の実践を行う義務，同僚などへの敬意，倫理綱領の理解の促進，倫理的実践の推進，組織内アドボカシーの促進，組織改革），「社会に対する倫理責任」（**ソーシャル・インクルージョン**◆3），社会への働きかけ，グローバル社会への働きかけ），「専門職としての倫理責任」（専門性の向上，専門職の啓発，信用失墜行為の禁止，社会的信用の保持，専門職の擁護，教育・訓練・管理における責務，調査・研究，自己管理）が掲げられている。

　クライエントと適切な援助関係を形成し，クライエントの権利や尊厳を大切にし，一方で公正な社会を目指し，専門職としての自覚を持って実践するという倫理的責任を求めているのである。

Check

ソーシャルワークのグローバル定義に関する次の記述の正誤を答えなさい。

　社会正義，人権，集団主義，および多様性尊重の諸原理は，ソーシャルワークの中核をなしている。

（答）×：集団主義は諸原理に含まれない。社会正義，人権，集団的責任，多様性尊重が諸原理であるとされる。
（第29回社会福祉士国家試験問題91より）

第9章　社会福祉の援助と方法　｜　129

第2節 ソーシャルワークの援助方法とプロセス

この節のテーマ
● ソーシャルワークの機能を理解する。
● ソーシャルワークの援助技術の体系を知る。
● ソーシャルワークのプロセスを知る。

ソーシャルワークの機能

ソーシャルワークの目的は，人々の生活の安定・向上を図り，それを可能にする社会を構築することである。そのためにソーシャルワーカーは，クライエントに働きかけ，クライエントを取り巻く環境や社会全体に働きかけ，さらにクライエントと環境の間にも介入しながら，多様な機能を果たしている（**表9-1**）。

ソーシャルワークの援助技術の体系

ソーシャルワークの具体的な援助方法は，社会福祉援助技術の体系として理解することができる。社会福祉援助技術は，クライエントと直接かかわって援助していく①「直接援助技術」，効果的な援助のための体制づくりや援助の質の向上を通して間接的にクライエントを援助する，②「間接援助技術」，社会福祉援助を推進するのに役立つ，③「関連援助技術」に大別することができる。

① 直接援助技術

個人やその家族・関係者を対象として，面接を中心とした援助を提供する「個別援助技術」（ケースワーク）と，同じような問題やニーズを持つ人たちの小集団（グループ）を対象として，グループのメンバーである個人の問題解決や成長を支援する「集団援助技術」（グループワーク）がある。

② 間接援助技術

地域の福祉課題を地域住民が主体的に解決できるよう側面的に支援する「地域援助技術」（コミュニティワーク），社会福祉の問題やニーズを把握したり，問題の解決や予防に役立つ制度やサービスのあり方を探ったりすることを目的とした調査を行う「社会福祉調査法」（ソーシャルワークリサーチ）がある。また，社会福祉施設・機関や社会福祉行政の適切な管理運営にかかわる「社会福祉運営管理」（ソーシャル・ウェルフェア・アドミニストレーション），地域住民や当事者のニーズに応える社会福祉の制度やサービスの創設や改善に向けて，地域社会や行政等に働きかける「社会活動法」（ソーシャルアクション），福祉のニーズに対応するための政策・制度・事業の構想を組み立て，サービスの整備や実施についての具体的な計画を策定する「社会福祉計画法」（ソーシャル・ウェルフェア・プランニング）も，間接援助技術に含まれる。

③ 関連援助技術

クライエントの支援に携わる人たちや機関が，より確実で効果的な支援を提供できるような連

表9-1
ソーシャルワークの諸機能

クライエントへの働きかけ
アウトリーチ機能：問題やニーズを発見する
評価的機能：アセスメント・モニタリング・事後評価などを行う
支援的機能：相談・心理的サポート・意思決定の支援を行う
教育的機能：情報・知識・技術などを伝える
保護的機能：生命や安全を守る
支援システムへの働きかけ
アドボカシー機能：権利や生活の保障のために代弁する
管理運営的機能：サービスや組織を適切に管理・運営する
スーパービジョン機能：ソーシャルワーカーの専門性向上を図る
連携的機能：地域の諸機関・団体が協働できるネットワークを作る
クライエントと支援システムの間への働きかけ
仲介的機能：ニーズと社会資源をつなぐ
調整的機能：クライエントと関係者の間の社会関係を調整する
社会への働きかけ
開発的機能：地域社会のなかに社会資源を創り出す
組織化機能：当事者や地域住民の相互支援を組織化する
社会変革的機能：公正な社会を実現する

携の体制を作っていく「ネットワーキング」，複数の生活課題やニーズを持つクライエントと，多様なサービスを迅速・適切・効果的に結びつけることで，クライエントの生活を継続的・長期的に安定させる「ケアマネジメント」がある。また，熟練ソーシャルワーカーが，経験の浅いソーシャルワーカーに対して助言や指導を行い，専門職としての成長を促す「**スーパービジョン**◆1」，心理面に困難を持つ人に対する面接を通して，心理的な安定や社会適応を促す「カウンセリング」，クライエントの支援に際して，社会福祉以外の専門的な知識や情報が必要な時に，医師や弁護士などの他の専門職がソーシャルワーカーの相談に乗って助言を提供する「コンサルテーション」なども関連援助技術として活用されている。

一人のソーシャルワーカーが，日常的にすべての援助技術を用いているわけではないが，必要に応じて複数の援助技術を使いこなせることが望

1

必ず覚える用語

☐ **インテーク**
☐ **アセスメント**
☐ **プランニング**
☐ **インターベンション**
☐ **モニタリング**
☐ **エバリュエーション**
☐ **ターミネーション**

◆1　スーパービジョン
熟練ソーシャルワーカー（スーパーバイザー）が経験の浅いソーシャルワーカー（スーパーバイジー）に対して行う教育・訓練・支援。スーパーバイジーの専門性を向上させることを通して，より質の高いクライエント支援を目的とする。スーパービジョンには，スーパーバイジーの仕事ぶりを管理・監督したり効果的に実践できるよう環境を整備したりする管理的機能，スーパーバイジーが専門的な価値・倫理・知識・技術を習得できるように指導・教育する教育的機能，スーパーバイジーを心理的にサポートし成長を促す支持的機能の3つの機能がある。

第9章　社会福祉の援助と方法　131

第9章
社会福祉の援助と方法
第2節　ソーシャルワークの援助方法とプロセス

図9-1
ソーシャルワークのプロセス

ましいとされている。

ソーシャルワークのプロセス

　ソーシャルワークは，多様なクライエントを対象とし，生活課題を取り扱うため，支援の内実は極めて個別性が高い。しかし，ソーシャルワークの目的と価値に基づいた有効な支援とするためには，ソーシャルワーカーの実践の一つひとつが，意図的かつ計画的なものでなければならない。すなわち，対象者，取り扱う課題，機関や施設の違いにかかわらず，一定のプロセスをたどりながら支援が進められるのである（**図9-1**）。

　① **インテーク**（受理面接）

　相談に来たクライエントとソーシャルワーカーが最初に出会う段階である。話しやすい雰囲気の中でクライエントの**主訴**にしっかりと耳を傾け，ラポールの形成に努めることが大切である。ソーシャルワーカーは，クライエントの生活問題の解決を所属機関で扱うことができるかどうかを見極めるとともに，機関・施設やソーシャルワーカーの役割や提供できる援助などについてクライエントに説明する。その上で，本格的な支援へと進めていくことについて，クライエントとソーシャルワーカーの間で合意を形成する。

　② **アセスメント**（事前評価）

　本格的な支援を開始するにあたって，クライエントの問題状況を理解し，ニーズを把握して支援の目標を設定する段階である。まず，クライエントの生活歴，病気・障害や介護状況，心理的・精神的状況，家族関係や社会とのつながり，居住環境，経済状況などの幅広い情報を，面接の流れの中で自然な形で聞き取っていく。そして，聴き取った情報を整理・分析しながら，クライエントの生活問題の現状や背景を探っていく。生活上の問題やニーズは，さまざまな要因が複雑に絡み合って生じていることが多く，その発生のメカニズムを読み解くことで，問題解決の糸口や方向性が見えてくる。クライエントと環境の相互作用にも注目しながら問題の背景を明らかにするとともに，クライエントとその環境のストレングスを見出し，問題解決に活用できる可能性を模索し，その上で支援の目標を設定する。クライエントが困っていることや解決したいことは何なのか，どのような問題解決やどのような生活を望んでいるのかを，クライエントとともに確認しながら，目標を設定する。

　③ **プランニング**（支援計画）

　アセスメントの結果に基づいて，具体的な支援計画を立てる。どのようなニーズに対してどのような目標を掲げ，目標はいつまでに達成させ，誰が何を行うのかを明確にする作業である。支援内容としては，サービスの利用，クライエント自身が取り組むこと，家族や友人などに協力してもらうこと，ソーシャルワーカーが取り組むべきことなどが含まれ，具体的な内容であることが望ましい。クライエントの問題解決への意欲を高めるためにも，クライエントのストレングスを活用した計画を協働で作ることが大切である。

　④ **インターベンション**（介入）

　支援計画に沿って支援を実施する。その支援活動は，クライエントへの働きかけ，環境への働き

かけ，クライエントと環境の関係の調整や改善など，多岐に亘る。クライエントのエンパワメントを図り，クライエントが暮らしやすい環境を整え，他の支援者たちとの調整や連携を図ることで，クライエントのよりよい生活の実現を支援する。

⑤　**モニタリング**（経過観察）

支援の実施と並行して，クライエントやその問題状況を見守り点検する。計画通りに支援が実施されているか，クライエントや家族はサービスや支援に満足しているか，問題が解決に向かっているか，クライエントや家族の状況に変化が起こって，新たなニーズが発生していないかなどを継続的に見ていく。必要に応じて再アセスメントし，新たな計画に基づいて支援を提供していく。

⑥　**エバリュエーション**（事後評価）

行ってきた支援について評価する段階である。支援がクライエントにとってどのような意味や効果をもたらしたか，問題解決や目標達成に役立ったのか，支援の内容や方法は適切であったかなどを判断する。この作業も，クライエントとソーシャルワーカーがそれぞれの視点で評価を出し合い，両者が協働で行うことが望ましい。

⑦　**ターミネーション**（終結）

援助の終結の段階である。エバリュエーションの結果，クライエントの問題が解決し，支援を継続する必要がなくなったことが，クライエントとソーシャルワーカーとの間で確認できれば，援助を終結する。クライエントは援助関係が終わることについて，寂しさや不安を抱くことがある。そこで，クライエントの感情を理解し，クライエントが取り組んできたことを評価し，今後の生活に

向けて励ましていくことが必要である。また，支援の終結後も，必要であれば支援を提供できることを伝えておくことも大切である。

◆2　主訴

クライエントがソーシャルワーカーに対して述べる具体的な困り事や要望などの訴え。ソーシャルワーカーはクライエントの主訴に耳を傾けることが大切であるが，主訴と真のニーズが必ずしも一致しない場合もある。そのため，ソーシャルワーカーは，クライエントの主訴を受け止めて理解しながら，支援において取り組むべき問題は何かをクライエントと一緒に明確にしていくことが求められる。

Check

ソーシャルワークのプロセスに関する次の記述の正誤を答えなさい。

モニタリングは，インテークの途中で実施される。

(答)×：モニタリングは，インテークの途中ではなく，インターベンションが行われている間に実施される。
(第29回社会福祉士国家試験問題105より)

第9章　社会福祉の援助と方法 | 133

第3節 社会福祉サービスの利用支援

○ この節のテーマ
● 社会福祉サービスの利用支援の意義を理解する。
● 主な社会福祉分野におけるサービスの利用支援及び相談援助の方法を知る。

ソーシャルワークと社会福祉サービスの利用支援の関係

ソーシャルワークは，個人や家族，組織やチーム，地域や社会全体をも視野に入れた幅広い実践活動であるが，最も身近な実践活動が個人や家族のニーズ充足のための社会福祉サービスの利用支援である。ソーシャルワークでは多様な社会資源を活用するが，本節では社会福祉サービスの利用支援に焦点を絞ってみていく。

高齢者の介護サービスの利用支援

要介護高齢者の増加，核家族化や女性の社会進出，高齢者のみの世帯や単身高齢者の増加により，家族だけで高齢者の介護を担うことが困難となってきた。家族の負担を軽減し，高齢者が安心して暮らせるよう，介護保険制度のサービスが用意されている。介護保険制度では，利用者が事業者と契約を結んでサービスを利用する仕組みになっており，適切な介護サービスを受けられるよう，介護サービスの利用支援として**ケアマネジメン**

◆1
トの手法が用いられている。

介護サービスの利用支援の流れは，**図9-2**に示した通りである。まず，要介護の状態を見極めるために市町村が要介護認定を行い，非該当，要支援1・2，要介護1～5の何れかに認定する。介護保険制度では，特別養護老人ホームなどの入所型施設サービスの他，訪問介護や小規模多機能型居宅介護などの在宅サービスが用意されており，要介護認定の結果によって，利用できるサービスや利用の手続きが異なる。たとえば，要介護1～5の人が在宅でサービスを利用する場合，居宅介護支援事業所の**介護支援専門員**（ケアマネジャー）が，ケアマネジメントの手法によって，サービスの種類・量や組み合わせを考えて居宅サービス計画を作成し，それに基づいて介護サービスが提供される。

アセスメントでは，心身機能の状態，利用者の状況，生活上の困り事や希望，解決すべきニーズなどを把握し，ケアプランの段階では総合的な援助目標とサービスの種類や量などを決める。そして，サービス担当者会議において各サービス提供事業者がケアプランの原案について協議し，利用

図9-2
ケアマネジメントのプロセス

者への説明と同意を経てケアプランを決定し，ケアプランに基づいてサービスが提供される。介護支援専門員はサービス提供と並行して給付管理を行い，定期的なモニタリングによって利用者の状況を点検し，再度アセスメントを行った上で，ケアプランを修正する。

障害福祉サービスの利用支援

　かつては障害者のケアは主に親が担い，親の高齢・病気などによってケアが困難になると施設に入所するのが一般的であったが，**ノーマライゼーション**[2]の理念の普及に伴い，入所施設や精神科病院から地域に住まいを移す障害者や，親元を離れてグループホームやアパートで暮らす障害者も増えてきた。安心・安全・豊かな地域生活の実現には，適切なサービスの利用が必要であり，障害者総合支援法によってこれらのサービスや相談支援の仕組みが定められている。

　主なサービスとしては，居宅介護・生活介護などの介護給付，自立訓練・就労支援などの訓練等給付がある。また相談支援には，障害者や家族からの相談に乗って情報提供・助言・調整を行う「基本相談支援」，障害者の地域生活への移行（**地域移行支援**）や地域生活の安定（地域定着支援）を支援する「地域相談支援」，ケアマネジメントの手法を用いて障害福祉サービスに関するプランを作成し，サービスの利用につなぐ「計画相談支援」がある。「基本相談支援」と「地域相談支援」を実施する事業者は「指定一般相談支援事業者」，「基本相談支援」と「計画相談支援」を実施

必ず覚える用語

- ☐ ケアマネジメント
- ☐ 介護支援専門員
- ☐ 地域移行支援
- ☐ 相談支援専門員
- ☐ 児童相談所
- ☐ 児童福祉司
- ☐ 福祉事務所
- ☐ 現業員（ケースワーカー）
- ☐ 資力調査

◆1　ケアマネジメント
複数のニーズを持つ人を対象とし，そのニーズを充足させるために必要な社会資源を結びつけ，調整することで，対象者の社会生活を安定的に継続させるための一連の手続き・支援。1960年代に米国で精神障害者の地域生活支援のために「ケースマネジメント」として登場し，その後，英国や日本において「ケアマネジメント」という名称で導入されるようになった。介護保険法では介護支援専門員が，障害者総合支援法では相談支援専門員がケアマネジメントの担い手となっている。

◆2　ノーマライゼーション
障害のある人が障害のない人と同じ権利を享有し，地域で他の人たちと同じ生活条件で暮らせる社会こそがノーマルな社会であるという考え方に基づき，そのようなノーマルな社会の実現を目指すという理念。1950年代にデンマークで知的障害者福祉に携わったバンク-ミケルセンが提唱した概念で，その後，北欧・北米，そして世界に広がった。今日では，障害者分野のみならず，高齢者や児童などを含めて，重要な福祉の理念の一つとなっている。

第9章　社会福祉の援助と方法 | 135

第9章 社会福祉の援助と方法
第3節 社会福祉サービスの利用支援

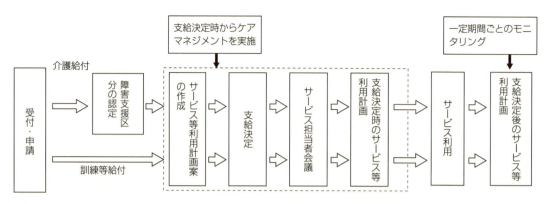

図9-3
支給決定プロセス
出所:全国社会福祉協議会(2012)『障害者自立支援法のサービス利用について』12, 13頁を一部改変。

する事業者は「指定特定相談支援事業者」と呼ばれ,これらの相談支援には**相談支援専門員**が携わっている。

障害福祉サービスを利用するためには,障害者または障害児の保護者が,市町村に申請しなければならない。申請を受けて市町村が障害支援区分の認定調査等を行い,介護給付を希望する場合は障害支援区分の認定を受けることになる。それを踏まえて相談支援事業所の相談支援専門員がサービス等利用計画案を作成し,計画案に基づいて市町村が支給決定する。次に,サービス担当者会議において,相談支援専門員が提示したサービス等利用計画案を協議して計画を決定し,各障害福祉サービス事業所がその計画に沿ってサービスを提供する。その後は,一定期間ごとに相談支援専門員がモニタリングを行い,必要に応じてサービス等利用計画を作成し直して,サービスの利用継続を支援する。このように,障害者ケアマネジメントでは,障害者の地域生活の安定的な継続とその人にふさわしい自立した地域生活を支援していく(図9-3)。

子ども家庭福祉における社会福祉援助

子ども家庭福祉分野では,母子保健,保育,児童健全育成,ひとり親家庭支援など,幅広い施策が展開されており,保育所,乳児院や児童養護施設などの要保護児童のための施設,児童発達支援センターや障害児入所施設などの障害児のための施設などにおいて,児童や親に対するサービスや支援が提供されている。また,身近な相談機関として福祉事務所内に置かれる家庭児童相談室や,より専門的な機関としての**児童相談所**において相談援助が実施されている。

児童相談所は児童福祉法に基づいて18歳未満の児童に関する相談援助活動を担う行政機関であり,基本的な業務は,市町村への援助,児童に関する相談のうち専門的な知識や技術を要する相談,児童や家庭に関する調査,医学的・心理学的・教育学的・社会学的及び精神保健上の判定,児童や保護者への指導,児童の一時保護である。都道府県と指定都市は必置,中核市及び政令で定める市では任意設置となっている。配置される職員は,所長,**児童福祉司**,相談員,児童心理司,医師,児童指導員,保健師,保育士などで,弁護士の配置も進められている。取り扱う相談は,養護相談,保健相談,障害相談,非行相談,育成相談など多岐に亘っている。

家族からの相談や通告などを受けて受理会議が開かれ,児童福祉司・児童心理司・医師などによる面接や検査などが実施され,社会診断,心理診断,医学診断,行動診断が行われる。それらの

診断に基づく判定を経て援助方針が検討され, 具体的な援助内容が決まる。援助内容には, まず在宅指導等があり, 個々の状況に合わせて助言・指導・継続的なカウンセリングなどを行う。在宅指導等以外のものとしては, 児童や家庭が抱える問題の性質に応じて, 児童養護施設や障害児施設などの利用につないだり, 里親に委託したり, 福祉事務所や家庭裁判所へ送致したりする。このように, 児童相談所における相談援助活動は, 児童に関する多様な問題を扱っており, 専門的な調査・判定・援助に加えて, 多様な専門機関との連携が不可欠である。

福祉事務所における社会福祉援助

福祉事務所(社会福祉法に規定された「福祉に関する事務所」)は, 社会福祉行政の第一線の現業機関として都道府県と市(特別区を含む)には設置が義務付けられ, 町村は設置することができる。都道府県の福祉事務所は「生活保護法」「児童福祉法」「母子及び父子並びに寡婦福祉法」に関する業務を, 市町村の福祉事務所はこれらに加えて「老人福祉法」「身体障害者福祉法」「知的障害者福祉法」に関する業務を行う。福祉事務所には, 所長, 査察指導員, 現業員, 事務所員が置かれ, 査察指導員と現業員は社会福祉主事の資格が必要とされている。

本節では, 福祉事務所の生活保護の相談援助活動を解説する。生活保護法は最低生活の保障と自立の助長を目的とし, **現業員(ケースワーカー)**が, 相談・申請から決定までの支援を行う。まず,

面接相談において制度の説明・他施策活用の検討・申請意思の確認と申請手続きの援助指導を行う。そして, 本人や親族等からの申請を受けて事実確認のための実地調査を行う。また, 資産や収入の状況及び扶養や就労の可能性などを見極めるための**資力調査**を経て, 保護の要否が決定される。保護が開始された後は, 訪問計画に基づいて被保護者の家庭や入院・入所先を定期的に訪問して生活状況を把握するとともに, 生活の維持・向上などのための指導や指示を行い, 自立の助長を図っている。

Check

障害者の相談支援に関する次の記述の正誤を答えなさい。

障害者総合支援法では, 地域移行支援と地域定着支援を行うものを指定特定相談支援事業と呼ぶ。

(答)×:指定特定相談支援事業は, 基本相談と計画相談を行うものである。それに対して, 基本相談・地域移行支援・地域定着支援を行うものは指定一般相談支援事業である。
(第29回社会福祉士国家試験問題59より)

第9章 社会福祉の援助と方法 | 137

宮本節子『ソーシャルワーカーという仕事』ちくまプリマー新書, 2013年
行政でソーシャルワーカーとして実践を積んだ後, 社会福祉の教員としてソーシャルワーカー育成に携わってきた著者が, 自らの実践経験を紹介しながら, ソーシャルワーカーとはどういう仕事なのかをわかりやすく解説している。生活課題を抱えながら生きる人たちを支えるソーシャルワーカーの仕事の幅の広さと奥の深さ, そして醍醐味が伝わってくる。

空閑浩人『ソーシャルワーク論（シリーズ・福祉を知る）』ミネルヴァ書房, 2016年
障害者施設で働いた経験を持ち, 福祉系大学でソーシャルワークの研究と教育に携わる著者が, 「ソーシャルワークとは何か」を解説したソーシャルワークの理論が学べる教科書である。ソーシャルワークに対する著者の熱い思いがこめられており, ソーシャルワークの魅力や可能性を知ることのできる, 優れた図書である。

相澤譲治・植戸貴子ほか編『ソーシャルワーク演習ケースブック』みらい, 2012年
ソーシャルワーカー養成の教材として作られた図書で, 子ども家庭福祉, 高齢者福祉, 障害者福祉, 低所得者福祉, 医療福祉, 地域福祉など, 多様な現場実践を背景に持つ福祉系大学教員らが, ソーシャルワーク実践事例を紹介している。単なる事例集ではなく, ソーシャルワークの理論と結びつけて事例が解説されており, 実践と理論の両方を同時に学ぶことができる。

問：ソーシャルワーカーには, どのような資質や能力が求められるか考えてみよう。

ヒント：ソーシャルワークのグローバル定義や, ソーシャルワークの専門性3要素を思い出してみよう。

第10章

社会福祉の実践現場 I

本章で学ぶこと

●社会福祉実践の意味と制度との関係について考える。（第1節）

●措置によって対応するニーズと実践現場について学ぶ。（第2節）

●利用契約によって対応するニーズと実践現場について学ぶ。（第3節）

第1節 社会福祉の実践現場

この節のテーマ
- **社会福祉実践現場とは何かを学ぶ。**
- **社会福祉実践現場にはどのような種類があるかを知る。**
- **社会福祉実践現場の利用・供給方式による分類方法について知る。**

社会福祉の実践現場とは何か

　社会福祉実践とは，人々の日常生活の困難さに気付き，その切実なニーズに応えていく取り組みである。あるいはより良く，よりその人らしく生きたいという思いを受け，その方向に向かって側面的に支援していくことであるともいえる。

　また，実践の段階は，当事者と直接的にふれ，支援していく場面から，支援者が所属する事業，施設，団体の運営，さらにそれらを成り立たせている公的な制度の改善や，支援を拡張していくための新たな制度の整備を働きかけていく段階まである。

　さらに社会福祉実践の背景には思想や理念が存在するが，それは実践を方向付け，後押しするとともに実践の中で反省され，常に修正されていく。社会福祉の実践現場は，そのような思想や理念が念入りに考えられ，新たな価値観が形づくられていく場でもある。

　ゆえに，社会福祉実践現場の全体像をとらえようとすれば，利用者と直接的に接触して支援する場面だけでなく，その支援を成り立たせている組織や制度・政策の形成，運用まで，範囲に入れる必要がある。ここでは，直接ニーズに出会い，直接的に支援が展開される現場について見ていくことにしよう。

社会福祉実践の現場の分類

　まず現在の社会福祉の施設等の種類とその数を一覧であげる（**表10-1，10-2**）。ここでは名称と施設の数がいくつくらいあるかを把握しておきたい。

　1950年の社会福祉事業法（現・社会福祉法）の制定により，**社会福祉事業**の枠組みが規定され，それぞれの分野法（福祉六法等）によって分野ごとの施設や事業が規定された。

　しかし，2000年以降，措置制度から**利用契約制度**への移行が進み，高齢者福祉分野と障害福祉分野のサービス利用の規定については，介護保険法と障害者総合支援法（旧・障害者自立支援法）に移された。そのため，各分野法で規定されている施設・事業も，利用に関しては，介護保険法や障害者総合支援法にもとづいて利用されることになる。たとえば，老人福祉法に規定される老人福祉施設である特別養護老人ホームは，介護保険法においては介護保険施設である介護老人福祉施設として規定されており，利用にあたっては介護保険法によって利用されることになる。

　ただし，契約になじまない施設・事業については，引きつづき各分野法に規定され，**措置制度**に

よって利用される仕組みが残されている。たとえば，児童福祉法に規定される児童福祉施設のうち，児童養護施設や乳児院，児童自立支援施設等については，原則として措置制度によって利用される。

　本章では，便宜上，利用の仕組みに着目し，措置制度による措置委託の現場と，利用契約制度によって利用される現場とに分類して取り扱う。さらに，利用契約による現場については，介護保険法と障害者総合支援法によるサービスを提供する施設・事業所，保育サービスのように行政との契約による施設・事業，事業費補助による事業に区分する（**表10-3**）。

必ず覚える用語
☐ **社会福祉事業**
☐ **利用契約制度**
☐ **措置制度**

Check

措置制度などに関する次の記述のうち，正しいものを選びなさい。

1．措置制度では，措置権者とサービス利用者の間の委託契約に基づいてサービスが提供される。
2．利用契約方式をとる制度の下でも，やむを得ない事由がある場合には，措置制度が適用される。

（答）2
（第27回社会福祉士国家試験問題45より）

第10章　社会福祉の実践現場Ⅰ　141

第10章
社会福祉の実践現場Ⅰ
第1節　社会福祉の実践現場

表10-1
社会福祉施設等の種類と施設数（介護保険によって利用される施設を除く）
令和元年10月1日現在

施設種別	施設数
総　数	78,724
保護施設	288
救護施設	183
更生施設	20
医療保護施設	56
授産施設	15
宿所提供施設	14
老人福祉施設	5,262
養護老人ホーム	946
養護老人ホーム（一般）	894
養護老人ホーム（盲）	52
軽費老人ホーム	2,319
軽費老人ホームＡ型	191
軽費老人ホームＢ型	12
軽費老人ホーム（ケアハウス）	2,035
都市型軽費老人ホーム	81
老人福祉センター	1,997
老人福祉センター（特Ａ型）	237
老人福祉センター（Ａ　型）	1,320
老人福祉センター（Ｂ　型）	440
障害者支援施設等	5,636
障害者支援施設	2,561
地域活動支援センター	2,935
福祉ホーム	140
身体障害者社会参加支援施設	315
身体障害者福祉センター	154
身体障害者福祉センター（Ａ型）	36
身体障害者福祉センター（Ｂ型）	118
障害者更生センター	4
補装具製作施設	14
盲導犬訓練施設	13
点字図書館	72
点字出版施設	10
聴覚障害者情報提供施設	48
婦人保護施設	46

施設種別	施設数
児童福祉施設等	44,616
助産施設	385
乳児院	142
母子生活支援施設	219
保育所等	28,737
幼保連携型認定こども園	5,144
保育所型認定こども園	882
保育所	22,711
地域型保育事業所	6,441
小規模保育事業所Ａ型	4,033
小規模保育事業所Ｂ型	805
小規模保育事業所Ｃ型	99
家庭的保育事業所	899
居宅訪問型保育事業所	10
事業所内保育事業所	595
児童養護施設	609
障害児入所施設（福祉型）	255
障害児入所施設（医療型）	218
児童発達支援センター（福祉型）	601
児童発達支援センター（医療型）	98
児童心理治療施設	49
児童自立支援施設	58
児童家庭支援センター	130
児童館	4,453
小型児童館	2,593
児童センター	1,726
大型児童館Ａ型	15
大型児童館Ｂ型	4
大型児童館Ｃ型	―
その他の児童館	115
児童遊園	2,221
母子・父子福祉施設	60
母子・父子福祉センター	50
母子・父子休養ホーム	2
その他の社会福祉施設等	22,501
授産施設	61
無料低額宿泊所	448
盲人ホーム	19
隣保館	1,066
へき地保健福祉館	32
有料老人ホーム（サービス付き高齢者向け住宅以外）	15,134
有料老人ホーム（サービス付き高齢者向け住宅であるもの）	5,741

注：活動中の施設について集計している。
出所：厚生労働省（2020）『令和元年社会福祉施設等調査の概況・統括表』より，施設種別ごとに施設数を抽出した。

表10-2
介護保険によって利用される施設・事業所数

施設・事業所種別	施設・事業所数
介護保険施設	
介護老人福祉施設	8,234
介護老人保健施設	4,337
介護医療院	245
介護療養型医療施設	833
居宅サービス事業所	
訪問介護	34,825
訪問入浴介護	1,790
訪問看護ステーション	11,580
通所介護	24,035
通所リハビリテーション	8,318
短期入所生活介護	11,566
短期入所療養介護	5,230
特定施設入居者生活介護	5,328

施設・事業所種別	施設・事業所数
地域密着型サービス事業所	
定期巡回・随時対応型訪問介護看護	1,020
夜間対応型訪問介護	228
地域密着型通所介護	19,858
認知症対応型通所介護	3,973
小規模多機能型居宅介護	5,502
認知症対応型共同生活介護	13,760
地域密着型特定施設入居者生活介護	352
複合型サービス（看護小規模多機能型居宅介護）	588
地域密着型介護老人福祉施設	2,359
居宅介護支援事業所	40,118

注：複数のサービスを提供している事業所は，各々に計上している。介護予防サービス事業所，地域密着型介護予防サービス事業所，介護予防支援事業所は省略した。

出所：厚生労働省「令和元年度介護サービス施設・事業所調査の概況（施設・事業所数（基本票））」より抜粋した。

表10-3
社会福祉事業と利用・供給方式

	措置制度	介護保険，自立支援給付	保育給付／行政との契約／事業費補助
生活保護法	救護施設，更生施設，医療保護施設，授産施設，宿所提供施設		
老人福祉法	養護老人ホーム	（介護保険）特別養護老人ホーム（介護老人福祉施設），老人デイサービスセンター（通所介護事業者），老人短期入所施設（短期入所生活介護事業者）	軽費老人ホームA型，ケアハウス，盲人ホーム
児童福祉法	乳児院，児童養護施設，児童心理治療施設，児童自立支援施設，児童自立生活援助事業（自立援助ホーム）		助産施設，母子生活支援施設，保育所，障害児施設入所施設（福祉型・医療型），児童発達支援センター（福祉型・医療型）
売春防止法	婦人保護施設		
障害者総合支援法		（自立支援給付）障害者支援施設障害福祉サービス事業所	地域活動支援センター
母子及び父子並びに寡婦福祉法			母子・父子福祉センター母子・父子休養ホーム

出所：筆者作成。

第2節 措置による実践現場

この節のテーマ
- 措置制度の必要性について理解する。
- 措置制度によって対応するニーズと実践現場について理解する。

措置制度とは

措置制度とは、福祉サービス利用の仕組みの一つであり、措置の実施機関（行政）が保護やサービス提供の要否を判断し、社会福祉施設等への入所やサービス提供の決定を行う**行政処分**[*1]である。要保護状態に対して迅速に対応することが可能であるため、養育者が不在の場合や虐待のケースなど緊急の保護を要するような場合には有効な仕組みである。

ただし、制度上、サービスに対する選択や自己決定の仕組みはなく、利用者がサービスやその提供主体を選ぶことはできず、利用者とサービス提供者との間の対等な契約関係も生じない。そのため、高齢者福祉や障害者福祉、保育サービスにおいては、利用者がサービス提供者と対等な関係で、サービスを自己選択する利用契約制度への転換が図られている。

低所得者支援の現場

生活保護法（本書第7章第2節参照）による生活扶助は、原則として居宅において行われるが、これが不可能である場合や、要保護者が希望した場合には、同法第38条に定められた保護施設において入所・保護する。そしてそのための保護施設としては、救護施設、更生施設、医療保護施設、授産施設、宿所提供施設の5種類の施設が規定されている。

これらの保護施設の設置数（**表10-1**）は、救護施設は微増しているが、他の施設については、他分野の施設への転換が進んだことや、指定医療機関や他の福祉施設の増加、公営住宅等の活用が進んだことなどから減少傾向にある。

① 救護施設

救護施設は、「身体上又は精神上著しい障害があるために日常生活を営むことが困難である要保護者」を入所・保護し、生活扶助を行うことを目的とする施設である。

2016年に全国救護施設協会が行った調査によれば、入所者の内、精神障害の人（4割）や精神障害と他の障害との重複障害の人（1.5割）が半数以上を占めている。

このような様々な障害や背景のある人に対して、介護や相談を通して日常生活の支援や、機能回復訓練（リハビリ）や地域生活へ移行していくための支援を実施している。

② 更生施設

更生施設は、身体上又は精神上の理由により養護及び生活指導を必要とする要保護者に、入所・保護し、生活扶助を行うことを目的とする施設である。

精神障害のある人の入所が多く、ADL（日常

生活動作[2]）の面では，自立している人が多い。

③　医療保護施設

医療保護施設は，医療を必要とする要保護者に，医療の給付を行うことを目的とした施設である。要保護者への医療扶助を目的として設置されたが，現在では医療扶助を受けるための指定医療機関が相当数あるため，医療保護施設への措置は少数になっている。

④　授産施設

授産施設は，身体上もしくは精神上の理由，又は世帯の事情により就業能力の限られている要保護者に，就労又は技能の習得のために必要な機会と便宜を供与して自立を支援することを目的とする施設である。

⑤　宿泊提供施設

宿泊提供施設は，住居のない要保護者の世帯に対して，住居扶助を行うことを目的とする施設である。かつては，各地に施設が設置されていたが，近年は公営住宅等の利用や社会福祉施設の利用が進んだため施設数は減少している。

子どもとその家庭への支援の現場

児童福祉法には，全て児童は，児童の権利に関する条約の精神にのっとって適切に養育され，生活を保障されるなど，福祉を等しく保障される権利を有しており，国及び地方公共団体は，児童の保護者とともに児童を心身ともに健やかに育成する責任を負うことが示されている。

そして，**児童福祉施設**[3]には11種類の児童福祉施設が規定されているが，このうち乳児院，児童養

必ず覚える用語

- ☐ 措置制度
- ☐ 救護施設
- ☐ 乳児院
- ☐ 児童養護施設
- ☐ 児童自立支援施設
- ☐ 児童心理治療施設
- ☐ 養護老人ホーム
- ☐ 婦人保護施設

◆1　行政処分
法律によって規定された権利に基づき，国や地方公共団体が相手方の同意なしに行使する法的行為のこと。

◆2　ADL（日常生活動作）
日常生活動作の自立度を測る尺度のことである。日常生活を営む上で不可欠な，食事，更衣，排泄，入浴，移乗や移動などの際の動作が含まれる。

◆3　児童福祉施設
児童福祉法に規定された助産施設，乳児院，母子生活支援施設，保育所，児童厚生施設，児童養護施設，障害児入所施設，児童発達支援センター，児童心理治療施設（旧・情緒障害児短期治療施設），児童自立支援施設及び児童家庭支援センターを指す。

護施設，児童心理治療施設，児童自立支援施設の社会的養護の各施設については，利用契約制度にはなじまないため，措置委託によって運営と処遇がなされている。

また，障害児施設については，2016年から利用契約制度が導入された。しかし，虐待等のケースなど，利用契約になじまない場合については，引き続き措置による入所が行われている。以下主な施設及び事業と里親について説明していく。

① 乳児院

乳児を入院・保護して養育するとともに，退院した児童についての相談等の援助を行う。

厚生労働省の「児童養護施設入所児童等調査結果」（厚生労働省雇用均等・児童家庭局，2015年）によれば，入所の理由となる養護問題の発生事由は，「父又は母の精神疾患等」が22.2%，「父又は母の放任・怠惰」が11.1%，「父又は母の虐待・酷使」が8.5%，「養育拒否」が6.9%，「両親の未婚」が6.2%などとなっている。

② 児童養護施設

保護者がいないか，虐待等の環境上の理由により，養護を要する児童を入所させて養育するとともに，退所後の相談や自立の援助を行う。

前掲の「児童養護施設入所児童等調査結果」によれば，入所の理由となる養護問題の発生事由としては，「父又は母の虐待・酷使」が18.1%，「父又は母の放任・怠惰」が14.7%となっている。また，入所児童の6割が何らかの虐待経験があり，入所後の児童に対するケアが重要となっている。

③ 児童自立支援施設

不良行為をなすか，そのおそれのある児童や，家庭環境等の理由により生活指導を要する児童を入所させて，個々の児童の状況に応じた指導と自立の支援を行うとともに，退所後の相談等の援助を行う。なお，本施設には保護者の下から通わせることもできる。

④ 児童心理治療施設

児童心理治療施設は，2016年の児童福祉法改正によって，情緒障害児短期治療施設から改称された。

家庭環境，学校における交友関係等の環境上の理由により，社会生活への適用が困難となった児童を，短期間，入所させるか保護者の下から通わせて，社会生活に適応するために必要な心理に関する治療と生活指導を行うとともに，退所した児童の相談等の援助を行う。

⑤ 児童家庭支援センター

地域の児童の福祉に関する各般の問題につき，児童に関する家庭その他からの相談のうち，専門的な知識及び技術を必要とするものに応じ，必要な助言を行うとともに，市町村の求めに応じ，技術的助言その他必要な援助を行うほか，必要な指導を行い，あわせて児童相談所，児童福祉施設等との連絡調整その他厚生労働省令の定める援助を総合的に行うことを目的とする施設。

⑥ 里親（**里親委託**[◆4]）

施設の形態以外では，里親についても，措置によって養育が委託されている。また，2008年の法改正により，ファミリーホームが新設された。これらは家庭養護の形態をとる**社会的養護**[◆5]の一分野である。

ところで，日本は2010年に，国連子どもの権利

146 ｜ 第Ⅲ部　社会福祉の実践を学ぶ

委員会から，親と一緒に暮らせない子どもの養護を規模の大きい入所施設に頼っている状況を指摘され，里親家庭や小集団規模の家庭的な環境のもとで社会的養護を提供するように提言されている。日本に社会的養護の9割は施設養護が占めている実情に対して，施設養護は必要不可欠な場合に限るべきであり，家庭養護に移行すべきだという勧告である。

この勧告を受けて，児童養護施設等社会的養護の課題に関する検討会・社会保障審議会児童部会社会的養護専門委員会では，里親及びファミリーホーム，グループホーム，入所施設の割合を，2021年にはそれぞれ3分の1にするという目標を設定した。また，入所形態の児童養護施設については，すべて小規模ケアに移行し，社会的養護全体を家庭養護に移行することを目指している。

高齢者支援の現場

老人福祉法には，老人福祉施設として，養護老人ホーム，特別養護老人ホーム，軽費老人ホーム，老人福祉施設として老人デイサービスセンター，老人短期入所施設，老人福祉センター，老人介護支援センターが規定されている。また，老人居宅生活支援事業として，老人居宅介護等事業，老人デイサービス事業，老人短期入所事業，小規模多機能型居宅介護事業，認知症対応型老人共同生活援助事業，複合型サービス福祉事業が規定されている。

公的な老人福祉サービスの利用にあたっては介護保険が適用されるが，介護保険による福祉サ

4

◆4　里親委託
児童福祉法に基づいて，保護者がいないか，保護者に監護させることが適当ではない児童の養育を，都道府県知事が適当と認めた人に委託する措置を行うことである。里親には養育里親，親族里親（三親等以内の親族に委託する），養子縁組希望里親の3種類がある。また，養育里親には，虐待を受けた子どもや非行問題のある子ども，障害のある子どもを養育する専門里親が含まれる。

5

◆5　社会的養護
第7章第3節参照。

間違いやすい用語

「養護老人ホーム」と「特別養護老人ホーム」

養護老人ホームの入所要件は，「環境上の理由及び経済的理由により居宅において養護を受けることが困難」であることである。一方，特別養護老人ホームは「身体上又は精神上著しい障害があり，常時の介護を必要とし，かつ，居宅においてこれを受けることが困難」であることとされ，対象が全く異なる。また，養護老人ホームは措置制度によって運営・利用されるが，特別養護老人ホームの利用は原則として介護保険による。

第10章　社会福祉の実践現場Ⅰ　147

第10章
社会福祉の実践現場 I
第2節　措置による実践現場

ービスを利用できない場合があるため,市町村の措置によって福祉サービスを提供する仕組みが存続している（老人福祉法第10条の4）。

また,**養護老人ホーム**については,「環境上の理由及び経済的理由により居宅において養護が困難な」高齢者を入所保護するという目的から,利用契約による利用にはなじまないため,措置によって利用される。なお,養護老人ホームの中に

は,視覚障害者を対象とした「盲老人ホーム」や,聴覚障害者を対象とした「聴覚障害老人ホーム」として運営されているものもある。

女性の支援の現場

①　婦人保護施設

売春防止法にもとづき,婦人相談所を通じて,

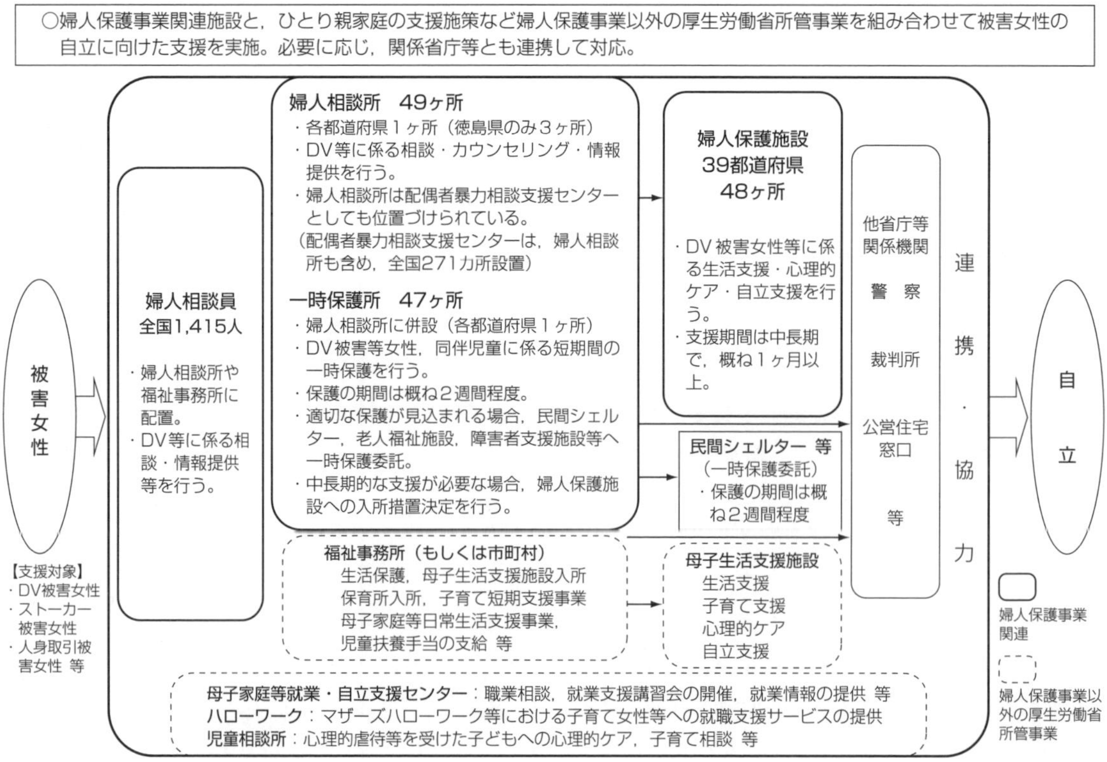

○婦人保護事業関連施設と,ひとり親家庭の支援施策など婦人保護事業以外の厚生労働省所管事業を組み合わせて被害女性の自立に向けた支援を実施。必要に応じ,関係省庁等とも連携して対応。

図10-1
婦人保護事業の概要
注：婦人相談員,婦人相談所及び婦人保護施設の数は平成28年4月1日現在。配偶者暴力相談支援センターの数は平成28年11月1日現在。
出所：厚生労働省雇用均等・児童家庭局（2017）「ひとり親家庭等の支援について」。

148 | 第Ⅲ部　社会福祉の実践を学ぶ

要保護女子を収容保護する施設である。しかし，近年ではいわゆる「女性の避難所」や，「駆け込み寺」の役割も担っている。

　都道府県や社会福祉法人によって設置されており，制度の創設当初は，売春をするおそれのある女性を保護することを目的としていたが，現在では家庭環境や経済的な事情など様々な事情で社会生活をおくることが困難な女性を保護している。また，DVの被害女性の保護が増加しており入所理由の3割を超えている。そのため，2001年に成立した**配偶者暴力防止法**により，配偶者からの暴力の被害者の保護を行うことができると明確化された。

　また，DVや家庭問題，生活問題等に直面している女性からの，電話や来所による相談にも応じている。

◆6　DV
ドメスティックバイオレンス。「家庭内暴力」と訳されるが，同居や親密な関係にある男女の間における暴力も含む。

◆7　配偶者暴力防止法（DV防止法）
2001年に成立した。正式名称は，「配偶者からの暴力の防止及び被害者の保護等に関する法律」である。配偶者からの暴力を防止するとともに，被害者の保護と自立を支援することが規定されている。

Check

老人福祉法の展開に関する次の記述の正誤を答えなさい。

　老人福祉法制定時（1963（昭和38）年）には，特別養護老人ホームは経済的理由により居宅において養護を受けることが困難な老人を収容するものとされていた。

（答）×
（第29回社会福祉士国家試験問題127より）

第10章　社会福祉の実践現場Ⅰ　149

第3節 利用契約等による実践現場

この節のテーマ
- 利用契約の導入とその趣旨について理解する。
- 利用契約制度によって対応するニーズと実践現場について理解する。

福祉サービスにおける利用契約制度の導入

　措置制度は、必要な人に対する支援や保護が、措置権者（行政機関）の判断によって、福祉サービスとして提供される仕組みである。措置権者である行政機関が、自らの判断で必要な福祉サービスの提供を決定できるため、緊急を要する場合などは迅速な支援を行いやすい。ただ、その反面でサービスの利用者と提供者の間には、直接の契約関係が生じず、利用者はどの提供者からサービスを受けるか自由に選択することができない制度であった。

　一方、高齢者福祉、障害者福祉分野に、それぞれ導入された**利用契約制度**は、利用者がサービスを提供する事業者を選択し、事業者と直接契約を結ぶことになった。同時に、事業者を選択できるようにするためには福祉サービスとサービス提供事業者に関する情報提供が必要になる。また、提供されるサービスの中身を理解し、適切なサービスが受けられる事業者と契約する必要がある。そのために、認知症や知的障害、精神障害により意志表示や契約内容の理解に困難が伴う場合には、権利擁護の仕組みも確保されなければならない。これらの仕組みにおいては、ソーシャルワーカーもその役割を担うこととなった。

　ただし、保育サービスについては、利用者（家族）が、保育サービスの提供者や保育所を選択することができるが、行政が事業者に対してサービス提供を委託して費用を支払うため、利用者と事業者・保育所との間に直接の契約はない。

　以下、利用契約による主な現場を紹介していく。

介護保険法に基づくサービス提供の現場

　高齢者福祉分野の現場は、老人福祉法施行以降、措置費と行政による補助金を主体に運営されてきた。

　高齢者の介護現場では治療が終わったにもかかわらず、在宅生活を支えるサービスが不足していたり、住環境が整わなかったりして自宅に戻ることができない、いわゆる「社会的入院」と呼ばれる状況が指摘されてきた。これは必要とされる福祉サービスが不足しているため、本来は治療を目的とした医療分野のサービスが福祉サービスを代替している状態である。つまり、同じニーズに対して、医療と福祉から別々のサービスが提供されており、利用手続きや自己負担も異なっている状況があった。そのため、介護保険制度の導入により、介護に関連するサービスを一元的に整理し、同一の利用手続き、自己負担で、ニーズに対して適切なサービス提供を行うことを目指してサービス内容が再編された。

　介護保険による**介護給付**に対するサービスを

担う現場は，①自宅に住み続けることを支援する事業（居宅におけるサービス提供，通所や短期入所によるサービス提供），②住み慣れた地域を離れずに小規模な住居を提供して暮らしを支援する事業，③利用者に居住の場を提供して，そこにおいて支援する入所形態の施設とがある。

　①　自宅に住み続けることを支援する事業
・居宅に訪問して行うサービス（訪問介護，訪問入浴，訪問看護，訪問リハビリ，夜間対応型訪問介護，定期巡回・臨時対応型訪問看護）
・本人に通所してもらったり（通所介護，通所リハビリ，地域密着型通所介護，療養通所介護，認知対応型通所介護），短期間施設に入所してもらって実施するサービス（短期入所生活介護，短期入所療養介護）
がある。

　また，居宅へ訪問して行うサービスと通所，宿泊のサービスを組み合わせて行う「地域密着型サービス」と呼ばれるサービスを提供する事業もある（小規模多機能型居宅介護，複合型サービス（看護小規模多機能型居宅介護），認知症対応型共同生活介護，地域密着型介護老人福祉施設生活介護，地域密着型特定施設入所介護）。

　そして，これらのサービスを適切に利用できるよう，利用者本人や家族の状況や生活上の問題点を把握し，暮らしの希望や思いを聞き取り，サービス提供の計画を立て，さらに事業者等との連絡調整を行うのが居宅介護支援事業所である。ここには，ケアマネジャーが配置されている。

必ず覚える用語

☐ 利用契約制度
☐ 介護給付
☐ 介護老人福祉施設(特別養護老人ホーム)
☐ 介護老人保健施設
☐ 自立支援給付
☐ 母子生活支援施設

間違いやすい用語

「介護老人保健施設」と「介護保険施設」

介護保険施設は，介護保険法に規定された入所形態の施設のことである。介護老人福祉施設（特別養護老人ホーム）と介護老人保健施設の2種類が規定されている。

このうち，介護老人保健施設は，1986年の老人保健法改正によって老人保健施設として創設された施設である。看護や医学的管理のもとで，日常の介護や機能訓練等を行い，自宅への戻ることを目的としている。介護保険法の制定に伴い，老人保健法により規定は削除され，介護保険法に規定される介護保険施設の一つとなった。

第10章
社会福祉の実践現場Ⅰ
第3節　利用契約等による実践現場

② 住み慣れた地域を離れずに小規模な住居を提供して暮らしを支援する事業

また，介護が必要となっても，住み慣れた地域での生活を継続するために，医療や保健，介護サービス等を一体的に提供できるようにすることが重要である。そのための「地域包括ケアシステム」と呼ばれる仕組みづくりが取り組まれており，その中核を担う地域包括支援センターが，各介護保険の保険者に設置されている。

③ 入所形態の施設

次に，入所形態の施設について見てみよう。介護保険法では，入所形態の施設として，**介護老人福祉施設**と**介護老人保健施設**という2種類の介護保険施設が規定されている。

このうち，介護老人福祉施設は，老人福祉法に規定される特別養護老人ホームのことである。身体上または精神上に著しい障害があるため常時の介護を必要とし，かつ居宅においてその介護を受けられないことが入所の要件となる。

また，介護老人保健施設は，病気やけが等により医療機関による看護，医学的な管理が必要な高齢者に対して，自宅への復帰を目指して介護や機能回復訓練等を行う施設である。治療を目的として医療機関と自宅との間にあることから，「中間施設」と呼ばれることもある。

なお，介護保険施設には，療養病床が，介護療養型医療施設として規定されていたが，2018年3月をもって廃止され，「介護医療院」として新たな対応が検討されている。

障害者総合支援法に基づくサービス提供の現場

障害福祉サービスは，身体，知的，精神の三分野においてそれぞれ整備されてきた経緯があり，身体障害者福祉法，知的障害者福祉法，精神保健及び精神障害者福祉に関する法律を根拠法にしてそれぞれの施設，事業が規定されていた（本書第8章第1節参照）。また，共同作業所やレスパイトサービスのように自発的に取り組まれ，法定化されていない事業も，自治体等からの補助を実現しつつ多数運営されてきた。

これらの事業や施設は，支援費制度の導入から，障害者自立支援法の制定によって，障害種別を越えて横断的に統合された。さらに，サービス提供主体の拡大により，それまで無認可で運営されてきたサービスについても同法に基づく事業に移行して法的な裏付けを持てるようになった。

また，従来の障害のある人への支援策は，入所形態の施設に偏重していた。入所施設は24時間，365日の生活を保障する一方で，閉鎖的になったり，暮らしが管理的になりがちになることが指摘されている。そのため，ノーマライゼーションやソーシャル・インクルージョンの視点からも，暮らしの場・支援の場としてのあり方を見直していく必要がある。

障害者自立支援法では入所施設を，暮らしの場と就労・活動の場に分けることによって，入所施設に暮らしながら，地域の就労・活動の場に出かけていって利用できるようにするとともに，入所施設から地域の住まいに移行すること（地域移

表10-4
支援の場面と障害者総合支援法による事業

	住まいの場の提供と支援	日中活動の場の提供と支援	個別の支援
介護給付	施設入所支援 (障害者支援施設での 夜間ケア等)	療養介護 生活介護	居宅介護(ホームヘルプ) 重度訪問介護，同行援護， 行動援護，短期入所
	重度障害者包括支援（Ⅰ類型・Ⅱ類型・Ⅲ類型）		
訓練等給付	共同生活援助 (グループホーム)	自立訓練，就労移行支援， 就労継続支援（A型：雇 用型・B型：非雇用型）	
地域生活 支援事業	福祉ホーム	地域活動支援センター	移動支援

行)を促進する方向が示された（本書第1章第3節参照）。その後，障害者自立支援法は大幅に改正され，障害者総合支援法に名称を変えたが，この方針は継続されている。

なお，障害者総合支援法による支援は，自立支援給付と地域生活支援事業で構成されている。さらに**自立支援給付**による直接的な支援は，9種類の介護給付と4種類の訓練等給付に分けられる（**表10-4**）。また，市町村が実施する地域生活支援事業には，移動支援や地域活動支援センター，福祉ホームといった直接的な支援が含まれる。一箇所の事業所，あるいは法人は，これらの複数の事業を組み合わせて実施しており，その形態も多様である。

① 住まいの場の提供と支援

入所施設とグループホーム，福祉ホームの夜間，休日の支援にあたる部分である。従来の入所施設は，住まいの場の提供と日中の活動の場の提供とを一体で提供していた。障害者自立支援法では住

Check

次の，2005年（平成17年）に制定された障害者自立支援法の内容の正誤を答えなさい。

既存の障害者施設サービスを，日中活動の場と生活の場に分離した。

(答)○
(第29回社会福祉士国家試験問題57より)

第10章 社会福祉の実践現場Ⅰ 153

第10章
社会福祉の実践現場Ⅰ
第3節　利用契約等による実践現場

まいの場の提供とそこにおける支援を行う施設入所支援と日中活動の場とが切り分けられている。

② 日中活動の支援（一般就労に向けた支援，活動・就労の場の提供と支援）

従来の入所施設の活動や就労の支援にあたる部分と，通所形態の施設や事業が同一の制度で集約された。

日中活動の支援については，自立訓練や就労移行支援のように一般就労に向けた支援から，従来の授産施設の機能に該当する就労移行支援，就労継続支援，生きがいに主眼をおいたアクティビティの活動に主眼をおいた療養介護，生活介護まで幅広い事業が含まれる。

また，地域活動支援センター（地域生活支援事業）は，これらの隙間をうめるような事業で，介護給付や訓練等給付の対象となる事業に移行することが困難な事業が含まれている。

③ 個別の生活支援

地域における生活を支えるためには，これまでに見てきたような集合的，あるいは通所形態の施設・事業における支援だけではなく，利用者の生活の実情に合わせた個別に提供される支援が不可欠である。つまり，ホームヘルパーやガイドヘルパー等の支援活動である。

これは，障害者総合支援法に規定される事業としては，居宅介護，重度訪問介護，同行援護，行動援護，地域生活支援事業として移動支援にあたる。

また，短期入所（ショートステイ）事業所は，家族と一緒に暮らしている人が，一時的に家族による介助を受けられない場合や家族が休息したい場合に，本人に短期間滞在してもらいその期間の介助を代行する。

④ 相談支援事業

障害者総合支援法では，事業が多様で複数の事業を組み合わせて利用する必要があり，当事者に対して，日常生活における困難やどのような生活を希望するのかといったニーズを把握し，サービスを調整していく（計画相談支援・障害児相談支援）。

また，障害者支援施設や精神病院等から，地域の住まいへの移行に際し，地域での暮らしを安定したものにしていくためにも，同様に相談支援が求められる（地域移行支援・地域定着支援）。

さらに，一般の住居への入居を希望しているが，保証人の確保が難しい場合の調整等にかかる支援を行う住宅入居等支援事業（居住サポート事業）や，契約行為等に際して意志能力が十分でない場合に成年後見制度の利用を支援する成年後見制度利用支援事業も取り組まれている（基幹相談支援センター）。

子どもとその家庭への支援

児童福祉法には，児童福祉施設が規定されている。このうち，乳児院，児童養護施設，児童心理治療施設，児童自立支援施設は措置によって利用される。他の，助産施設，母子生活支援施設，保育所，障害児入所施設（福祉型，医療型），児童発達支援センター（福祉型，医療型），児童家庭支援センター，児童厚生施設（児童館・児童遊

園）は，利用契約制度に移行した。

　また，児童福祉施設以外では，就学中の障害児に対して，放課後や夏休み等の長期休暇中における生活能力向上のための訓練等を継続的に提供することを目的とした放課後等デイサービスがある。

ひとり親家庭の支援の現場

　母子の保護と宿泊提供，自立に向けた支援を行うために，児童福祉法よる児童福祉施設の一つとして**母子生活支援施設**が規定されている。設立当初は母子寮の名称で規定されていたが，1997（平成9）年の児童福祉法改正によって母子生活支援施設に改称された。

　母子生活支援施設への入所理由は，配偶者からの暴力が最も多く45.7％を占め，次いで経済的理由が18.7％となっている（全国母子生活支援施設協議会「平成28年度全国母子生活支援施設実態調査報告書」）。母子生活支援施設では入所中の母子の生活を支援するとともに，退所に向けた住居の確保や就職の支援が行われている。

　また，母子及び父子並びに寡婦福祉法には，2種類の母子・父子福祉施設が規定されている。

　まず，母子・父子福祉センターは，母子家庭等に対して各種の相談に応じると共に，生活指導や生業の指導を行うなど，母子家庭等の福祉のための便宜を総合的に供与することを目的とした施設である。母子・父子休養ホームは，母子家庭等に対してレクリエーションその他の休養の為の便宜を供与することを目的とした施設である。

『子どもが語る施設の暮らし』編集委員会編『子どもが語る施設の暮らし』明石書店，1999年

『子どもが語る施設の暮らし』編集委員会編『子どもが語る施設の暮らし2』明石書店，2003年
本書は，児童養護施設に入所した経験のある子どもの声を通して，施設の生活をとらえ直すという意図をもって編集された。子どもが生きた現実を通して，施設や支援，専門職のあり方について考えさせられる。

グラニンガー，G.・ロビーン，J.／田代幹康・ロボス，C. 訳著『スウェーデン・ノーマライゼーションへの道──知的障害者福祉とカール・グリュネバルド』現代書館，2007年
カール・グリュネバルドは，スウェーデンにおいて，ノーマライゼーションの具現化に行政官として貢献した人物である。スウェーデンにおいて，ノーマライゼーションの理念を現実的なものにしていくため，どのようなプロセスがあったのか，インタビューを中心にまとめられている。

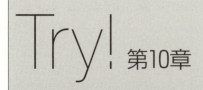

問：措置制度と利用契約制度について，それぞれ説明しよう。

ヒント：①サービスの要否や内容，誰からサービス提供を受けるか，決めるのは誰か。②サービス提供についての契約は，誰と誰（機関，施設，事業者）の間で締結されるか。

第11章

社会福祉の実践現場Ⅱ

本章で学ぶこと

●医療提供施設について理解する。（第1節）

●社会福祉行政機関の役割について理解する。（第2節）

●地域における福祉関係機関について理解する。（第3節）

●福祉に関連する行政機関について学ぶ。（第4節）

●教育機関である学校について学ぶ。（第5節）

第1節 医療提供施設

この節のテーマ
- 医療提供施設の種類やその対象者について理解する。
- 医療提供施設のもつ特別な機能について学ぶ。

医療提供施設とは

医療提供施設には病院，診療所に加えて，介護老人保健施設や調剤薬局などがある。

なお，医療提供施設の中でも医業を行うための場所は，医療法により病院と診療所に限定されている。

病院には最低限度の基準として，管理者，一定の医師，歯科医師，薬剤師，看護師その他所定の従業者を置くこととなっており，設備面では診療室，処理室，手術室，エックス線装置，調剤所等の設置が定められている。

また，病院が有する病床は，患者の病態にふさわしい医療を効率的に提供するためとして，一般病床，**療養病床**[◆1]，精神病床，感染症病床，結核病床の5種類に区分されている。

病院と**診療所**の区別は，病院は医師または歯科医師が，公衆または特定多数の人のために医業または歯科医業を行う場所であって，20人以上の患者を入院させるための施設を有するものであり，19人以下，もしくは無床の場合は診療所であるとしている。

特定機能病院

病院の中でも，高度の医療を提供する能力，高度の医療技術の開発及び評価を行う能力，高度の医療に関する研修を行わせる能力を有する病院は，厚生労働大臣の承認を経て特定機能病院と称することができる。

特定機能病院に承認される条件としては，他の病院または診療所から紹介された患者に対し医療を提供しており，かつ患者の**紹介率**[◆2]30%を維持すること，当該病院の建物の全部もしくは一部の設備，器機または器具を当該病員に勤務しない医師，歯科医師，薬剤師，看護師その他の医療従事者の診療，研究または研修のために利用させるための体制が整備されていること，さらに一定の診療科名，一定数以上の病床（400床以上）を有し，一定の人員及び施設基準を満たすことなどとされる。

現在，大学病院と，国立高度専門医療研修センター（国立がん研究センター中央病院，国立循環器病研究センター），大阪府立成人病センターなどが特定機能病院として認められている。

地域医療支援病院

国，都道府県，市町村，社会医療法人，公的医療機関，医療法人，社会福祉法人等が開設する病院であって，地域医療を担うにふさわしい設備を有する病院として都道府県知事の承認を経て，**地域医療支援病院**と称することができる。

158 | 第Ⅲ部　社会福祉の実践を学ぶ

地域医療支援病院に承認される条件はまず，紹介患者中心の医療を提供していることである。

・紹介患者に対して医療を提供し，かつ紹介率80％を上回っている

・紹介率が60％を超え，かつ逆紹介率が30％を超えること

・紹介率が40％を超え，かつ逆紹介率が60％を超えること

以上のいずれかを満たすことが必要である。

他にも，救急医療を提供できる能力を有すること，地域の医療従事者が設備や機器等を利用でき，また地域医療従事者への研修を実施していること，原則として200床以上の病床であることなどがある。

なお，地域医療支援病院の管理者には医療提供施設や訪問看護事業者等の在宅の提供者間の連携を緊密にするための支援，患者や地域の医療提供施設に対する在宅医療の提供者などの情報提供など，在宅医療の推進に必要な支援を行うことが義務付けられ，在宅医療への貢献も期待されている。

■精神科病院

精神科病院とは，精神病床のみを有する病院である。精神科における入院治療の場合，病棟の管理体制として，大きく分けて閉鎖病棟と開放病棟がある。

閉鎖病棟は病棟の出入り口が施錠され，入院患者は病棟外へ出ることが制限される。閉鎖病棟の対象となるのは患者自身に病識がなく，入院治療

必ず覚える用語

- ☐ **医療提供施設**
- ☐ **病院**
- ☐ **診療所**
- ☐ **特定機能病院**
- ☐ **地域医療支援病院**
- ☐ **精神科病院**
- ☐ **介護老人保健施設**

◆1　療養病床
長期間の療養を必要とする患者のための病床。

◆2　紹介率
当該病院を受診するにあたって，他の病院もしくは診療所からの紹介状を持参した患者の割合。

Check

医療提供施設に関する次の記述の正誤について答えなさい

地域医療支援病院の承認要件には，救急医療を提供する能力を有することが含まれる。

（答）〇
（第26回社会福祉士国家試験問題73より）

第11章
社会福祉の実践現場Ⅱ
第1節　医療提供施設

に抵抗している場合や精神疾患により，自傷他害行為などの可能性の可能性が高い場合である。

一方，開放病棟は病棟外に出ることが可能である。治療の結果，精神状態が安定し，自傷他害などの危険性がみられない患者や治療意欲がみられるようになった患者などが対象となる。

他にも精神科には疾患別の専門治療病棟で治療が行われている病院もあり，専門治療病棟には**依存症治療病棟**◆3，認知症病棟，**児童・思春期病棟**◆4などがある。

診療所

診療所は医療法第1条の5第2項で「医師又は歯科医師が，公衆又は特定多数人のため医業または歯科医業を行う場所であつて，患者を入院させるための施設を有しないもの又は，19人以下の患者を入院させるための施設を有するもの」と定義されている。

なお，一般的に診療所の中でも医師又は歯科医師が医業又は歯科医業を行うもの（歯科医業のみを除く）を一般診療所とし，歯科医師が歯科医業を行うものを歯科診療所としている。

現在，有床診療所はへき地等において入院施設や高度や施術を行うものもあり，地域の医療提供体制において様々な機能を果たしている。

介護老人保健施設

介護老人保健施設は医療法第1条において医療提供施設として位置づけられている施設であ

り，かつ介護保険法の規定による施設である。

介護老人保健施設は病状が安定しており，看護，医療的管理下のもとにおける介護及び機能訓練その他必要な医療並びに日常生活上の世話を行うことにより，入所者がその有する能力に応じ自立した日常生活を営むことができるようにすることを目的とし，居宅における生活への復帰を目指すものである。

そのため，介護老人保健施設は在宅復帰，在宅療養支援のための地域拠点となる施設であり，かつリハビリテーションを提供する機能維持・改善の役割を担う施設とされている。

介護老人保健施設は，厚生労働省令で定める員数の医師，看護師のほかに都道府県の条例で定める数の介護支援専門員，介護その他の業務に従事する従業者を有しなければならない。

助産所

助産所は，助産師が公衆または不特定多数の人に対し，その業務を行う場所であり，病院や診療所において行うものを除き，**嘱託医**◆5を定めておかなければならない。

また助産所は医師の管理するものではないため，異常産による危険を考慮し，入所させる妊産婦等の数を9人以下に制限されている。

調剤薬局

調剤薬局が医療提供施設として認められたのは2006（平成18）年の医療法の改正によってであ

る。

調剤薬局とは薬剤師がおり，医師の処方箋に基づいて薬剤を調合する薬局のことである。

薬局には，在宅医療の一環として，地域における医薬品等の供給や医薬品の安全な使用の確保のための適切な服薬支援を担う役割が期待されている。

3

◆3　依存症治療病棟
アルコール依存症や，薬物，ギャンブル依存症などの治療を対象とする精神科の病棟。

4

◆4　児童・思春期病棟
就学時から18歳までの児童が対象であり，不病校や適応障害やうつ状態，摂食障害などに対しての治療を対象とする精神科の病棟。

5

◆5　嘱託医
正式な雇用ではなく，医療機関や介護施設などの委嘱をうけて診察治療をする医師。

第2節 社会福祉行政機関

この節のテーマ
- 社会福祉に携わる行政機関について理解する。
- 社会福祉行政機関のそれぞれの専門性を学ぶ。

社会福祉行政機関とは

社会福祉行政機関とは社会福祉に携わる行政機関のことであり，都道府県や市町村のほかに，福祉事務所や児童相談所，身体障害者更生相談所，知的障害者更生相談所，婦人相談所などがある。

なお，2017（平成29）年時点の社会福祉行政機関の設置状況は図11-1のとおりである。

福祉事務所

福祉事務所とは，社会福祉法第14条に規定されている「福祉に関する事務所」のことであり，1951（昭和26）年に創設された。

福祉事務所の設置に関しては，都道府県及び市（特別区を含む）は設置しなければならないが，町村の設置については任意である。

都道府県の設置する福祉事務所は，生活保護法，児童福祉法及び，母子及び父子並びに寡婦福祉法に定める援護または育成の措置に関する事務のうち，生活保護の実施，助産施設，母子生活支援施設への入所事務等，母子家庭等の相談，調査，指導などを行っている。

市町村（特別区を含む）の設置する福祉事務所は，生活保護法，児童福祉法，母子及び父子並びに寡婦福祉法，身体障害者福祉法，知的障害者福祉法に定める援護，育成または更生の措置に関する事務のうち，（政令で定めるものを除く）生活保護の実施，特別養護老人ホームへの入所事務等母子家庭等への相談，調査，指導等を行っている。

また，福祉事務所には社会福祉法第15条に基づき，所の長，**指導監督を行う所員**[◆1]，**現業を行う所員**[◆2]，事務を行う所員を置くものとされている。ほかにも老人福祉の業務に従事する**社会福祉主事**，身体障害者福祉司，知的障害者福祉司などが配置されている場合もある。

児童相談所

児童相談所は児童福祉法第12条に規定されている児童の福祉に携わる行政の専門機関であり，都道府県および**指定都市**[◆3]は児童相談所を設置することとされている。また児童相談所を設置する市として**政令**[◆4]で定める市は児童相談所を設置できる。

児童相談所は子どもに関する様々な問題について，相談のなかでも専門的なものに対応するとされており，また必要に応じ，児童を一時保護する施設を設置しなければならない。

また，児童相談所には，**児童福祉司**[◆5]を置かなければならない。児童福祉司は必要があれば担当区域の市町村長に協力を求めることができるものとされており，同時に，市町村長は児童福祉司に

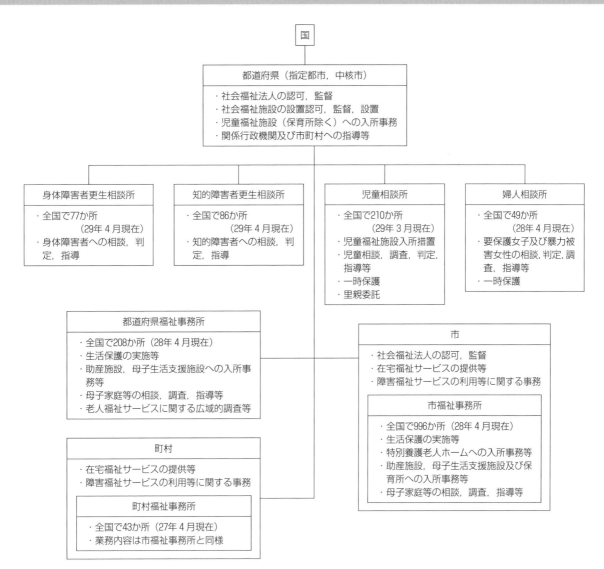

図11-1
社会福祉の実施体制の概要
出所：厚生労働省編『平成29年版厚生労働白書 資料編』194頁を筆者が一部修正。

必要な状況の通報及び資料の提供並びに必要な援助を求めることができる。

なお，2004（平成16）年の児童福祉法の改正により2005（平成17）年4月から市町村が児童家庭相談の第一線機関とされたことにより，児童相談所は，市町村との連携をより一層行うこととなった。

◆1　指導監督を行う所員
福祉事務所において現業事務の指導監督を行う所員。査察指導員と呼ばれている。

◆2　現業を行う所員
福祉事務所において援護や育成，更生の措置を必要とする者の家庭を訪問するなど，面接を通して措置の必要の有無やその種類について判断するとともに，生活指導を行うことを業務とする。現業員もしくはケースワーカーと呼ばれている。

第11章　社会福祉の実践現場Ⅱ | 163

第11章
社会福祉の実践現場 II
第2節　社会福祉行政機関

身体障害者更生相談所

　身体障害者更生相談所は身体障害者福祉法第11条に基づき設置されている身体障害に関する専門機関である。都道府県は身体障害者更生相談所を設置しなければならないとされ，指定都市は身体障害者福祉法第43条の2により，設置することができるとされている。

　身体障害者更生相談所の業務には，身体障害者に関する相談及び指導のうち，専門的な知識及び技術を必要とするもの，さらに身体障害者の医学的，心理的及び職能的判定，必要に応じ，障害者の日常生活及び社会生活を総合的に支援するための補装具の処方及び適合判定などを行う。その他にも必要に応じて巡回相談や指導などがある。

　また，身体障害者更生相談所には**身体障害者福祉司**[6]を置かなければならない。

　なお，2000（平成12）年の社会福祉法の改正，2003（平成15）年からの支援費制度の開始に伴い，障害者に対する支給決定事務が市町村業務となったことを受け，身体障害者更生相談所は，市町村の行う支給決定事務に関する援助・指導を担うこととなった。

知的障害者更生相談所

　知的障害者更生相談所は知的障害者福祉法第12条に基づき設置されている知的障害に関する専門機関である。都道府県は知的障害者更生相談所を設置しなければならないとされ，指定都市は知的障害者福祉法第43条の2により，設置することができるとされている。

　知的障害者更生相談所の業務には，知的障害者に関する相談及び指導のうち，専門的な知識及び技術を必要とするものへの対応や，18歳以上の知的障害者の医学的，心理的及び職能的判定などがあり，知的障害者の福祉に関し，主に市町村の更生援護の実施に関しての市町村相互の連絡及び調整，市町村に対する情報の提供その他必要な援助を行う。

　また知的障害者更生相談所は**知的障害者福祉司**[7]を置かなければならない。　なお，2000（平成12）年の社会福祉法の改正，2003（平成15）年からの支援費制度の導入に伴い，障害者に対する支給決定事務が市町村業務となったことを受け，知的障害者更生相談所も，市町村の行う支給決定事務に関する援助・指導を担うこととなった。

婦人相談所

　婦人相談所は売春防止法第34条に規定されており，都道府県は婦人相談所を設置しなければならない。婦人相談所は一時保護機能を持ち，性行または環境によって売春を行うおそれのある要保護女子の保護更生やDV被害者，人身取引被害者の相談，支援並びに一時保護委託や調査を行う。

　設置当初は要保護女子の相談や経済的な問題や就労などの相談が主であったが，2002（平成14）年に「配偶者からの暴力の防止及び被害者の保護等に関する法律」（DV防止法）第3条により，婦人相談所は配偶者暴力相談支援センターと

164　第III部　社会福祉の実践を学ぶ

必ず覚える用語

- [ ] 福祉事務所
- [ ] 社会福祉主事
- [ ] 児童相談所
- [ ] 児童福祉司
- [ ] 身体障害者更生相談所
- [ ] 身体障害者福祉司
- [ ] 知的障害者更生相談所
- [ ] 知的障害者福祉司
- [ ] 婦人相談所
- [ ] 婦人相談員
- [ ] 精神保健福祉センター

しての役割も果たすことになった。

さらに，2013（平成25）年6月に「ストーカー行為等の規制等に関する法律」が改訂され，ストーカー被害女性の支援も婦人相談所が行うと規定された。

また，都道府県の婦人相談所には**婦人相談員**を置くこととされており，婦人相談員は配偶者からの暴力の防止や被害者の保護に関する業務を行い，要保護女子，DV被害者の相談・指導を行う。

精神保健福祉センター

精神保健福祉センターは精神保健福祉法に基づき，都道府県に精神保健の向上及び精神障害者の福祉の増進を図るための機関として設置されている。都道府県および指定都市は精神保健福祉センターを設置することが定められている。

精神保健福祉センターの主な業務は地域住民のこころの健康の保持や増進，精神保健福祉に関する相談，精神障害の予防，精神障害者の社会復帰の促進や自立と社会経済活動への参加の促進のための援助などである。

精神保健福祉に関する相談では，心の健康相談や社会復帰相談，アルコールや薬物依存，思春期・認知症などの精神医学的な問題の相談にも対応する。

◆3　指定都市
人口50万人以上の市で特に政令で指定された都市のことである。大都市は人口と産業が集中しており，道府県と同等の行財政能力等を有している。一般の市では都道府県が行っている業務を指定都市の事務として行う権限が委譲されている。また，市域を複数の行政区に分けて区役所を設置することもできる。

◆4　政令
国の行政機関による命令。

◆5　児童福祉司
児童相談所長の命を受けて児童の保護，その他の児童に関する事項についての相談に応じ，専門的技術に基づいて必要な指導を行う等，児童の福祉増進のための役割を担う者。

◆6　身体障害者福祉司
障害者支援施設等への入所にかかる市町村間の連絡調整や，身体障害者の福祉に関する相談や専門的な知識及び技術を必要とするものを行う。

◆7　知的障害者福祉司
障害者支援施設等への入所にかかる市町村間の連絡調整や知的障害者の福祉に関する相談や専門的な知識及び技術を必要とするものを行う。

Check

福祉事務所に関する次の記述の正誤について答えなさい。

福祉事務所の所長は，その職務の遂行に支障のない場合においても，自らの現業事務の指導監督を行うことはできない。

（答）×：社会福祉法第15条で「福祉に関する事務所には，長及び少なくとも次の所員を置かなければならない。ただし，所の長が，その職務の遂行に支障がない場合において，自ら現業事務の指導監督を行うときは，第1号の所員を置くことを要しない」と規定されている。
（第28回社会福祉士国家試験問題44より）

第11章　社会福祉の実践現場Ⅱ　165

第3節 地域福祉関係機関等

この節のテーマ
- 地域福祉に携わる機関について学ぶ。
- 地域福祉関係機関のそれぞれの機能について学ぶ。

地域福祉に関係する機関とは

　地域福祉を推進することを目的とする機関・団体・施設としては、代表的なものに社会福祉協議会がある。他にも高齢者の介護予防支援や地域生活を支援する地域包括支援センターや、障害者の地域生活の相談や自立生活を支援する基幹相談支援センター、地域保健から住民の生活支援を行う保健所などがある。

社会福祉協議会

　社会福祉協議会は社会福祉法に基づいて設置された地域福祉の推進を目的とした民間組織である。

　社会福祉協議会の役割は、一定の地域において、社会福祉を目的とする事業を経営する者、社会福祉に関する活動を行う者、社会福祉事業または更生保護事業を経営する者等の社会福祉関係者や地域住民の参加を得て、安心して生活できるまちづくりである。

　社会福祉協議会の主な活動は、地域活動としての見守り活動や、居場所づくり、生活福祉支援貸付事業や**日常生活自立支援事業**◆1などの相談支援やボランティアや市民活動の支援などである。

　社会福祉協議会には**市町村社会福祉協議会**、都道府県社会福祉協議会、全国社会福祉協議会がある。

市町村社会福祉協議会

　市町村社会福祉協議会は一または同一都道府県内の二以上の市町村の区域内において地域福祉の推進を図ることを目的とした団体である。

　主な事業は社会福祉を目的とする事業の企画及び実施、社会福祉に関する活動への住民の参加のための援助、社会福祉を目的とする事業に関する調査、普及、宣伝、連絡、調査、調整および助成、地域福祉財源の確保のための**共同募金**◆2の推進なども行っている。

　また、市町村社会福祉協議会は住民にもっとも身近な社会福祉協議会であるため、それぞれの地域の特性を踏まえ、地域のボランティアと協力しながら、サロン活動など地域生活の支援に取り組んでいる。

都道府県社会福祉協議会

　都道府県社会福祉協議会は、都道府県の区域内において地域福祉の推進を図ることを目的としており、その区域内の市町村社会福祉協議会の過半数および社会福祉事業または更生保護事業を経営する者の過半数が参加する。

主な事業は社会福祉を目的とする事業に従事する者の養成および研修の実施, 社会福祉を目的とする事業の経営に関する指導および助言, 市町村社会福祉協議会の相互の連絡および事業の調整などである。

　他にも, 福祉サービスに関する苦情の相談を受け付け, 問題の解決を図るための運営適正化委員会の設置や, サービスの質の向上を図ることを目的する第三者評価事業などにも取り組んでいる。

全国社会福祉協議会

　全国社会福祉協議会は都道府県社会福祉協議会の連合会として, 設置されている。

　社会福祉に関する書籍の発刊や, 福祉人材の養成・研修事業, 全国の福祉関係者や福祉施設等事業者の連絡・調整などを行っている。

地域包括支援センター

　地域包括支援センターは, 介護保険法の改正に伴い, 地域住民の心身の健康の保持および生活の安定のために援助を行うことにより, その保健医療の向上および福祉の増進を包括的に支援することを目的とする施設として2006 (平成18) 年4月より設置された。

　地域包括支援センターの設置は市町村が行うが, 市町村から実施の委託を受けたものが設置することもできる。

　地域包括支援センターの主な業務は**図11-2**の通りであり, 総合相談支援, 虐待の早期発見・予

必ず覚える用語

☐ **（市町村）社会福祉協議会**
☐ **（都道府県）社会福祉協議会**
☐ **全国社会福祉協議会**
☐ **地域包括支援センター**
☐ **一般相談事業**
☐ **基幹相談支援センター**
☐ **特定相談支援事業**
☐ **保健所**

◆1　日常生活自立支援事業
認知症高齢者, 知的障害者や精神障害者のうち判断能力が十分でない人を対象として, 福祉サービスの利用支援などを行うことにより, 地域での自立生活を支援する事業のこと。

◆2　共同募金
社会福祉法 (2000 (平成12) 年に社会福祉事業法から改称) が1951 (昭和26) 年に制定され,「共同募金」が法制化された。共同募金は都道府県の区域を単位として毎年1回, 厚生労働大臣の定める機関に行われる社会福祉のための寄付金の公募のことであり, 寄付者には赤い羽根が渡される。

第11章　社会福祉の実践現場Ⅱ　167

第11章
社会福祉の実践現場 II
第3節　地域福祉関係機関等

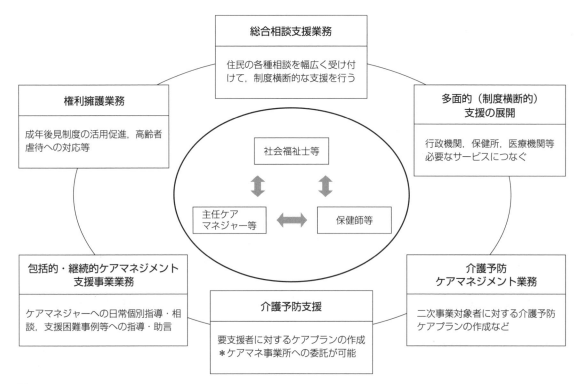

図11-2　地域包括支援センターの業務
出所：厚生労働省「平成24年度老健事業『地域包括支援センターにおける業務実態に関する調査研究事業報告』（平成24年4月現在）」を筆者が一部修正。

防などの権利擁護，包括的・継続的ケアマネジメント支援，介護予防ケアマネジメントの4つの包括支援事業と介護予防支援があり，地域の中核機関を担っている。

また，これらの事業を実施するために制度横断的なネットワークを構築していくことが必要とされる。

職員は保健師（または地域ケアの経験がある看護師），主任介護支援専門員，社会福祉士などが配置され，3職種のチームアプローチによる援助を行う。

地域包括支援センターは今後，**地域包括ケアシステム**◆3の中でも地域支援の中心的な役割を期待されている。

基幹相談支援センター

基幹相談支援センターは障害者総合支援法第77条の2に規定された地域における相談支援の中核的な役割を担う機関であり，**成年後見制度利用支援事業**◆4や地域移行や地域定着の支援，及び身体障害者福祉法や知的障害者福祉法，精神保健福祉法にもとづく相談等の業務を総合的に行う。基幹相談支援センターの設置主体は市町村であるが，市町村から基幹相談支援センターに係る業務の委託をうけた**一般相談事業**（地域移行・定着担当）を行う者，その他厚生労働省令で定める者が設置できる。なお，「厚生労働省令で定める者」とは特定相談支援事業者（計画作成担当）である。

一般相談支援事業とは障害児・者等からの相談などの基本相談支援や地域移行支援及び地域定着支援を中心とする地域相談支援を行う事業であり、**特定相談支援事業**とは基本相談支援や、サービス利用支援及び継続サービス利用支援を中心とする計画相談支援を行う事業である。

保健所

保健所は**地域保健法**[5]第5条に基づき、都道府県、指定都市、中核市、その他の政令で定める市または特別区に設置されている。

保健所の業務は地域保健に関する思想の普及や向上、人口動態統計その他地域保健に係わる統計、栄養の改善および食品衛生に関する事項、環境の衛生に関する事項、母子および乳児ならびに老人の保健に関する事項、歯科保健、精神保健に関する事項、治療方法が確立していない疾病やその疾病により長期の療養を必要とするものの保健、エイズ、結核、伝染病などの予防、さらに地域住民の健康の保持および増進などに関するものである。

また、都道府県の保健所は所管区域内の市町村の地域保健対策の実施に関して、市町村間の連絡調整を行うとともに、市町村の求めに応じ、技術的助言や市町村職員の研修など必要な援助を行う。

なお、市町村は住民に対し、健康相談、保険指導および健康診査その他の地域保健に関する業務を行う施設として市町村保健センターを設置することができる。

3

◆3　地域包括ケアシステム
可能な限り住み慣れた地域で、自分らしい暮らしを人生の最期まで続けるための地域の包括的な支援・サービス提供体制のことである。厚生労働省は団塊の世代が75歳以上となる2025年を目途に、このシステムの構築を推進している。

4

◆4　成年後見制度利用支援事業
市町村地域生活支援事業の相談支援事業の事業内容の一つであり、成年後見制度の利用が有効であると認められているにもかかわらず、制度の理解が不十分であることや、費用負担が困難なこと等から利用ができないといった事態を防ぐことを目的としている。

5

◆5　地域保健法
地域保健対策の推進に関する基本的な指針や保健所の設置などに関する基本的な事項を定めたもの。

Check

地域包括ケアシステムに関する次の記述の正誤について答えなさい。

高齢者を対象者としているため、障害者や子どもについては対象として想定されていない。

（答）×：地域包括ケアシステムは地域包括支援センターが構想の中心になっているが、対象を高齢者に限定しているわけではない。
（第27回社会福祉士国家試験問題32より）

第4節 関連行政機関等

この節のテーマ
- 社会福祉に関連する行政機関について学ぶ。
- 機関・施設のそれぞれの役割について理解する。

関連行政機関とは

社会福祉に関連する行政機関には犯罪を犯した者や非行のある少年を収容する刑事施設や社会復帰を支援する更生保護施設などがある。

従来,刑事司法は犯罪を犯したものに対して刑罰を科すあるいは,更生を行うものとして,社会福祉とは一線を画し,連携はほとんど行われてこなかった。

しかし,近年,犯罪を犯した者の中には,高齢や障害などで社会復帰に関して,福祉支援を必要とするなど,刑事司法と社会福祉の連携が社会的支援の一環として不可欠なものとなってきている。

そのため,この節では刑事施設や少年院などの法務省所管施設や,犯罪を犯した者や非行のある少年の再犯を防ぎ,自立支援を行う更生保護施設,さらには,社会復帰後の生活の基盤となる就労に関する支援を行う公共職業安定所などについて取り上げる。

刑事施設

刑事施設には,**刑務所**,少年刑務所,拘置所があり,法務省所管の施設である。このうち,刑務所及び少年刑務所は,主に受刑者を収容し,処遇を行う施設であり,拘置所は,主に刑事裁判が確定していない未決拘禁者を収容する施設である。

刑務所及び少年刑務所では,刑の言い渡しを受けた者が収容されると,刑の執行を通して受刑者の改善更生と社会適応能力の育成を図ることを目的する刑務作業や改善更生のための処遇プログラム,職業訓練が行われる。

刑務作業は,刑法に規定された懲役刑の内容であるとともに,受刑者の矯正及び社会復帰を図るための重要な処遇方策とされる。

刑務作業の種類は生産作業,社会貢献作業,職業訓練及び自営作業の四つがある。

また,刑務作業の中で受刑者に免許や資格を取得させたり,職業的知識及び技能を習得させるため職業訓練も実施されている。

少年院

少年院は,法務省所管の施設であり,家庭裁判所から保護処分として送致された少年に対し,健全な育成を図ることを目的とした矯正教育が行われる。

少年院は少年の年齢や心身の状況によって第1種,第2種,第3種,第4種に分けて設置されている。

第1種は保護処分の執行を受ける者であり,心身に著しい障害がないおおむね12歳以上の者,第

2種は保護処分の執行を受ける者で、心身に著しい障害がない犯罪傾向が進んだおおむね16歳以上の者、第3種は保護処分の執行を受ける者であって、心身に著しい障害があるおおむね12歳以上の者とされている。

第4種は刑の執行を受ける者を収容する少年院である。

なお、家庭裁判所が送致を決定するは、第1種から第3種までである。

少年院で行われる矯正教育は、生活指導、職業指導、教科指導、体育指導及び社会貢献活動や野外活動などの特別活動指導などがある。

また、少年院では円滑な社会復帰を図るために、関係機関との連携を図りながら帰住先や就労・修学先を確保するなどの社会復帰支援も行っている。

婦人補導院

婦人補導院は、法務省管轄の施設であり、売春防止法第5条（勧誘等）の罪を犯して補導処分に付された満20歳以上の女子を収容し、規律のある生活のもとで社会生活に適応させるために、必要な生活指導及び職業補導や、必要に応じて心身の障害に対する医療を行うことにより、社会で自立して生活できる女性として復帰させることを目的としている。

なお、補導処分の期間は6か月とされている。現在、東京婦人補導院が全国唯一の施設である。

必ず覚える用語

- ☐ 刑務所
- ☐ 少年院
- ☐ 婦人補導院
- ☐ 家庭裁判所
- ☐ 更生保護施設
- ☐ 公共職業安定所

Check

保護観察に関する次の記述の正誤について答えなさい。

保護観察の目的は、犯罪を犯した者および非行のある少年に対する適切な社会内処遇を行うことにより、再犯を防ぎ、非行をなくすことである。

（答）○
（第26回社会福祉士国家試験問題147より）

第11章
社会福祉の実践現場 II
第4節　関連行政機関等

保護観察所

　保護観察所は，法務省の地方支部部局として全国の地方裁判所の管轄区域ごとに設置されており，保護観察所には保護観察官が配置されている。保護観察所は保護観察を行う機関であるが，保護観察とは，犯罪を犯した者や非行のある少年を刑務所や少年院などの施設に収容せず，指導監督や補導援護によって，犯罪を犯した者や非行のある少年の改善更生を図ることである。

　対象は**保護処分**[◆1]として保護観察に付された少年や執行猶予を言い渡された者，**仮釈放**[◆2]された者などである。

家庭裁判所

　家庭裁判所は，家事事件の審議および調停や少年事件の審判などを行う裁判所である。

　少年事件に関しては，非行事実とともにその少年の抱える問題や要保護性の調査が行われ，その結果に基づいて処分を決定することとされている。

　家庭裁判所で保護処分に付された少年のうち，保護観察処分を受けた少年と，少年院送致処分を受け，その後少年院を仮退院した少年は保護観察所に係属することになる。

更生保護施設

　更生保護施設は，刑事施設を仮釈放になった者

や満期釈放になった者，少年院を出た少年，**起訴猶予**[◆3]になった者の中で，頼る親族などがいない，あるいは生活環境に恵まれない場合，または本人に社会生活上の問題があるなどの理由で，すぐには自立ができない者を一定の期間保護し，入所者が地域社会の一員として円滑な社会復帰のための指導や援助や，退所後の自立に向けた指導や援助としての就労支援や金銭管理の指導，再犯を防止することを目的とする施設である。

　更生保護施設の入所者の中には，アルコールや薬物への依存，対人関係をうまく築くことができないなどの社会生活上の問題を抱えている人もいるため，入所者が社会生活に適応するための専門的な処遇も行っている。

　また高齢や疾病により就労による自立が困難な入所者に対しての支援として福祉や医療関係機関とのネットワークづくりが必要とされている。

公共職業安定所（ハローワーク）

　公共職業安定所とは，1947（昭和22）年に職業安定法に基づき，労働市場の実情に応じて労働力の需要と供給の適正な調整を行うことを目的に設置された国の行政機関である。

　公共職業安定所の主な業務は職業の紹介である。職業紹介とは，仕事を求めている「求職者」と，人材を求めている「求人者」の両方からの申し込みをうけ，求職者に対しては有する能力に応じた職業につく機会を提供し，求人者に対しては雇用条件に合う求職者のあっせんを行うことで

ある。

公共職業安定所は，職業紹介の他にも**雇用保険
に関する業務**や職業指導，職業相談なども担って
おり，就職を希望する障害者に対しても**障害者職
業センター**などの就労支援機関と連携し，専門的
な支援を行っている。

また，事業主に対しては障害者雇用状況に関す
る報告を求め，雇用率未達成の事業主に対して指
導を行う。

1

◆1　保護処分
家庭裁判所に送致された少年を更生させるた
めに行われる少年法上の処分であり，保護観
察，あるいは児童自立支援施設，児童養護施
設への送致や少年院送致の３つがある。

2

◆2　仮釈放
懲役刑または禁固刑の受刑者に反省が認めら
れる場合において，有期刑については刑期の
１/３，無期刑については10年を経過したのち
に一定の条件つきで仮に釈放すること。

3

◆3　起訴猶予
罪を犯したものの性格，年齢，境遇，犯罪の
軽重，情状，犯罪後の状況により訴追を必要
としない場合に検察官が公訴しないこと。

4

◆4　雇用保険に関する業務
求職者給付，就職促進給付，教育訓練給付，雇
用継続給付などがある。

5

◆5　障害者職業センター
就職や職場復帰を目指す障害者の就職に向け
ての相談，職業能力等の評価，個々の障害状
況に応じた継続的な支援や，事業者に対する
障害者の雇入れや雇用管理に関する助言や情
報提供，事業主向けの講習等などを行う機関
である。

第11章　社会福祉の実践現場Ⅱ　173

第5節 学校

この節のテーマ
● **義務教育について理解する。**
● **それぞれの教育機関の特徴について理解する。**

学校とは

学校とは，学校教育法第 1 条により，幼稚園，小学校，中学校，義務教育学校，高等学校，**中等教育学校**◆1，特別支援学校，大学及び高等専門学校とされている。

義務教育は小学校，中学校，義務教育学校もしくは特別支援学校の小学部，中学部の 9 年間とされ，保護者（子に対して親権を行う者）には子どもに 9 年間の普通教育を受けさせる義務がある。

2007（平成19）年 4 月からは「特別支援教育」が学校教育法に位置づけられ，すべての学校において，障害のある幼児児童生徒の支援を充実させていくこととなった。

しかしその一方で，近年では子どもを取り巻く環境が変化しており，貧困問題や不登校，児童虐待など学校だけでは対応が困難な問題もみられるようになった。

そのため，教育委員会や学校に**スクールソーシャルワーカー**◆2を配置するなど，社会福祉などの専門職による児童生徒の環境への働きかけや関係機関とのネットワーク構築など福祉的な支援も行われている。

小学校

小学校は子どもが満 6 歳に達した翌日以後における最初の学年の初めから，満12歳に達した日に属する学年の終わりまでに属する学校であり，心身の発達に応じて，義務教育として行われる普通教育のうち，基礎的なものを行うことを目的としている。

2011（平成23）年 4 月からは小学校に外国語活動が導入されており，その目的は外国語の音声や基本的な表現に慣れ親しませることにより，中学校以降の外国語学習につながるコミュニケーション能力を育成することである。

また小学校では，共働きやひとり親家庭の増加に伴い，授業終了後（放課後）に子どもたちが安心して過ごせる場所として，放課後児童クラブなどとの連携が進められている。

中学校

中学校は子どもが小学校の過程を終了した日の翌日以後における最初の学年から，満15歳に達した日に属する学年の終わりまで属する学校であり，小学校における教育の基礎の上に，心身の発達に応じて，義務教育として行われる普通教育を実施することを目的としている。

中学校には夜間学級もあり，終戦後は生活困窮などの理由から昼間に就労などを余儀なくされた生徒に対し，義務教育の機会を提供してきたが，現在はさまざまな理由により義務教育未修了であった人や，本国で義務教育を終了していない外国籍の人など学習ニーズに応じた教育を行うなどの役割を担っている。

義務教育学校

2015（平成27）年6月に公布された「学校教育法等の一部を改正する法律」により，学校教育制度の多様化及び弾力化を推進するため，小中一貫教育を実施することを目的とする義務教育学校の制度が創設された。

義務教育学校の修業年限は9年であり，小学校段階に相当する6年の前期課程及び中学校段階に相当する3年の後期課程に区分しているが，1年生から9年生までの児童生徒が一つの学校に通うという特質を生かして，9年間の教育課程を「4-3-2」や「5-4」など，柔軟な学年段階の区切りを設定することも可能とされる。

義務教育学校は国公私いずれも設置が可能であり，公立小・中学校の設置義務のある市区町村においても，義務教育学校の設置をもって設置義務を履行したものとみなされる。

高等学校

高等学校は，中学校における教育の基礎の上に，心身の発達及び進路に応じて，高度な普通教育お

必ず覚える用語

- [ ] **スクールソーシャルワーカー**
- [ ] **特別支援学校**
- [ ] **特別支援学級**

◆1　中等教育学校
中高等一貫校である。1998（平成10）年6月に「学校教育法等の一部を改正する法律」が成立し，1999年より中高一貫教育を導入することができるようになった。

◆2　スクールソーシャルワーカー
子どもの家庭環境による問題に対処するため，家族や友人，学校，地域に働きかけ，解決を支援する専門職である。

Check

児童福祉法に関する次の記述の正誤について答えなさい。

『保護者』とは，児童の扶養義務を負う者をいう。

(答)×：保護者とは原則として「親権を行う者，未成年後見人その他の者で，児童を現に監護する者」（児童福祉法第6条）をいう。
（第28回社会福祉士国家試験問題138より）

第11章
社会福祉の実践現場Ⅱ
第5節　学　校

よび専門教育を行うことを目的としている。

　高等学校では，2013（平成25年）度入学生から年次進行で実施されている高等学校学習指導要領（職業に関する教科）により，専門高校を取り巻く社会の状況や生徒の実態等を踏まえて，①将来のスペシャリストの育成，②地域産業を担う人材の育成，③人間性豊かな職業人の育成という三つの観点を基本とし，取り組みが行われている。

　また同時に，定時制課程や通信制課程等における困難を抱える生徒等への支援・相談体制の充実を図るための事業や，高等学校中退退学への教育相談体制としてスクールカウンセラーやスクールソーシャルワーカーなどの配置の拡大も行われている。

大　学

　大学は幅広い知識を授けるとともに，深く専門の学術を研究し，知的，道徳的および応用的能力を展開させること，そして教育研究を行うことを目的とした高等教育機関の一つとして位置づけられている。

　大学・短期大学への進学率に関しては，1975（昭和50）年代から1990（平成2）年頃までほぼ横ばいだった期間を経て上昇し，2015（平成27年）度には大学・短期大学合わせて56.5％，高等専門学校，専門学校を含めれば79.8％となっている(1)。

　今後，日本は学ぶ意欲と能力を持つ全て人に対して，より一層，高等教育の機会を開くとともに，社会人の学び直しなど生涯学習の場としての機能の充実や，留学生の受け入れの推進，大学院教育の充実など，質の高い大学教育の機会の充実に努めていくことが求められている。

特別支援学校

　1947（昭和22）年の教育基本法，及び学校教育法が制定され，都道府県にはその区域内に対象となるすべての児童生徒を就学させるために必要な盲学校，聾学校，養護学校の設置を義務付けられた。翌年1948（昭和23）年には「盲学校及び聾学校の就学義務及び設置義務に関する政令」が公布され，障害児の盲学校，聾学校への就学が義務化されたが，養護学校の義務化は延期され，重度の障害児に対しては就学免除・就学猶予の措置が取られていた。養護学校が義務制となったのは1979（昭和52）年のことである。

　その後，2006（平成18）年に学校教育法が一部改正され，盲学校，聾学校，養護学校などの障害種別による学校の区分をなくし，さらに学習障害や自閉症等の発達障害も含め，児童生徒に適切な教育指導と必要な支援を行うため，盲学校，聾学校，養護学校が一本化され，「**特別支援学校**」となった。

　現在，特別支援学校では児童生徒一人ひとりの障害に応じ，特別な教育プログラムや少人数制の学級運営などを行うことで，社会参加するための力を養うこと，さらにはこれまで蓄積してきた専門的な知識や技能を活かし，地域における特別支援教育センターとしての機能することが期待されている。

特別支援学級

特別支援学級とは幼稚園，小学校，中学校，義務教育学校，高等学校及び中等教育学校において，次の①～⑥のいずれかに該当する児童及び生徒のために設置される学級である。

①知的障害者

②肢体不自由者

③身体虚弱者

④弱視者

⑤難聴者

⑥その他障害のあるもので，特別支援学級において教育を行うことが適当なもの。

なお，障害のある子どもの就学先の決定に関しては2012（平成24）年7月に公表された中央教育審議会初等中等教育分科会報告「共生社会の形成に向けた**インクルーシブ教育**[◆3]システム構築のための特別支援教育の推進」で，従来，就学基準に該当する障害のある子どもは特別支援学校に原則就学するという仕組みであったものを，障害の状況や本人の教育的ニーズ，本人・保護者の意見，教育学，医学，心理学等の専門的見地からの意見や，学校や地域の状況を踏まえた総合的な観点から就学先を決定することが適当であると提言されている。

教育委員会

教育委員会とは，地方教育行政を担当する機関であり，都道府県員会と市町村（特別区・組合）

委員会がある。

教育委員会制度は1948（昭和23）年に教育委員会法に基づいて成立したが，1956（昭和31）年からは「地方教育行政の組織及び運営に関する法律」に基づいて設置，運営されている。

教育委員会の役割は大学・私立学校を除いた学校その他の教育機関の管理，学校の組織編制，教材の取り扱い，教育課程，社会教育などに関する事務を扱うこととされている。

教育委員会の組織は，原則として5人の教育委員（町村では3人でもよい）による委員会と教育長および事務局から構成されている。

3

◆3 インクルーシブ教育

インクルーシブ（inclusive）は一般的に「包容する」などと訳される。

日本が締結した障害者権利条約の第24条（教育）において，障害者は障害に基づいて一般的な教育制度から排除されないこととされ，教育における障害者の権利を差別なしに，かつ，機会の均等を基礎として実現するために障害者を包容する教育制度（インクルーシブ教育システム）を確保することとしている。インクルーシブ教育システムとは障害のある者がその潜在能力を最大限に発達させ，自由な社会に効果的に参加することを可能にすることを目的とし，障害のある者と障害のない者が可能な限り共に学ぶ仕組みである。

注 (1) 文部科学省（2016）『平成27年度文部科学白書』211頁。

第11章 社会福祉の実践現場Ⅱ **177**

厚生労働統計協会編『国民の福祉と介護の動向』（各年版）
福祉と介護の取り組みから始まり，地域福祉や社会福祉を支える組織と担い手まで社会福祉に関することを幅広く取り上げており，毎年発行されるため常に最新の情報が更新されている。

文部科学省編『文部科学白書』（各年版）
初等中等教育に関する推進事業や，高等教育施策について詳細に記載されており，教育政策の動向をつかむことができる。

第11章

問：地域包括支援センターと基幹相談支援センターの違いについて，まとめてみよう。

ヒント：支援の対象となる人たちは誰か。主にどのような業務を行う機関か。

第12章

職種の名称からみた 社会福祉の担い手

本章で学ぶこと

- ●社会福祉を担っているのはだれかを知る。（第１節）
- ●社会福祉専門職の資格について知る。（第２節）
- ●社会福祉行政を支える担い手には，どのような専門職が配置されているのかについて知る。（第３節）
- ●社会福祉の公共的な役割の担い手について理解する。（第４節）
- ●社会福祉と連携する関係職種について理解する。（第５章）

第1節 社会福祉の担い手とはだれなのか

この節のテーマ
- ●「社会福祉の担い手」として，様々な関わり方があることを理解する。
- ●社会福祉専門職の条件を通して，専門職の資格化の意義について理解する。
- ●社会福祉にたずさわる専門職の資格には，どのような種類があるのか理解する。

社会福祉を担っているのはだれか

「社会福祉の担い手とは，誰のこと？」と子どもたちに素朴な質問として聞かれた場合，あなたならば，どのような人たちをイメージし，その問いに答えるだろうか。社会福祉士や介護福祉士，保育士といった専門的な資格を有する人たちをイメージした人，児童福祉施設や高齢者福祉施設で日々実践する人，**成年後見人**[1]やボランティア，**セルフヘルプ・グループ**[2]として様々な地域活動・福祉実践を行う人など，いろいろな人なり，顔なりが，思い浮かんできたのではないだろうか。

ここまでで，社会福祉とは制度であり，制度とは地域社会をはじめとした多様な担い手による公共的な取り組みを含む広い概念であることを学んだ。「社会福祉法」の第4条には，「地域住民，社会福祉を目的とする事業を経営する者及び社会福祉に関する活動を行う者は，相互に協力し，福祉サービスを必要とする地域住民が地域社会を構成する一員として日常生活を営み，社会，経済，文化その他あらゆる分野の活動に参加する機会が与えられるように，地域福祉の推進に努めなければならない」と規定されている。つまり，「社会福祉の担い手」を広義の意味での「福祉社会」や「地域福祉」の推進の担い手として考えた場合，

私たち一人ひとりも「地域住民」であること，そして期待される活動の範囲も「社会，経済，文化その他あらゆる分野の活動」にわたるものであることから，すでにここで想定されている「担い手」の中に含まれていることがわかるだろう。そこで，ここからの第12章と第13章では，様々な領域そして立場で，社会福祉という営みにかかわる人たちについて学んでいくことにする。ただし，ここでは「社会福祉を目的とする事業を経営する者」「社会福祉に関する活動を行う者」といった具体的な事業や活動に着目して，以下，概観してみたい。

社会福祉を担うということ

社会福祉は，行政等の公的機関や専門職等のみに独占されるものではない。すでに20年以上の歳月を経た阪神淡路大震災（1995年1月17日）では，全国から寄付金が寄せられるとともに，市民ボランティアが結集し活躍した。このことが特定非営利活動促進法という法律ができるきっかけとなり，日本におけるNPO法人という新しい法人格の誕生に至ったのである。その後も市民ボランティアによる幾多の社会貢献活動が実践されてきている。このように，市民による連帯と協働の精神が，社会福祉の価値基盤であることをまず確認

180 | 第Ⅲ部 社会福祉の実践を学ぶ

しておきたい。

　そのうえで，職業（仕事）として，社会福祉にかかわるということについて考えてみたい。「社会福祉を目的とする事業を経営する者」の中には，株式会社などの民間営利企業も含まれる。加えて，民間営利企業の「社会福祉に関する活動」といった場合でも，必ずしも利益を追求するだけのものではなく，企業価値を高めるための取り組みであるメセナ，CSR をはじめ，障害者の積極的雇用など，社会貢献活動として位置付けられるものもある。一例をあげるとすれば，SOMPO ホールディングスの損保ジャパン日本興亜福祉財団による各種助成事業や，日本マクドナルドの「ドナルド・マクドナルド・ハウス」，スターバックスコーヒージャパンの「チャレンジパートナーサポートプログラム」など，大手資本を中心に多様な活動が行われている。

　しかし，社会福祉という営みが，①個人的な要因によるものというより，社会構造的な要因によって生じるものであること。②自助や互助，共助ではいかんともしがたい切実な課題を有するものであることから，公的（オフィシャル）な枠組みによる専門職（専門的職業）としての関わりが欠かせないことも事実である。すでに，社会福祉の実践現場（実施機関）については，第10章と第11章で詳細されているので，ここでは省略する。そこで，専門職資格には，どのようなものがあるのか，その特性の分類について次に見ていくことにしたい。

必ず覚える用語

☐ **業務独占**
☐ **名称独占**
☐ **社会福祉専門職**
☐ **国家資格**
☐ **公的資格**
☐ **民間資格（認定資格）**
☐ **任用資格**

◆1　成年後見人
後見人は，大きく未成年後見人と成年後見人に分けることができる。成年後見人とは，知的障害や精神障害，認知症などによって，契約行為や金銭管理などに課題のある人を対象に，身上監護や財産管理に関する事務といった本人への保護・支援を行う者をいう。家庭裁判所により，選任される。

◆2　セルフヘルプ・グループ（self-help group）
様々な生活上の課題等，生きづらさを抱える当事者が主体となる場であり，自らを語り，受け入れられるという相互のつながりの体験を通じて，自尊感情や自己有用感を醸成する自助グループのことである。著名なものとしては，認知症の人と家族の会，全国ダルク（DARC），全日本断酒連盟，べてるの家などがある。

◆3　CSR（企業の社会的責任）
Corporate social responsibility の略であり，「企業の社会的責任」と訳される。たとえば，CO_2 削減に向けて，生産から輸送・消費までの過程における CO_2 の排出量を圧縮する試みや，植樹などにより環境保護を行う場合もある。また，各企業が持つ強みを活かした活動や，福祉ニーズのある課題に対して取り組む活動など様々である。企業価値を高める行為が，売上や利益の増収増益に限定されるものではなく，社会的責任・貢献を含めた多様な価値がその判断基準として認められるようになってきたという背景がある。

第12章　職種の名称からみた社会福祉の担い手　181

第12章
職種の名称からみた社会福祉の担い手
第1節　社会福祉の担い手とはだれなのか

専門職資格とは

　資格とは，「あることを行うのに必要とされる地位，立場，条件」などのことを意味する。たとえば，教員免許や医師免許，運転免許など，「免許」の方がイメージしやすいかもしれない。ただし，免許という用語は，あくまで俗称であり，一般に行政庁による「許可」のことである。許可とは，出願者等の特定の個人等に対して許しを与えることであり，規制解除（権限の獲得ともいえる）を伴うものといえる。なお，資格取得にあたっては，その出願そのものに事前規制がかけられているものもあり，その場合，「受験資格」としての出願要件が規定される。また，資格取得後の規制解除のあり様によって，**業務独占**と**名称独占**といった分類もできる。なお，社会福祉の営みを考えた場合，そもそも当該行為が規制の対象となっていなかったこともあり，名称独占に留まるものとなっている。

　それでは，専門職資格とは，どのようなことを意味するのであろうか，もう少し堀下げて検討してみることにする。秋山智久は[1]，**社会福祉専門職**の条件として，①体系的な理論，②伝達可能な技術，③公共の関心と福祉という目的，④専門職の組織化（**専門職団体**）[4]，⑤倫理綱領，⑥テストか学歴に基づく社会的承認の6つをあげている。このことを勘案すると，専門職資格とは，独自の実践的視点と方法の存在からその力量に対する「社会的信頼」と「社会的承認」を得たものということができる。ここでは，質的水準を担保する資格

審査の観点から⑥の社会的承認（テスト含む）に着目してみよう。

国家資格，公的資格，民間資格

　資格審査の種類としては，実施主体によって，①国家資格，②公的資格，③民間資格（認定資格），④任用資格等に分けることができる。また，「民間資格」については，特定の民間組織が行っている資格試験や研修・講習の修了を意味している。①から④の資格について，具体的には，次のようなものをあげることができる。

①　国家資格
　資格法として法制化されているものでは，社会福祉士・介護福祉士・精神保健福祉士などがあげられる（本章第2節参照）。

②　公的資格
　さまざまなとらえ方があるが，ここでは「公的資格」とは，主務官庁や自治体において，資格試験や研修・講習の要項，認定の基準等が規定されているものの意味で使用している。介護支援専門員の場合，介護保険法第7条第5項や第69条の2～39に規定されているが，当該資格に関する試験・研修・登録は，都道府県知事が行っている。また，介護支援専門員としての実務経験を5年（60か月）以上有する者が，一定の研修受講を経て，主任介護支援専門員の資格を取得することができる。次に，介護職員初任者研修課程（介護員養成研修修了者）の場合，介護保険法施行規則第22条の23，「介護員養成研修の取扱細則について」に規定されている。あくまで研修修了者ではある

182　第Ⅲ部　社会福祉の実践を学ぶ

ものの，介護保険に基づく訪問介護員等の実務を担う上では，必須条件として位置づけられている。同様に，福祉用具専門相談員（介護保険法施行規則第22条の31）の場合についても，講習修了者という位置づけになるが，介護保険に基づく指定福祉用具貸与事業所等での実務が可能となる。その他，手話通訳士（手話通訳を行う者の知識及び技能の審査・証明事業の認定に関する省令）などの資格もある。

③ 民間資格（認定資格）

民間の団体等が一定の研修や団体内での試験などを行って，基準を満たした場合与える資格である。認知症ケア専門士，福祉住環境コーディネーターなどの資格や認定スクール（学校）ソーシャルワーク教育課程修了者，いのちの電話相談員などがあげられる。また，専門職資格ではないが，一定の養成研修を経たペアレントメンターなどの当事者による支援もある。

④ 任用資格

公務員採用試験制度等の一定の要件を満たすことを条件とする場合と，特定の課程等の研修・講習の修了をもって任用の要件を満たしたとする場合等がある。その立場や職に就いている場合にのみ付与される資格である。たとえば，社会福祉主事や児童福祉司，司法領域では家庭裁判所調査官などがあげられる（本章第3節参照）。

4

◆4 専門職団体

ある特定の資格や職業における専門職性を共通基盤（構造）とした組織体である。当該組織体は，自己の属する専門職性に内在する価値や倫理規則，理念や目的の実現を探究する。加えて，自己の属する専門職性に関する社会的承認（何らかの独占への志向性）や職業領域の拡大，就労環境（条件）の改善に向けた組織的な働きかけをする場合もある。職能団体ともいい，日本医師会，日本看護協会，日本社会福祉士会，日本介護福祉士会，日本精神保健福祉士協会，日本医療社会福祉協会，全国保育士会などがある。

Check

専門職団体である日本社会福祉士会が定める専門職としての倫理責任に関する次の記述の正誤を答えなさい。

他の社会福祉士が非倫理的な行動をとった場合，関係機関などに対し，適切な行動をとるよう働きかけなければならない。

（答）○：専門職団体が持つ機能として，専門職としての価値や倫理規定に対する自己規制の働きがある。したがって，当該団体に加入しているか否かにかかわらず，自己の組織に該当する資格取得者に対しては，是正に向けての働きかけが行われることになる。それが，専門職団体としての社会的責任の一つであるといえる。
（第28回社会福祉士国家試験問題91より）

注 (1) 秋山智久（2007）『社会福祉専門職の研究』ミネルヴァ書房，89頁。

第2節 社会福祉専門職の資格

この節のテーマ
- 社会福祉専門職としての代表的な資格とは何かを知る。
- 社会福祉士，介護福祉士，精神保健福祉士，保育士等について，その根拠法や期待されている役割について理解する。

社会福祉の専門職とは

社会福祉専門職とは，何らかの機関に属し，相談支援活動等を展開するソーシャルワークや，直接的なケアを展開するケアワークを専門的な業とする従事者のことをいう。したがって，ソーシャルワーカーやケアワーカーの双方を含む広義の意味を有する。専門職資格については，前節を参照してほしい。社会福祉の現場においては，複数の資格を取得して，社会福祉の専門職として活躍することも少なくない。

社会福祉士

社会福祉士とは，1987（昭和62）年に制定された「社会福祉士及び介護福祉士法」を根拠法とする国家資格である。この法律において「社会福祉士」とは，「第28条の登録を受け，社会福祉士の名称を用いて，専門的知識及び技術をもって，身体上若しくは精神上の障害があること又は環境上の理由により日常生活を営むのに支障がある者の福祉に関する相談に応じ，助言，指導，福祉サービスを提供する者又は医師その他の保健医療サービスを提供する者その他の関係者（第47条において「福祉サービス関係者等」という。）と

の連絡及び調整その他の援助を行うこと（第7条及び第47条の2において「相談援助」という。）を業とする者」（同法第2条第1項）と定義されている。また，社会福祉士には，その置かれた職務の状況から誠実義務，信用失墜行為の禁止，秘密保持義務，資質向上の責務等が課せられている。

社会福祉士になるためには，同法第7条に規定された「受験資格」のいずれかを満たした上で，社会福祉士として必要な知識及び技能について行われる社会福祉士試験に合格し（同法第4条，第5条），社会福祉士登録簿に，氏名，生年月日その他厚生労働省令で定める事項の登録（同法第28条）を受けなければならない。なお，当該登録をした場合，厚生労働大臣が，社会福祉士登録証を交付することになる。社会福祉士試験及びその登録は，公益財団法人社会福祉振興・試験センターが指定を受け，事務を行っている。

社会福祉士国家試験は，「社会福祉士及び介護福祉士法施行規則」の第5条に規定された19科目を対象とし，総出題数150問である（ただし，精神保健福祉士をすでに取得している場合，その申請により，試験科目の一部が免除され総得点が67問である）。なお，2017年1月29日に実施された第29回社会福祉士国家試験では，受験総数4万5,849名に対して，合格者数は1万1,828名（合格率25.8％）であった。また，2017年2月末現在で，

社会福祉士登録者数は, 20万1,655名となっている。

介護福祉士

　介護福祉士も「社会福祉士及び介護福祉士法」を根拠法とする国家資格である。この法律において「介護福祉士」とは,「第42条第1項の登録を受け, 介護福祉士の名称を用いて, 専門的知識及び技術をもつて, 身体上又は精神上の障害があることにより日常生活を営むのに支障がある者につき心身の状況に応じた介護（喀痰吸引その他のその者が日常生活を営むのに必要な行為であつて, 医師の指示の下に行われるもの（厚生労働省令で定めるものに限る。（中略）を含む。）を行い, 並びにその者及びその介護者に対して介護に関する指導を行うこと（中略）を業とする者」（同法第2条第2項）と定義されている。

　介護福祉士については, 2016年3月の法改正により, 資格取得のルートが流動的な状況にあり, 取得を目指す場合, 自らがどの受験資格に該当するのかについて注意が必要である。介護福祉士になるためには, ①実務経験ルート, ②福祉系高校ルート, ③経済連携協定（EPA）ルート, ④養成施設ルートの4つのルートがある。①は, 訪問介護員のキャリアップとしての位置づけであり, 実務経験を3年以上有する者（勤務時間は問われない。従業期間が3年（1,095日）かつ従事日数540日以上が条件）が, 介護職員初任者研修の上位に位置づけられる実務者研修を修了した場合, 申請により実技試験が免除され, 筆記試験の合格で, 介護福祉士となる資格を有することになる。②は,

必ず覚える用語

- [ ] **社会福祉専門職**
- [ ] **社会福祉士**
- [ ] **介護福祉士**
- [ ] **精神保健福祉士**
- [ ] **精神保健福祉士法**
- [ ] **保育士**
- [ ] **保育教諭**
- [ ] **放課後児童支援員**

◆1　社会復帰調整官
保護観察所に配置される一般職の国家公務員である。「心神喪失者等医療観察法」（第20条）を根拠法とする専門職であり, 精神障害者の保護及び福祉に関する専門的知識に基づき, 対象者の生活環境の調査, 精神保健観察の実施, 社会復帰の促進を図るための家族等の相談等に応じるとともに, 退院後の生活環境の調整, 関係機関相互間の連携の確保等を職務としている。採用時の条件は, 大学卒業以上の学歴を有する者であって, 精神保健福祉士・社会福祉士・保健師・看護師・作業療法士・臨床心理士のいずれかの資格を必要とする。また, 精神保健福祉に関する業務の実務経験が8年以上求められており, 高度な専門職として位置づけられている。

Check

「社会福祉士及び介護福祉士法」における社会福祉士の役割などに関する次の記述の正誤を答えなさい。

　社会福祉及び介護を取り巻く環境の変化による業務内容の変化に適応するため, 知識及び技能の向上に努めなければならないことが明記された。

（答）○：社会福祉士及び介護福祉士法第47条の2に資質向上の責務として, 明記されている。
（第27回社会福祉士国家試験問題91より）

第12章
職種の名称からみた社会福祉の担い手
第2節　社会福祉専門職の資格

2009年度以降入学者の場合でいうと，筆記試験のみで実技試験は免除である。③は，外国人介護福祉士候補者に対応するもので，実務経験を3年以上有する者が，「介護技術講習または実務者研修を修了し，筆記試験を合格」もしくは「筆記試験ならびに実技試験に合格」した場合に，資格取得に途を拓くものである。④は，介護福祉士養成施設を卒業した場合であり，2016年度までに卒業した場合「介護福祉士となる資格を有する者」であったが，2017年度以降は，「介護福祉士の受験資格を有する者」に規定変更されることとなった。ただし，2017〜2021年度までに養成施設を卒業した者には，経過的な特例がある。具体的には，5年間の時限資格としての扱いであり，その間に介護福祉士試験を合格する，もしくは，卒業後に4月1日から5年間継続して介護等の業務に従事した場合に限り，5年経過後も引き続き介護福祉士の資格を有するものとして取り扱われる。

2017年2月末現在で，介護福祉士登録者数は，149万5,984名となっている。なお，准介護福祉士制度については，国家試験完全義務化に移行する2022年4月1日に導入が予定されている。

精神保健福祉士

精神保健福祉士とは，1997（平成9）年に制定された「**精神保健福祉士法**」を根拠法とする国家資格である。この法律において「精神保健福祉士」とは，「第28条の登録を受け，精神保健福祉士の名称を用いて，精神障害者の保健及び福祉に関する専門的知識及び技術をもって，精神科病院

その他の医療施設において精神障害の医療を受け，又は精神障害者の社会復帰の促進を図ることを目的とする施設を利用している者の地域相談支援（中略）の利用に関する相談その他の社会復帰に関する相談に応じ，助言，指導，日常生活への適応のために必要な訓練その他の援助を行うこと（中略）を業とする者」（同法第2条）と定義されている。

なお，2017年1月に実施された第19回精神保健福祉士国家試験では，受験総数7,174名に対して，合格者数は4,446名（合格率62.0％）であった。また，2017年2月末現在で，精神保健福祉士登録者数は，7万3,782名となっている。

精神保健福祉士の活躍の場としては，精神科等の医療機関での精神科ソーシャルワーカー（PSW）や精神保健福祉センターの精神保健相談員，保護観察所の**社会復帰調整官**[◆1]などをあげることができる。なお，社会復帰調整官の場合は，採用試験への応募資格に8年以上の精神保健福祉に関する実務経験が課されるものとなっている。

保育士・保育教諭

保育士とは，1947年に制定された児童福祉法において保育所が規定されることに伴い，翌年に発せられた「児童福祉法施行令」の第13条に規定された「保母」資格を前身とするものである。1997年に男女雇用機会均等法が改正され，1999年同法が施行，それに合わせて児童福祉法施行令も改正の運びとなり，「保育士」へと名称変更している（ちなみに，看護婦の名称もこの時に看護師と呼

称されるようになった）。2001年11月の児童福祉法改正（施行は2003年11月）により、保育士資格は、国家資格として制度化するに至った。

この法律で、保育士とは、「第18条の18第1項の登録を受け、保育士の名称を用いて、専門知識及び技術をもつて、児童の保育及び児童の保護者に対する保育に関する指導を行うことを業とする者」（同法第18条の4）と定義されている。保育士の資格取得のルートとしては、①都道府県知事の指定する保育士を養成する学校その他の施設を卒業する、②保育士試験に合格する場合の大きく2つの方法がある（同法第18条の6）。

保育士については、都市部を中心に待機児童問題が深刻な社会問題となっていることから、2013年4月策定の「待機児童解消加速化プラン」や2015年1月策定の「保育士確保プラン」といった政策の後押しもあり、急ピッチで保育士養成が進んでいる。

また、子ども・子育て支援法の施行に伴う児童福祉法改正により、2015年から「保育に欠ける」といった規定から「保育を必要とする」（保育の必要性）に変更された。加えて、**幼保連携型認定こども園**◆2には、**保育教諭**の配置が義務付けられており、保育士の資格に加えて、幼稚園教諭の普通免許状を合わせて取得する場合も散見されるようになってきている。

それ以外にも**ファミリー・サポート・センター事業**◆3や放課後児童クラブなどにおいて、子育て支援を実践する担い手を養成するための「**子育て支援員**」◆4や「**放課後児童支援員**」の認定研修制度も新設されている。

◆2　幼保連携型認定こども園
就学前のこどもの教育・保育のニーズの多様化、育児不安を抱える子育て家庭の増加、幼稚園利用児童の減少などを背景に、2006年に「認定こども園法」が制定され、制度化されたものが、認定こども園である。認定こども園には、幼保連携型・幼稚園型・保育所型・地域裁量型の4類型がある。なお、幼保連携型認定こども園については、「認定こども園法」第2条第7項に規定されている。

◆3　ファミリー・サポート・センター事業
2005年から実施されてきた事業であり、「子ども・子育て支援法」（第59条第1項第12号）を法的根拠とした「地域子ども・子育て支援事業」の一つとして位置づけられている「子育て援助活動支援事業」のことである。本事業は、「乳幼児や小学生等の児童を有する子育て中の労働者や主婦等を会員として、児童の預かりの援助を受けたい者と当該援助を行いたい者との相互援助活動に関する連絡、調整を行う」ことを目的とするものである（子育て援助活動支援事業（ファミリー・サポート・センター事業）実施要綱）。

◆4　子育て支援員
子ども・子育て支援法に基づく実施事業（たとえば、小規模保育、家庭的保育、ファミリー・サポート・センター、放課後児童クラブなど）や社会的養護等の支援の担い手として期待されている。実施主体である都道府県等による「子育て支援員研修」（基本研修と専門研修から構成）を修了し、「子育て支援員研修修了書」の交付を受けたもののことである。認定は実施主体であるが、全国にて通用するものとなっている。

〈参考文献〉
社会福祉振興・試験センターホームページ
　（http://www.sssc.or.jp/index.html）

第3節 社会福祉行政職員

この節のテーマ

● 社会福祉政策の策定立案などの実務を担う厚生労働省の専門官について理解する。
● 福祉事務所など福祉行政の第一線で活躍する社会福祉主事について理解する。
● 児童相談所に配置されている児童福祉司の職務について理解する。
● 身体障害者福祉司，知的障害者福祉司など，様々な社会福祉行政を担う職員について理解する。

社会福祉行政職員とは

社会福祉行政職員とは，国や地方公共団体において，福祉行政に携わる職員のことをいう。本節では，厚生労働省に限定して述べるが，内閣府共生社会政策担当の政策統括官なども福祉政策の一角を担っている。また，国立ハンセン病療養所の職員も福祉行政の職員である。福祉行政の第一線は，都道府県や特別区，政令指定都市，市町村などの職員が主に担っている。ここでは，福祉事務所や児童相談所などの代表的な福祉行政機関で働く専門職について概観していくことにする。

厚生労働事務官（福祉系事務官）

厚生労働省については，国家行政組織法ならびに厚生労働省設置法を根拠法とした国の行政組織である。その長は，厚生労働大臣である。厚生労働省は，「国民生活の保障及び向上を図り，並びに経済の発展に寄与するため，社会福祉，社会保障及び公衆衛生の向上及び増進並びに労働条件その他の労働者の働く環境の整備及び職業の確保を図ることを任務とする」（厚生労働省設置法第3条第1項）と規定されている。なお，詳細な組織体制と所掌事務については，「厚生労働省組織令」で規定されている。

国家公務員には総合職と一般職の採用枠があるが，各分野のエキスパートとして施策を担当していくのは，一般職が主に担うことになる。厚生労働事務官の中には，福祉関係部局（雇用均等・児童家庭局，社会・援護局，老健局など）で事務を行う福祉系事務官が採用されている。この点について，より具体的には，「厚生労働省組織規則」「厚生労働省の内部組織に関する訓令」に明記されている。

たとえば，雇用均等・児童家庭局の児童福祉調査官や社会・援護局の生活保護制度改革推進官，福祉人材確保対策官，障害福祉監査官や老健局の特別介護保険指導官など，重要事項の調査，施策の企画・立案・調整，支援体制の充実・強化のための方策の検討などを行っている。

社会福祉主事

1950年5月に「社会福祉主事の設置に関する法律」が制定され，**社会福祉主事**が法的に初めてきてされた。なお，同法は，1951年3月制定の社会

表12-1
福祉事務所の現業を行う所員の定数

設置主体の区分	現業員標準定数		標準定数に追加すべき定数	
都道府県	被保護世帯が390以下の場合	6	65を増すごとに	1
市（特別区）	被保護世帯が240以下の場合	3	80を増すごとに	1
町　村	被保護世帯が160以下の場合	2	80を増すごとに	1

出所：厚生労働省。

福祉事業法（現・社会福祉法）に編入されるかたちとなった。社会福祉主事とは，「都道府県知事又は市町村長の**補助機関**[◆1]である職員とし，年齢20年以上の者であつて，人格が高潔で，思慮が円熟し，社会福祉の増進に熱意があり，かつ，次の各号のいずれかに該当するもののうちから任用しなければならない」（社会福祉法第19条）と定義されている。規定の末尾に示されているとおり，社会福祉主事は**任用資格**である。

市町村の福祉事務所に配置される社会福祉主事の場合，「生活保護法，児童福祉法，母子及び父子並びに寡婦福祉法，老人福祉法，身体障害者福祉法及び知的障害者福祉法に定める援護，育成又は構成の措置に関する事務を行うことを職務」（同法第18条第4項）としている。福祉事務所の**査察指導員**（指導監督を行う所員）と**ケースワーカー**[◆2]（現業を行う所員）については，「社会福祉主事でなければならない」（同法第15条第6項）ことになっている。なお，福祉事務所における現業員の定数は，**表12-1**のようになっている。但し，厚生労働省「平成21年　福祉事務所現況調査」からもわかるとおり，配置標準数に対する配置状況は充足率89.2％であり，現業員の社会福

必ず覚える用語

- ☐ 社会福祉主事
- ☐ 任用資格
- ☐ 査察指導員
- ☐ 児童福祉司
- ☐ 身体障害者福祉司
- ☐ 知的障害者福祉司
- ☐ 老人福祉指導主事
- ☐ 家庭相談員
- ☐ 婦人相談員
- ☐ 児童自立支援専門員
- ☐ 児童生活支援員

◆1　補助機関
国や地方公共団体などの行政主体の意思決定をし，これを外部に対して表示する権限を有する行政機関である。行政庁の内部部局として位置づけられる。具体的には，行政庁の意思決定や執行機関の事務執行の職務に対する補助を行う権限を有する機関であり，福祉事務所長や児童相談所長，社会福祉主事や児童福祉司などは，都道府県や市町村の首長の補助機関として機能している。

◆2　ケースワーカー
ソーシャル・ケースワーカーの略称ではあるが，ソーシャルワーカーの用語が一般化してきた経過がある。たとえば，医療ケースワーカーの呼称は，医療ソーシャルワーカーで定着している点をあげることができる。そのこともあり，現在では，福祉事務所における生活保護担当の現業員である社会福祉主事のことを意味する言葉として主に使用されている。

第12章
職種の名称からみた社会福祉の担い手
第3節　社会福祉行政職員

主事の取得率も67.5%にとどまっている。

児童福祉司

児童福祉司とは，1947年に制定された児童福祉法を根拠法とする任用資格である。この法律において，児童福祉司は，「児童相談所長の命を受けて，児童の保護その他児童の福祉に関する事項について，相談に応じ，専門的技術に基づいて必要な指導を行う等児童の福祉増進に努める」（同法第13条第4項）ことを職務とする者と規定されている。

児童福祉司の任用要件としては，「都道府県知事の補助機関である職員」（同法第13条第3項）と定められているように，都道府県の地方公務員として採用されていることが前提となる。その上で，医師や社会福祉士，「社会福祉主事として，二年以上児童福祉事業に従事した者」等に該当する者が任用されることになっている。なお，詳細については，児童福祉法施行規則第6条に明記されている。

また，児童福祉法改正（2016年6月）により新たに，「専門的技術に関する指導及び教育を行う児童福祉司」（**スーパーバイザー**◆3）が設けられることになり，その要件として「児童福祉司としておおむね5年以上勤務したもの」（同法第13条第5項）と規定されることになった。このあたりの動向については，年々増加する児童虐待への対応として，2016年4月に策定された「児童相談所強化プラン」に基づくものであり，専門職の増員，児童福祉司の資質の向上に向けた取り組みがな

されている。ちなみに，児童福祉司については，2,730人（2015年度実績）から3,480人（2019年度目標）に約550人の増員を見込んでいる。また，資質の向上については，任用前講習受講や研修受講の義務化を図ることとなっている。

身体障害者福祉司，知的障害者福祉司

身体障害者福祉司とは，身体障害者福祉法（同法第11条の2）を根拠法とする任用資格であり，主として身体障害者更生相談所に配置される。たとえば，都道府県の身体障害者福祉司は，「身体障害者更生相談所の長の命」（同法第11条の2第3項）を受けて，「市町村の援護の実施に関し，市町村相互間の連絡調整，市町村に対する情報の提供その他必要な援助を行うこと及びこれらに付随する」業務の中で，「専門的な知識及び技術を必要とするものを行うこと」「身体障害に関する相談及び指導のうち，専門的な知識及び技術を必要とするものを行うこと」といった業務を行うことと規定されている。身体障害者福祉司の任用要件としては，「都道府県知事又は市町村長の補助機関である職員」（同法第12条第1項）と定められているように，地方自治体の職員として採用されていることが前提となる。その上で，「社会福祉主事たる資格を有する者であつて，身体障害者の更生援護その他福祉に関する事業に2年以上従事した経験を有するもの」「社会福祉士」等の要件に該当する者から任用される。

知的障害者福祉司とは，知的障害者福祉法（同法第13条）を根拠法とする任用資格であり，主と

190　第Ⅲ部　社会福祉の実践を学ぶ

して知的障害者更生相談所に配置される。概要としては，上記の身体障害者の部分を知的障害者に読み替えた内容で規定されている。

その他の任用資格等

都道府県や市に設置された福祉事務所，または町村の福祉担当部局や福祉施設において，日々福祉実践がなされている。紙数の関係上詳しい説明はできないが，それ以外にも，高齢者福祉を所管する**老人福祉指導主事**や家庭児童相談室の**家庭相談員**，「母子・父子自立支援員や婦人相談所の**婦人相談員**」（首長による委嘱，2017年度より非常勤任用の規定は削除），児童自立支援施設の**児童自立支援専門員**，**児童生活支援員**，**里親支援専門相談員**◆4などがある（第13章第3節参照）。いずれも，各領域において，第一線で福祉行政を担っている職種であり，地域住民の福祉の向上のためにも今後より一層の資質の向上が求められる。

3
◆3　スーパーバイザー
実践業務を行う支援者等に対して，スーパービジョン関係がある場合，スーパービジョンの機能（教育・管理・支持）を実施する立場にある職員等のことをいう。実際の現場レベルでは，一般管理職による指示命令系統に類するものにとどまる場合もあるが，実践の質を向上させるためには，支援過程への的確な助言・指導など教育機能が必要不可欠である。今回の児童福祉法改正よって，配置されるスーパーバイザーは，「児童福祉司としておおむね5年以上勤務」とあり，それまでの児童相談所長の「児童福祉司たる資格を得た後2年以上所員として勤務」に比べ，求められる実務要件が引き上げられている。

4
◆4　里親支援専門相談員
2012年度に制度化され，里親支援を行う乳児院や児童養護施設に配置される専門職（里親支援ソーシャルワーカー）である。資格の根拠は，厚生労働省雇用均等・児童家庭局長通知（雇児発0405第11号）である。その役割は，(a) 所属施設の入所児童の里親委託の推進，(b) 退所児童のアフターケアとしての里親支援，(c) 所属施設からの退所児童以外を含めた地域支援としての里親支援を行い，里親委託の推進及び里親支援の充実を図ることである。資格要件としては，「社会福祉士若しくは精神保健福祉士の資格を有する者」，「児童養護施設等での児童養育の実務経験5年以上の者」であって，里親制度への理解及びソーシャルワークの視点を有するものでなければならない。

Check

福祉事務所に関する次の記述の正誤を答えなさい。

福祉事務所の指導監督を行う所員（査察指導員）及び現業を行う所員（地区担当員）は，社会福祉法で定める社会福祉主事でなければな

らない。

（答）○：社会福祉法第15条第6項に，「社会福祉主事でなければならない」と明記されている。
（第27回社会福祉士国家試験問題69より）

第12章　職種の名称からみた社会福祉の担い手　191

第4節 行政協力委員等

この節のテーマ
- 民生委員，児童委員，主任児童委員の職務や役割について理解を深める。
- 身体障害者相談員，知的障害者相談員，保護司の職務について理解する。
- 社会的養護の重要な制度的役割を担う養育里親について理解を深める。

民生委員，児童委員，主任児童委員

民生委員は，1946年に制定された民生委員法を根拠法とする民間の奉仕者（立場は非常勤の特別職の地方公務員）である。歴史的には，1917年の岡山県の「済世顧問制度」や1918年に大阪府に設置された「方面委員制度」を起源とする。また，敗戦直後における生活困窮の状況下にあっては，社会福祉主事が制度化されるまでの間，旧生活保護法の実質的な担い手（補助機関）であった。なお，現在は，協力機関としての位置づけである。

民生委員の任務は，「社会奉仕の精神をもつて，常に住民の立場に立つて相談に応じ，及び必要な援助を行い，もつて社会福祉の増進に努めるものとする」（民生委員法第1条）と規定されている。「社会奉仕の精神」ということもあり，「無給」である。ただし，職務の性格上，誰でも担えるものではないことから，市町村に設置された民生委員推薦会によって都道府県知事に推薦される必要がある。その推薦の基準は，「当該市町村の議会の議員の選挙権を有する者のうち，人格識見高く，広く社会の実情に通じ，且つ，社会福祉の増進に熱意のある者であつて児童福祉法（中略）の児童委員としても，適当である者」（同法6条）でなければならない。そして，都道府県知事による推薦を経て，厚生労働大臣が委嘱（任期3年）することとなっている。民生委員の職務（同法第14条）は，「住民の生活状態を必要に応じ適切に把握しておくこと」「援助を必要とする者がその有する能力に応じ自立した日常生活を営むことができるように生活に関する相談に応じ，助言その他の援助を行うこと」「福祉事務所その他の関係行政機関の業務に協力すること」等，多岐にわたるものとなっている。具体的に制度レベルに引き上げたものとしては，ひとり暮らし高齢者の見守りや地域の「いきいきサロン」等の運営協力，都道府県の社会福祉協議会が実施主体である生活福祉資金貸付制度に関する実質的な窓口となり必要な援助活動を行うなどをあげることができる。

児童委員は，児童福祉法を根拠法とする非常勤の地方公務員である。同法の第16条に「民生委員は，児童委員に充てられたものとする」と規定されており，民生委員が兼ねることとなっている。児童委員の職務（同法第17条）は，「児童及び妊産婦につき，その生活及び取り巻く環境の状況を適切に把握しておくこと」「その保護，保健その他福祉に関し，サービスを適切に利用するために必要な情報の提供その他の援助及び指導を行うこと」等を担っている。また，**主任児童委員**とは，児童委員の中から厚生労働大臣が指名した者で

ある。その職務としては、「児童委員の職務について、児童の福祉に関する機関と児童委員（中略）との連絡調整を行うとともに、児童委員の活動に対する援助及び協力を行う」（同法第17条第2項）ことと規定されている。昨今、児童虐待などの増加に伴い、地域で要保護児童をいかに支えていくかも課題となっており、**要保護児童対策地域協議会**◆1など、児童委員の担う役割も拡大してきている。

厚生労働省によると、2015年3月31日現在で、民生委員・児童委員の委嘱数は、地区担当が20万9,925人、主任児童委員が2万1,414人の合計23万1,339人となっている。

身体障害者相談員，知的障害者相談員

身体障害者相談員，知的障害者相談員（以下，相談員）は、それぞれ身体障害者福祉法第12条の3、知的障害者福祉法第15条の2に規定されている。民間の協力者であるが、その身分等は、設置者である自治体によって、規則（設置要綱）の内容が異なるため一概には言えない。地方公務員法第3条第3項第3号の非常勤の特別職などに該当する場合もある。なお、一定の報償・活動費が支給されることになっている。

都道府県や市町村は、「社会的信望があり、かつ、障害のある者の更生援護に熱意と識見を持っている者」を相談員として委託することができる。その主な職務は、①身体に障害のある者にあっては当事者の、知的障害者にあっては、当事者ならびに保護者に対して、相談に応じるとともに、更

必ず覚える用語

- [ ] 民生委員
- [ ] 児童委員
- [ ] 主任児童委員
- [ ] 身体障害者相談員
- [ ] 知的障害者相談員
- [ ] 保護司
- [ ] 養育里親
- [ ] 専門里親

◆1 要保護児童対策地域協議会
市町村等の地方公共団体が、児童福祉法に基づいて設置した協議会である。同法第25条の2の規定によると、「要保護児童の適切な保護又は要支援児童若しくは特定妊婦への適切な支援を図るため、関係機関、関係団体及び児童の福祉に関連する職務に従事する者その他の関係者により構成される」ものである。また、その機能は、支援対象児童等についての「必要な情報の交換」「支援の内容の協議」を行うことになっている。また、協議会の職務に関して知り得た情報については、守秘義務が課されている。

Check

民生委員・児童委員に関する法の規定について、次の記述の正誤を答えなさい。

民生委員は、市町村長の推薦によって、都道府県知事から委嘱される。

（答）×：民生委員法第5条第1項に、「民生委員は、都道府県知事の推薦によって、厚生労働大臣がこれを委嘱する」と規定されている。
（第29回社会福祉士国家試験問題38より）

第12章
職種の名称からみた社会福祉の担い手
第4節　行政協力委員等

生のために必要な援助を行うこと，②障害福祉サービス事業等に係るサービスを円滑に利用することができるように配慮し，これらのサービスを提供する者その他の関係者等との連携を保つよう努める等である。

保護司

保護司は，保護司法を根拠法とする無給の民間のボランティア（立場は非常勤の国家公務員）である。1922年公布の（旧）少年法第37条で少年保護司が制度化され，官吏による少年保護司と民間の嘱託保護司が設けられた。前者が現在の**保護観察官**[◆2]，後者が保護司の前身と考えられている。その後，1939年に司法保護事業法の制定により司法保護委員が制度化され，1950年に保護司法が公布・施行され，司法保護委員より保護司へと改称するに至った。

保護司は，「社会奉仕の精神をもつて，犯罪をした者及び非行のある少年の改善更生を助けるとともに，犯罪の予防のため世論の啓発に努め，もつて地域社会の浄化をはかり，個人及び公共の福祉に寄与することを，その使命とする」（保護司法第1条）と規定されている。保護司は，「社会奉仕の精神」ということもあり，「無給」である。ただし，職務の性格上，誰でも担えるものではないことから，保護観察所内に置かれた保護司選考会の意見をもとに，保護観察所長が推薦し，法務大臣が委嘱（任期2年，再任可）することになる。保護司の推薦にあたっては，①人格及び行動について，社会的信望を有すること，②職務の

遂行に必要な熱意及び時間的余裕を有すること，③生活が安定していること，④健康で活力を有すること，以上の条件を全て具備する必要がある。保護司は職務の遂行にあたり，「地方更生保護委員会又は保護観察所の長から指定を受け」「保護観察所の長の承認を得た保護司会の計画の定めるところに従い」保護観察所の所掌に属するものに従事することとなっている。保護司には定数があり，全国を通じて5万2,500人を超えないものとすることになっている。2017年1月1日現在で，4万7,909人（平均年齢65.0歳）という状況である。

養育里親，専門里親

養育里親は，児童福祉法第6条の4第1項を根拠法とし，都道府県知事作成の養育里親名簿に登録された**社会的養護**[◆3]の担い手であり，同法第27条第1項第3号の都道府県による措置委託先である。養育里親は，要保護児童（保護者のない児童又は保護者に監護させることが不適当であると認められる児童）を養育するといった大きな社会的責任を伴う性格からその認定に際しては，厚生労働省が基準を定めた養育里親研修を修了するとともに，同法第34条等の欠格事項の規定や都道府県児童福祉審議会の意見を聴くなどの審査が行われている。

また，**里親**[◆4]が行う養育に関しても必要とされる生活基準が規定されている（同法第45条の2）。歴史的には，近世の棄児・産児養育米制度や近代における石井十次の「岡山孤児院十二則」に見られる委託主義（里預児事業）の実践などで，すでに

確認できる。ただし，わが国においては，施設養護を中心に展開してきた経過があり，里親というと養子縁組里親のイメージのみが先行し，養育里親の役割が社会的に周知浸透しているとは言い難い状況にある。そのような現状を受けて，2016年の児童福祉法の改正により，新たに都道府県の業務に里親に関する業務が位置づけられることになった（同法第11条）。

養育里親の中でも**専門里親**については，極めて高い専門性が求められている。その理由は，要保護児童のうち，「児童虐待等の行為により心身に有害な影響を受けた児童」「非行のある又は非行に結び付くおそれのある行動をする児童」「身体障害，知的障害又は精神障害がある児童」（児童福祉法施行規則第1条の36第1項第1号～3号）を養育するものとして養育里親名簿に登録されていることによる。専門里親の要件は，専門里親研修の課程を修了し，委託児童の養育に専念できるものであって，次のいずれかに該当することが必要になる。①養育里親として3年以上の委託児童の養育の経験を有する者であること，②3年以上児童福祉事業に従事した者であって，都道府県知事が適当と認めたものであること，③①と②に該当する者と同等以上の能力を有すること（同規則第1条の37）である。

厚生労働省「平成27年度 福祉行政報告例」によると，2015年度の認定及び登録里親数は，総数1万679人（うち児童が委託されている里親数3,817人）である。種類別登録里親数は，養育里親が8,845人（うち児童が委託されている養育里親数3,043人）と最も多い状況である。

◆2　保護観察官

保護観察所や地方更生保護委員会に配置される一般職の国家公務員である。「更生保護法」を根拠法とし，「社会内処遇」をする専門職であり，「医学，心理学，教育学，社会学その他の更生保護に関する専門的知識に基づき，保護観察，調査，生活環境の調整その他犯罪をした者及び非行のある少年の更生保護並びに犯罪の予防に関する事務」を職務としている。（更生保護法第31条第2項）。

◆3　社会的養護

第7章第3節参照。

◆4　里親

里親とは，児童福祉法第6条の4に規定された養育里親，養子縁組里親，親族里親のことであり，要保護児童を養育する事を希望する者であることが共通する。なお，週末里親や季節里親といったものもあるが，当該法律上の里親には含まれない。週末里親は，大阪府や兵庫県において展開される事業であり，児童養護施設などで生活する面会の機会に恵まれない子どもたちを月に1～2回，家庭に迎えて交流するボランティアのことである。

〈参考文献〉

法務省（2016）『平成28年版犯罪白書』日経印刷。

細井勇（2009）『石井十次と岡山孤児院』ミネルヴァ書房。

厚生労働省政策統括官付参事官付行政報告統計室（2016）「平成27年度 福祉行政報告例」（政府統計の総合窓口e-Statホームページ参照）。

第5節 関連専門職

この節のテーマ
- 福祉職と連携する関係職種について知る。
- 関係職種の業務内容を知る。

医 師

医師法を根拠とする国家資格である。この法律において「医師は，医療及び保健指導を掌ることによつて公衆衛生の向上及び増進に寄与し，もつて国民の健康な生活を確保する」（同法第1条）とある。さらに同法第17条において「医師でなければ，医業をなしてはならない」とあり，医業は医師の業務独占である。

福祉施設の多くが医師の配置を義務付けており，施設内外問わず，すべての福祉分野において必要不可欠な存在といえる。今後，地域包括ケアが推進されていくなか，福祉職が医師と密な連携を図っていくことが重要である。

保健師

保健師助産師看護師法を根拠とする国家資格である。この法律において保健師とは「保健師の名称を用いて，保健指導に従事することを業とする者をいう」（同法第2条）とあり，保健師の名称を用いての保健指導は保健師の業務独占である。

地域包括支援センターの配置基準に保健師が義務付けられていることからも，連携相手としての存在意義は年々大きくなっている。児童虐待の早期発見においても乳児家庭全戸訪問事業（こん

にちは赤ちゃん事業）等を担う保健師の役割は大きいといえる。

看護師

保健師助産師看護師法を根拠とする国家資格である。この法律において看護師とは「傷病者若しくはじょく婦に対する療養上の世話又は診療の補助を行うことを業とする者をいう」（同法第5条）とあり，「傷病者若しくはじょく婦に対する療養上の世話」「診療の補助」は看護師の業務独占である。

福祉施設の多くが看護師の配置を義務付けており，医療機関においても地域連携室において同一部署のパートナーとして業務を遂行していく機会が増えている。施設内において看護師は重要な連携職種といえる。また，施設外においても入退所支援，在宅サービス継続において，看護師の存在意義は大きいといえる。

栄養士，管理栄養士

栄養士法を根拠とする国家資格である。この法律において「栄養士とは，都道府県知事の免許を受けて，栄養士の名称を用いて栄養の指導に従事することを業とする者をいう」（同法第1条）「管理栄養士とは，厚生労働大臣の免許を受けて，管

理栄養士の名称を用いて，傷病者に対する療養のため必要な栄養の指導，個人の身体の状況，栄養状態等に応じた高度の専門的知識及び技術を要する健康の保持増進のための栄養の指導並びに特定多数人に対して継続的に食事を供給する施設における利用者の身体の状況，栄養状態，利用の状況等に応じた特別の配慮を必要とする給食管理及びこれらの施設に対する栄養改善上必要な指導等を行うことを業とする者をいう」（同法第1条第2項）とある。

　栄養士の名称を用いての栄養の指導，管理栄養士の名称を用いて「療養のため必要な栄養の指導」「高度の専門的知識及び技術を要する健康の保持増進のための栄養の指導」「施設における利用者の身体の状況，栄養状態，利用の状況等に応じた特別の配慮を必要とする給食管理」「施設に対する栄養改善上必要な指導」等は栄養士，管理栄養士の業務独占である。

　福祉施設の多くが栄養士・管理栄養士の配置を義務付けている。食はQOLを向上させる上でも欠かせないものである。糖尿病や高血圧などに対する治療食のみならず，嚥下食，さらにはバラエティにとんだ献立等，ただ単に摂取カロリーや栄養バランスを整えるだけの役割ではない。最近では配食サービス事業を展開する事業所も増加しており，施設，在宅問わず，食の視点からの生活支援は重要といえる。

理学療法士

　理学療法士及び作業療法士法を根拠とする国

必ず覚える用語

- ☐ 医師
- ☐ 保健師
- ☐ 看護師
- ☐ 栄養士
- ☐ 管理栄養士
- ☐ 理学療法士
- ☐ 作業療法士
- ☐ 言語聴覚士
- ☐ 弁護士
- ☐ 臨床心理士
- ☐ 公認心理師

次の記述の正誤を答えなさい。

　保健師は，育児上必要があると認められた出生後28日までの乳児に対し訪問指導を行うが，引き続き指導を必要とする場合には，28日を超えても行うことができる。

（答）○
（第27回社会福祉士国家試験問題74より）

第12章
職種の名称からみた社会福祉の担い手
第5節　関連専門職

家資格である。この法律において**理学療法士**とは，「厚生労働大臣の免許を受けて，理学療法士の名称を用いて，医師の指示の下に，**理学療法**[◆1]を行なうことを業とする者をいう」とある。理学療法士は，保健師助産師看護師法 の規定にかかわらず，診療の補助として理学療法を行うことができる。

　高齢化に伴い健康寿命の延伸に向けた取り組みとして，治療的リハビリテーション，維持的リハビリテーションに加え，介護保険制度での地域支援事業における予防的リハビリテーションが重要視されている。そんな中，医療機関に限らず，福祉施設や地域において，理学療法士等の活躍の場が広がっている。

作業療法士

　理学療法士及び作業療法士法を根拠とする国家資格である。この法律において**作業療法士**とは，「厚生労働大臣の免許を受けて，作業療法士の名称を用いて，医師の指示の下に，**作業療法**[◆2]を行なうことを業とする者をいう」とある。作業療法士は，保健師助産師看護師法の規定にかかわらず，診療の補助として作業療法を行うことができる。

　作業療法士も理学療法士と同様に医療機関に限らず，福祉施設や地域において，理学療法士等の活躍の場が広がっている。作業療法は「身体又は精神に障害のある者に対し，主としてその応用的動作能力又は社会的適応能力の回復を図る」ことを目的にしており，身体障害者のリハビリだけでなく，精神障害者や知的障害者の地域生活支援において作業療法士の役割が大きくなっている。

最近では，刑務所において精神障害者や知的障害者等の社会復帰支援に作業療法士が関わる機会も増えている。

言語聴覚士

　言語聴覚士法を根拠とする国家資格である。この法律において，**言語聴覚士**とは，「厚生労働大臣の免許を受けて，言語聴覚士の名称を用いて，音声機能，言語機能又は聴覚に障害のある者についてその機能の維持向上を図るため，言語訓練その他の訓練，これに必要な検査及び助言，指導その他の援助を行うことを業とする者をいう」とある。言語聴覚士は，保健師助産師看護師法の規定にかかわらず，診療の補助として，医師又は歯科医師の指示の下に，**嚥下**[◆3]訓練，人工内耳の調整その他厚生労働省令で定める行為を行うことができる。

　言語聴覚士も理学療法士や作業療法士と同様に医療機関だけではなく，地域や在宅でのリハビリテーションの場面での活躍が期待されている。話すこと，聞くこと，そして食べることといった生活に欠くことのできない機能にアプローチする専門職として，福祉現場におけるパートナーといえる。

弁護士

　弁護士法を根拠とする国家資格である。この法律において，「弁護士は，当事者その他関係人の依頼又は官公署の委嘱によつて，訴訟事件，非訟

事件及び審査請求，再調査の請求，再審査請求等行政庁に対する不服申立事件に関する行為その他一般の法律事務を行はうことを職務とする」とある。報酬を目的とした「訴訟事件，非訟事件及び審査請求，再調査の請求，再審査請求等行政庁に対する不服申立事件その他一般の法律事件に関して鑑定，代理，仲裁若しくは和解その他の法律事務を取り扱い，又はこれらの周旋をすること」は**弁護士**又は弁護士法人の業務独占である。

　近年では，社会福祉士と弁護士が高齢者虐待対応専門職チームを結成して，老人虐待に対応する自治体がみられる。また成年後見制度や更生保護分野において，弁護士との連携による支援ケースが増えている。

┃ 心理職

　臨床心理士は，公益財団法人日本臨床心理士資格認定協会による認定資格である。臨床心理士は指定大学院または専門職大学院を修了するなどした後に，当協会が実施する資格取得に合格することで取得することができる。近年では，文部科学省の実施する全国公立中学校や小学校にスクールカウンセラーとして任用されているほか，保健医療・福祉分野など幅広い分野で活躍している。

　公認心理師は公認心理師法を根拠とする国家資格である。2015年9月9日に議員立法により成立し，2017年9月15日に施行された比較的新しい資格である。昨今，学校，医療機関，職場など幅広い分野に心理職が配置されている。これだけ心理職の社会的需要が高まっていながら，我が国においては，心理職の国家資格がなかった。国家資格として心理職が誕生することにより，今後は幅広い分野で社会福祉士などの福祉職と公認心理師が連携する機会が増えるであろう。

1
◆1　理学療法
「理学療法士及び作業療法士法」において，「理学療法」とは，「身体に障害のある者に対し，主としてその基本的動作能力の回復を図るため，治療体操その他の運動を行なわせ，及び電気刺激，マッサージ，温熱その他の物理的手段を加えることをいう」と規定されている。

2
◆2　作業療法
「理学療法士及び作業療法士法」において，「作業療法」とは，「身体又は精神に障害のある者に対し，主としてその応用的動作能力又は社会的適応能力の回復を図るため，手芸，工作その他の作業を行なわせることをいう」と規定されている。

3
◆3　嚥下
口腔内の食物を胃に飲み下すことである。食物などが，誤って喉頭と気管に入ってしまう状態を誤嚥（ごえん）といい，誤嚥による誤嚥性肺炎を発症すれば，生命予後に重大な影響を与える恐れがあり，日頃からのケアが求められる。

さらに学びたい人への基本図書

秋山智久『社会福祉専門職の研究』ミネルヴァ書房,2007年
本書は,社会福祉士を含むわが国の社会福祉専門職における専門職性の内実(歴史・理論・政策・実態)について,1975〜2000年までの25年間にほぼ5年毎に6回の全国調査を実施し,その結果に基づき「今日の社会福祉士」の実態を実証的にまとめた渾身の力作である。

田中英樹・中野伸彦編『ソーシャルワーク演習のための88事例』中央法規出版,2013年
ソーシャルワーカーが,日々向き合う実践領域を網羅的に紹介した事例集であり,各領域における専門的視点のエッセンスが凝縮されている。社会福祉を担う人々を事例という広がりの中で知ることで,具体的なイメージがしやすい。なお,目次の事例タイトルに目を通すだけでも臨場感が伝わってくるものとなっている。

室田保夫『人物でよむ近代日本社会福祉のあゆみ』ミネルヴァ書房,2006年
専門職が確立する前の時代だからこそ,福祉の担い手が抱く苦悩や如何ともしがたい現実がそこにはある。石井十次や賀川豊彦,糸賀一雄など日本の社会福祉を牽引してきた人物の目を通して,法制化がなぜ必要だったのか,専門職がなぜ求められたのかを学ぶことができる。

Try! 第12章

問:社会福祉士と介護福祉士,精神保健福祉士と3つの「福祉士」の資格があるが,それらに共通する点と相違する点は,それぞれ何だったか,説明してみよう。

ヒント:何を独占していた? 資格取得の経路は? 根拠法は? 期待されている役割や業務は?

第13章

働く場からみた
社会福祉の担い手

本章で学ぶこと

● 社会福祉は多種多様な担い手で構成されていることを学ぶ。

● 福祉現場に配置されている職種が様々な法令によって位置付けられ
ていることを理解する。

● 福祉現場に配置されている様々な名称の職種について理解を深める。

第 1 節 老人福祉施設で働く社会福祉の担い手

◯ この節のテーマ
- ●老人福祉施設に配置されている職種を知る。
- ●老人福祉施設に配置されている職種の法的根拠について知る。

老人福祉施設の種類と担い手

　老人福祉施設は，養護老人ホーム，特別養護老人ホーム，軽費老人ホーム，老人福祉センター，老人介護支援センター等があり，いずれも老人福祉法に規定されている。

　老人福祉施設等に配置されている主な職員は，医師，保健師，社会福祉士，介護福祉士，生活相談員（後述），支援員（うち一人は主任支援員），支援相談員（後述），介護職員（後述），看護師若しくは准看護師，栄養士，調理員，機能訓練指導員（後述），介護支援専門員，事務員等である。

　これらの配置基準は養護老人ホームと特別養護老人ホームは老人福祉法第17条の規定に基づき，「養護老人ホームの設備及び運営に関する基準」「特別養護老人ホームの設備及び運営に関する基準」に定められている。また特別養護老人ホームは介護保険法において指定介護老人福祉施設と定められており，介護保険法第88条の規定に基づき，「指定介護老人福祉施設の人員，設備及び運営に関する基準」としての定めもある。軽費老人ホームについては，社会福祉法第65条 の規定に基づき，「軽費老人ホームの設備及び運営に関する基準」が厚生労働省によって定められている。同法第97条の規定に基づき，「介護老人保健施設の人員，施設及び設備並びに運営に関する基準」によって介護老人保健施設についての定めもある。

　老人福祉センターは，「老人福祉法による老人福祉センターの設置及び運営について」，老人介護支援センター（在宅介護支援センター）は，「老人（在宅）介護支援センターの運営について」における通知によって定められている。都道府県は，養護老人ホームと特別養護老人ホームについて，厚生労働省の定める基準を標準において，設備及び運営について，条例で基準を定めなければならない。

生活相談員

　生活相談員とは特別養護老人ホーム（指定介護老人福祉施設）や通所介護等において配置が義務付けられている職種である。主に相談援助業務に従事する職種であり，社会福祉全般の法律や制度に関する幅広い知識が求められる。具体的には，「入所状況の管理，把握」「入退所相談援助」「他科受診の調整等対応」「入退院調整」「入所者の外出援助」「入所者の家族等の相談援助」「苦情処理（処遇困難ケースの対応他）」「実習やボランティアの受け入れ調整」「地域との連携，調整」「他機関，行政との連絡調整」等の業務を行う。

支援相談員

　支援相談員とは介護老人保健施設等において配置が義務付けられている職種である。介護老人保健施設が医療法において医療提供施設に位置付けられていることもあり，支援相談員には，保健医療及び社会福祉に関する知識を有していることが求められる。具体的には「入所者及び家族の処遇上の相談」「苦情受付・苦情処理」「退所支援」「虐待事案への対応」「自治体や医療・福祉機関との連携」「実習やボランティアの受け入れ調整」等の業務を行う。

介護職員

　介護職員とは老人福祉施設等において配置が義務付けられている職種である。要介護状態により日常生活を営むのに支障がある者に対して，心身の状況に応じて食事介助，排泄介助，入浴介助を行う職員の総称として用いられている。要介護状態にある高齢者や障害者の尊厳ある生活を支える上で重要な位置づけにある。介護職員には介護福祉士の国家資格をもつ者から介護職員初任者研修修了者やホームヘルパー資格をもつ者，無資格の者まで幅広く含まれている。近年では，介護福祉士と一定の研修を受けた者は医師の指示のもと，喀痰吸引等の医療行為も可能となっている。

機能訓練指導員

　機能訓練指導員とは介護老人福祉施設や通所介護等で，日常生活を営むのに必要な機能を改善し，又はその減退を防止するための訓練を行う職種である。配置要件として，理学療法士，作業療法士，言語聴覚士，看護師等の資格が必要となっている。

必ず覚える用語

- ☐ 老人福祉施設
- ☐ 生活相談員
- ☐ 支援相談員
- ☐ 介護職員
- ☐ 機能訓練指導員

Check

次の記述の正誤を答えなさい。

　居宅介護や重度訪問介護において，一定の研修を修了した介護職員が，医師の指示の下で喀痰吸引と摘便を実施できるようになった。

（答）×：2012年4月からの介護職員等による喀痰吸引等（たんの吸引・経管栄養）の実施のための制度で認められたのは，たんの吸引と経管栄養であり，摘便は含まれない。
（第27回社会福祉士国家試験問題57より）

〈参考文献〉
田中大吾（2017）『よくわかる！　介護施設での生活相談員の仕事』ナツメ社。

第2節 障害者施設で働く社会福祉の担い手

この節のテーマ
- 障害者支援施設に配置されている職種を知る。
- 障害者支援施設に配置されている職種の法的根拠を知る。
- 障害者福祉サービスに配置されている職種を知る。

障害者施設の種類と担い手

障害者分野は身体障害者福祉法,知的障害者福祉法,精神保健及び精神障害者福祉に関する法律(精神保健福祉法),発達障害者支援法などにおいて障害種別ごとに規定された法律がある。これらの法律に加え,2011(平成23)年からは障害者の日常生活及び社会生活を総合的に支援するための法律(以下,障害者総合支援法)が公布され,身体障害者,知的障害者,精神障害者(発達障害者を含む)に難病疾患の患者を加えたサービス体系が構築されている。

障害福祉サービスとして,居宅介護,重度訪問介護,同行援護,行動援護,療養介護,生活介護,短期入所,重度障害者等包括支援,施設入所支援,自立訓練,就労移行支援,就労継続支援及び共同生活援助が位置づけられている。そして,障害福祉サービス事業として,障害者支援施設や独立行政法人国立重度知的障害者総合施設のぞみの園などが位置づけられている。障害者支援施設は,障害者の施設入所支援を行うとともに,施設入所支援以外の施設障害福祉サービスを行う施設とされている。

障害者支援施設に配置されている職員は,医師,看護職員(保健師又は看護師若しくは准看護師),理学療法士,作業療法士,生活支援員(後述),サービス管理責任者(後述),職業指導員および就労支援員(後述)等がある。

障害者支援施設の基準は,都道府県が条例を定めることになっているが,そのもととなっているのは障害者総合支援法第44条の規定に基づく「障害者の日常生活及び社会生活を総合的に支援するための法律に基づく指定障害者支援施設等の人員,設備及び運営に関する基準」である。

生活支援員

生活支援員とは,障害者支援施設等において配置が義務付けられている職種で,障害者の日常生活上の支援や身体機能・生活能力の向上に向けた支援を行う。実際には,余暇活動等において,農耕や園芸などの創作活動の支援や食事介助,入浴介助などの日常生活の介助,さらには生活における相談に応じたり,家族との連絡,入退所支援,関係機関との連絡調整,実習生やボランティアの受け入れ対応など,その職務は多岐にわたる。

サービス管理責任者

サービス管理責任者とは,療養介護・生活介護・自立訓練(機能訓練)・自立訓練(生活訓

練）・共同生活援助（グループホーム）・就労移行
支援・就労継続支援（Ａ型・Ｂ型）等に配置が義
務付けられている職種である。

　具体的業務内容は，利用者の個別支援計画の策
定・評価，サービス提供過程全体を管理する。サ
ービス管理責任者になるには，実務経験と一定の
研修を受講する必要がある。

就労支援員，職業指導員

　就労移行支援や就労継続支援を行う障害者関
連施設・事業所等で障害者の希望や適性に合わ
せて，就労に向けた技術を指導・援助する。さら
に就労を目指す障害者の職場実習や就職活動に
関する支援，実習先や就職先の開拓，職場定着の
訪問・相談などの支援を行う。

その他の障害福祉サービスの担い手

①　サービス提供責任者
　居宅介護等事業などにおいて，サービスの説明
や生活場面における居宅介護等計画を作成する。
また，事業所においてホームヘルパー従事者に対
してのスーパーバイザーとしての役割も担って
いる。サービス提供責任者になるには，介護福祉
士の資格所持か介護にかかわる研修の修了など
が要件となっている。

②　相談支援専門員
　指定特定相談支援事業者，指定一般相談支援事
業者，指定障害児相談支援事業者などにおいて障
害者などの相談に応じ，サービス等利用計画を作

成するといった相談支援に携わる職種である。相
談支援の内容は基本相談支援と地域相談支援と
計画相談支援がある。相談支援専門員になるには
一定の実務経験と研修の受講が必要となる。

必ず覚える用語
☐ 障害者支援施設
☐ 生活支援員
☐ サービス管理責任者
☐ サービス提供責任者
☐ 相談支援専門員

Check

次の記述の正誤を答えなさい。

　相談支援専門員は，指定計画相談
支援においてサービス等利用計画
を作成し，地域移行支援と地域定着
支援を行う。

（答）×：地域移行支援と地域定着支援を行う地
　　　域相談支援である。
（第25回社会福祉士国家試験問題57より）

第3節 児童福祉施設で働く社会福祉の担い手

この節のテーマ
- 児童福祉施設に配置されている職種を知る。
- 児童福祉施設に配置されている職種の法的根拠を知る。

児童福祉施設の種類と担い手

児童福祉施設は，助産施設，乳児院，母子生活支援施設，保育所，幼保連携型認定こども園，児童厚生施設，児童養護施設，障害児入所施設，児童発達支援センター，児童心理治療施設，児童自立支援施設及び児童家庭支援センター等があり，いずれも児童福祉法に規定されている。

児童福祉施設に配置されている主な職員は，施設長，医師（嘱託医），看護師，社会福祉士，保育士，児童福祉司，児童指導員（後述），個別対応職員，家庭支援専門相談員（後述），母子支援員（後述），少年を指導する職員，職業指導員（後述），児童自立支援専門員，児童生活支援員，児童の遊びを指導する者，児童発達支援管理責任者（後述），日常生活を営むのに必要な機能訓練を行う場合には，機能訓練担当職員（後述），理学療法士，作業療法士，言語聴覚士，栄養士及び調理員，心理療法担当職員，職業指導員等がある。

これらの配置基準は，児童福祉法第45条の規定に基づき，「児童福祉施設の設備及び運営に関する基準」が厚生労働省によって定められている。

基準の中では，児童福祉施設の職員は，「健全な心身を有し，豊かな人間性と倫理観を備え，児童福祉事業に熱意のある者であって，できる限り児童福祉事業の理論及び実際について訓練を受けた者でなければならない」とされている。

児童指導員

児童指導員は，乳児院や児童養護施設等の児童福祉施設等で，家庭の事情や障害などのため，児童福祉施設で生活する原則18歳までの児童に対して日常生活援助や育成，指導等の社会的養護に従事する。具体的には，保育士と連携しながら児童の指導・育成計画の企画立案や生活環境の整備，施設内の調整，保護者や学校・児童相談所等の関係機関との連絡調整業務等を担う。

家庭支援専門相談員
（ファミリーソーシャルワーカー）

家庭支援専門相談員は，児童養護施設，乳児院，児童心理治療施設及び児童自立支援施設等で，様々な相談援助に従事する。くわしくは，「児童の早期家庭復帰のための保護者等に対する相談援助業務」「退所後の児童に対する継続的な相談援助」「里親希望家庭への相談援助，里親への委託後における相談援助，里親の新規開拓」「養子縁組を希望する家庭への相談援助，養子縁組の成立後における相談援助等」「地域の子育て家庭に対する育児不安の解消のための相談援助」「要保護児童の状況の把握や情報交換を行うための協議会への参画」「施設職員への指導・助言及びケ

第Ⅲ部　社会福祉の実践を学ぶ

ース会議への出席」「児童相談所等関係機関との連絡・調整」等となっている。

資格要件として，社会福祉士や精神保健福祉士の資格が必要であるとともに児童養護施設等において一定の実務経験が必要となる。

里親支援専門相談員
（里親支援ソーシャルワーカー）

里親支援専門相談員は，里親支援を行う児童養護施設及び乳児院等で，「里親の新規開拓」「里親候補者の週末里親等の調整」「里親への研修」「里親委託の推進」「里親家庭への訪問及び電話相談」「レスパイト・ケアの調整」「里親サロンの運営」「里親会の活動への参加勧奨及び活動支援」「アフターケアとしての相談」等に従事する。

資格要件として，社会福祉士や精神保健福祉士の資格が必要であるとともに児童養護施設等において一定の実務経験が必要となる。

個別対応職員

児童養護施設，乳児院，児童心理治療施設，児童自立支援施設及び母子生活支援施設等で被虐待児童等の施設入所の増加に対応するため配置されている。主な業務内容として，「被虐待児童等特に個別の対応が必要とされる児童への個別面接」「被虐待児童への生活場面での1対1の対応」「被虐待児童の保護者への援助」等に従事する。

必ず覚える用語

- [ ] **児童福祉施設**
- [ ] **児童指導員**
- [ ] **家庭支援専門相談員**
- [ ] **里親支援専門相談員**
- [ ] **母子支援員**
- [ ] **児童自立支援専門員**
- [ ] **児童生活支援員**
- [ ] **児童発達支援管理責任者**

間違いやすい用語

「保育士」と「幼稚園教諭」と「保育教諭」

保育士は，児童福祉法に規定されている国家資格とされる。主に厚生労働省所管の保育所で仕事をする。

幼稚園教諭は，教育職員免許法に規定されている免許とされる。主に文部科学省が所管する幼稚園で仕事をする。

保育教諭は，幼保連携型認定こども園において，必置となっている職種。保育士資格と幼稚園教諭免許の両方の資格・免許を有していることが要件となっている。

第13章　働く場からみた社会福祉の担い手 | 207

第13章
働く場からみた社会福祉の担い手
第3節　児童福祉施設で働く社会福祉の担い手

母子支援員

母子支援員は母子生活支援施設において配置が義務付けられている職種で，個々の母子の家庭生活及び稼働の状況に応じて，様々な生活支援を行う。

母子生活支援施設における生活支援は，母子を共に入所させる施設の特性を生かして，親子関係の再構築等や退所後の生活の安定が図られるように，個々の母子の家庭生活及び稼働の状況に応じ，就労，家庭生活及び児童の養育に関する相談，助言及び指導並びに関係機関との連絡調整を行う等の支援を行う。これにより，母子の自立の促進を図るものである。

職業指導員

実習設備を設けて職業指導を行う児童養護施設又は児童自立支援施設等において配置が義務付けられている職種である。「児童の職業選択のための相談，助言，情報の提供」「実習，講習等による職業指導」「入所児童の就職の支援」「退所児童のアフターケアとしての就労及び自立に関する相談援助」等に従事する。

児童自立支援専門員および 児童生活支援員

児童自立支援専門員および**児童生活支援員**は，児童自立支援施設において配置が義務付けられている職種で，児童と起居を共にしながら児童の自立支援および生活支援に従事する。主な業務内容は生活指導，学習指導，職業指導及び家庭環境の調整などである。

児童発達支援管理責任者

児童発達支援管理責任者は，福祉型障害児入所施設（障害児通所支援又は障害児入所支援），医療型障害児入所施設，医療型児童発達支援センター等において配置が義務付けられている職種で，サービス提供の管理を行う者として従事している。具体的業務内容は，児童の個別支援計画の策定・評価，サービス提供過程全体を管理する。

児童発達支援管理責任者になるには，実務経験と一定の研修を受講する必要がある。

機能訓練担当職員

福祉型児童発達支援センターにおいて配置が義務付けられている職種で，日常生活を営むのに必要な機能訓練に従事する。

Check

次の説明に該当するＣさんの職種として，正しいものを１つ選びなさい。

　Ｃさんは，児童福祉施設に配置されており，児童相談所等と連携を取りながら，子どもと保護者の関係調整や関係機関と連携しながらの保護者支援を行っている。主に家庭復帰を支援し，家庭復帰後の地域での見守り体制の調整を行うほか，要支援児童・要保護児童を含み，地域における子育てに関する相談にも応じる。この職に就くことができるのは，社会福祉士若しくは精神保健福祉士の資格を有する者，児童養護施設等において乳幼児の養育や児童の指導に５年以上従事した者，児童福祉司となる資格を有する者，などのいずれかに該当する者とされている。

1　里親支援専門相談員
2　児童自立支援専門員
3　家庭支援専門相談員
4　主任児童委員
5　家庭相談員

（答）3：児童福祉施設の設備及び運営に関する基準にて事例の内容が明記されている。
（第29回社会福祉士国家試験問題142より）

第4節 保護施設，婦人保護施設で働く社会福祉の担い手

この節のテーマ
- 保護施設，婦人保護施設に配置されている職種を知る。
- 保護施設，婦人保護施設に配置されている職種の法的根拠を知る。
- 生活困窮者自立支援事業に配置されている職種を知る。

保護施設の種類と担い手

保護施設は，救護施設，更生施設，医療保護施設，授産施設，宿所提供施設等があり，いずれも生活保護法に規定されている。

保護施設に配置されている主な職員は，施設長，医師，生活指導委員，作業指導員，介護職員，看護師又は准看護師，栄養士，調理員等がある。

これらの配置基準は医療保護施設を除く施設は生活保護法第39条の規定に基づき，「救護施設，更生施設，授産施設及び宿所提供施設の設備及び運営に関する基準」が定められている。この中で，救護施設，更生施設，授産施設及び宿所提供施設は，利用者に対し，健全な環境のもとで，社会福祉事業に関する熱意及び能力を有する職員による適切な処遇を行うよう努めなければならないと規定されている。

婦人保護施設の種類と担い手

婦人保護施設は，売春防止法とDV防止法に規定されている。

婦人保護施設に配置されている職員は，施設長，入所者を指導する職員等がある。

これらの配置基準は，社会福祉法第65条第1項の規定に基づき，「婦人保護施設の設備及び運営に関する基準」が厚生労働省によって，定められている。

生活指導員，作業指導員

生活指導員は救護施設，更生施設等において配置が義務付けられている職種である。救護施設では，入所者に対し，生活の向上及び更生のための指導を受ける機会を提供することになっている。入所者の勤労意欲を助長するとともに，入所者が退所後健全な社会生活を営むことができるように入所者各人の精神及び身体の条件に適合する更生計画を作成し，これに基づく指導をする。さらに更生施設では，**作業指導員**の配置も義務付けられており，地域の実情及び入所者の職歴を考慮した作業指導に従事している。

生活困窮者自立支援事業の担い手

主任相談支援員，相談支援員，就労支援員は，2015年4月に施行された生活困窮者自立支援制度による自立相談支援事業に配置されている職種である。事業の実施主体は都道府県，市（特別区を含む）及び福祉事務所を設置する町村である。しかし，多くの自治体が社会福祉協議会や社会福

祉法人，NPO 等に委託している。

主任相談支援員は，相談業務全般のマネジメントや他の支援員の指導・育成，困難ケースへの対応など高度な相談支援，社会資源の開拓・連携などを担う。主任相談支援員には社会福祉士など資格所持や実務経験などの要件が設けられている。

相談支援員は生活困窮者への相談支援を担い，アセスメント，プラン作成，社会資源の活用を含む包括的な支援の実施，相談記録の管理などを行う。さらに訪問支援などのアウトリーチにより，生活困窮者の積極的な発見，支援に努める。

就労支援員は生活困窮者への就労支援を担い，ハローワークや協力企業などと連携して生活困窮者の能力開発，職業訓練，就職支援，無料職業紹介，求人開拓などを行う。

必ず覚える用語

- ☐ 保護施設
- ☐ 婦人保護施設
- ☐ 生活指導員
- ☐ 作業指導員
- ☐ 主任相談支援員
- ☐ 相談支援員
- ☐ 就労支援員

Check

次の記述の正誤を答えなさい。

保護施設には，救護施設，更生施設，医療保護施設，授産施設，宿所提供施設，養老施設の6種類がある。

(答)×：保護施設は養老施設を除く5種類である。
(第25回社会福祉士国家試験問題65より)

第13章 働く場からみた社会福祉の担い手 | 211

第5節 社会福祉協議会，医療機関で働く社会福祉の担い手

この節のテーマ
- 社会福祉協議会に配置されている職種を知る。
- 医療機関に配置されている社会福祉の職種を知る。

社会福祉協議会とは

社会福祉協議会は，社会福祉法に規定されている「地域福祉の推進を図ることを目的とする」民間団体で，「社協」の略称で広く認知されている。社会福祉協議会は，2015（平成27）年4月現在で市区町村1,851，都道府県47，中央1の全国組織であるが，各々が個別に運営されている。

たとえば，市区町村社会福祉協議会では，福祉活動専門員（後述）やコミュニティソーシャルワーカー（後述）等が配置されていることが多い。都道府県社会福祉協議会や指定都市社会福祉協議会では，生活福祉資金貸付制度や日常生活自立支援事業等を担当する専門員等が配置されている。全国社会福祉協議会には企画指導員が配置されている。

公的な福祉サービスを展開している場合には，訪問介護員（ホームヘルパー）の場合は，訪問介護員（ホームヘルパー）養成研修2級修了や介護福祉士資格，相談員（ソーシャルワーカー）では，社会福祉主事任用資格や社会福祉士資格，看護職では看護師，保健師などが配置されている。

福祉活動専門員（コミュニティワーカー）

福祉活動専門員（コミュニティワーカー） とは，社会福祉法に規定されている「社会福祉に関する活動への住民の参加のための援助」「社会福祉を目的とする事業に関する調査，普及，宣伝，連絡，調整及び助成」における実践活動として，民間社会福祉活動の推進方策について調査，企画及び連絡調整を行うとともに広報，指導等に従事する者である。1966年から国庫補助，現在は一般財源化され地方交付税により「福祉活動専門員設置事業費」として予算計上され，市区町村社協に設置されている職員である。

専門員，生活支援員

都道府県・指定都市社協を実施主体とする日常生活自立支援事業を担当している。支援対象は，認知症高齢者，知的障害者，精神障害者等であって，日常生活を営むのに必要なサービスを利用するための情報の入手，理解，判断，意思表示を本人のみでは適切に行うことが困難な者となっており，原則，社会福祉士資格を保有する者が専門員として，相談支援を担当することになっている。

生活支援コーディネーター

介護保険制度において，市町村を実施主体とする総合事業において配置が位置づけられている。高齢者の生活支援や介護予防サービスの体制づ

くりなどを目的にし，個別支援と社会資源開発や地域ネットワークづくりを一体的にすすめることが期待されている。

医療ソーシャルワーカー

医療ソーシャルワーカーは，病院，診療所等の保健医療機関（第11章第1節参照）において，患者やその家族の抱える経済的・心理的・社会的問題の解決に向けて，他職種や他機関と連絡・調整し，退院支援および社会復帰の促進に向けた業務に従事する。厚生労働省による**医療ソーシャルワーカー業務指針**[1]によると，具体的な業務内容は，「療養中の心理的・社会的問題の解決，調整援助」「退院援助」「社会復帰援助」「受診・受療援助」「経済的問題の解決，調整援助」「地域活動」等である。

必ず覚える用語

- ☐ **社会福祉協議会**
- ☐ **福祉活動専門員**
- ☐ **医療ソーシャルワーカー**

◆1　医療ソーシャルワーカー業務指針
2002（平成14）年に厚生労働省健康局長通知により示されたものである。この業務指針では，医療ソーシャルワーカー全体の業務の範囲，方法等についての指針が定められており，資質の向上を図るとともに，関係者の理解の促進を目的にしている。

Check

次の記述の正誤を答えなさい。

「生活支援コーディネーター」（地域支え合い推進員）は，専門職として社会福祉協議会に配置されなければならない。

（答）×：雇用形態，資格要件などの規定はない。
（第29回社会福祉士国家試験問題37より）

〈参考文献〉
和田敏明・渋谷篤男編著（2015）『概説　社会福祉協議会』全国社会福祉協議会。

Close up

コミュニティソーシャルワーカー

社協に配置される者に限定された呼称ではなく，大阪府で実施された「コミュニティソーシャルワーク機能配置促進事業」により，その活動が注目され，近年ではコミュニティソーシャルワーカーとしての表現が定着している。

第13章　働く場からみた社会福祉の担い手　| 213

大橋謙策・白澤政和・米本秀仁編著『相談援助の基盤と専門職』ミネルヴァ書房, 2010年
福祉専門職の専門性を構成する要素から相談援助過程や各分野に配置されている専門職の役割等について, 学術的視点も踏まえつつ, わかりやすく解説されている。

厚生労働統計協会編『国民の福祉と介護の動向』最新版
毎年, 刊行される福祉関係の最新データや施策の動向をまとめたものである。社会福祉全般の動向や統計を押さえておく上での必須本といえる。

問：福祉施設や事業, 機関等で働く職種にはどのようなものがあり, その職種に就くにはどのような資格・免許や要件が求められるのか調べてみよう。

ヒント：社会福祉法や福祉六法, 介護保険法, 障害者総合支援法等を確認してみよう。それぞれの施設や事業, 機関等で専門職に就くには, 社会福祉士, 介護福祉士, 保育士, 社会福祉主事任用資格などの資格・免許や, 関係する業務の経験年数が求められている。

さくいん

ページ数太字は用語解説のあるもの

あ行

赤沢鐘美　46
アクセシビリティ　**5**
朝日訴訟　57
アセスメント（事前評価）　132, 134
イギリス王命委員会（1957年）　38
育児施設（事業）　**45**
医師　196
石井十次　**47**
石井亮一　46
移住労働者権利条約　**65**
依存症治療病棟　**161**
依存的自立　69
1.57ショック　58, **79**, 104
一般会計予算　86
一般相談事業　168
糸賀一雄　ⅰ, **57**
医療ソーシャルワーカー　213
医療ソーシャルワーカー業務指針　**213**
医療提供施設　158
医療保護施設　145
インクルーシブ教育　177
インターベンション（介入）　132
インテーク（受理面接）　132
インフォーマル・サービス　**17**
ウエップ夫妻　36
ウェルビーイング（well-being）　19, 66, **91**
ウェルフェア　67
叡尊　27
栄養士　196
エーデル改革　40
エクスプレスドニード　84
エバリュエーション（事後評価）　133
エリザベス救貧法　32
エリザベス・サンダースホーム　56
エルバーフェルト制度　34
エンクロージャー　32
嚥下　**199**
エンゼルプラン　58
エンパワメント　**69**
応益負担　89
応能負担　89
岡山県済世顧問制度　50
岡山孤児院　46

か行

小河滋次郎　46
オバマケア　41
介護医療院　152
介護給付　150
介護支援専門員（ケアマネジャー）　134
介護職員　203
介護職員初任者研修　185
介護福祉士　4, 185
介護保険施設　151, 152
介護保険制度　116, 117
介護保険法　116, 117, 135
介護老人福祉施設　140, 152
介護老人保健施設　151, 152, 160
介入　→インターベンション
カウンセリング　131
賀川豊彦　48, **51**
笠井信一　50
家族　79
片山潜　47
家庭学校　46
家庭裁判所　172
家庭支援専門相談員（ファミリーソーシャルワーカー）　206
家庭児童相談室　136
家庭相談員　191
神の前の平等　22
仮釈放　**173**
感化院　47, 48
鰥寡孤独　27
感化事業　44
看護師　196
間接援助技術　130
管理栄養士　196
関連援助技術　130
基幹相談支援センター　168
基礎年金制度　118
起訴猶予　**173**
機能訓練指導員　203
機能訓練担当職員　208
基本相談支援　135
基本的人権　62
義務教育　174
救護施設　144

救護法以降

救護法　52, 54
救世軍　50
救貧制度　34
救貧法及び貧困救済に関する王命委員会（王命救貧法委員会）　36
教育委員会　177
共助　18
強制失踪からのすべての者の保護に関する国際条約　65
行政処分　**145**
共生の原理　**71**
敬田院　26
共同募金　**167**
業務独占　182
ギルド　**25**
キングスレー館　47
空海　27
暮らしの場の提供と支援（障害者総合支援法）　153
グリフィス報告　40
グループホーム　14
グループワーク　130
グローバル化（グローバリゼーション）　78
ケアプラン　134
ケアマネジメント　115, 131, **135**
　──のプロセス　134
経過観察　133
計画相談支援　135
刑事施設　170
刑務所　170
ケースワーカー　**189**
ケースワーク　37, 130
結核コロニー　57
現業員　137
現業を行う所員　**163**
健康保険　119
言語聴覚士　198
権利擁護（アドボカシー）　**121**
後期高齢者医療制度　115, 119
公共職業安定所（ハローワーク）　172
合計特殊出生率　8, **79**
後見　120
公助　18
更生施設　144

215

厚生省　53
厚生年金　118
更生保護施設　172
厚生労働事務官（福祉系事務官）　188
公的医療保険（日本）　119
公的資格　182
公的年金保険制度　118
公的扶助制度　100
公認心理師　199
幸福追求権　i
公民権運動　39
拷問等禁止条約　64
合理的配慮　**111**
高齢化社会　78
高齢化率　78, **79**
高齢者　114
高齢社会　78
高齢者虐待　115
高齢者虐待の防止，高齢者の養護者に
　　対する支援等に関する法律（高齢
　　者虐待防止法）　115
高齢者，障害者等の移動等の円滑化の
　　促進に関する法律（バリアフリー
　　新法）　70, 71
高齢者，身体障害者等が円滑に利用で
　　きる特定建築物の建築の促進に関
　　する法律（ハートビル法）　70
高齢者，身体障害者等の公共交通機関
　　を利用した移動の円滑化の促進に
　　関する法律（交通バリアフリー
　　法）　70
高齢者の医療の確保に関する法律
　　115
高齢者保健福祉推進十ヶ年戦略（ゴー
　　ルドプラン）　58
国際条約　**111**
国際人権規約　64
国際連合憲章　**65**
国民健康保険　119
国民保健サービス（National Health
　　Service NHS）　**39**
国民年金　118
子育て支援員　**187**
子育て世代包括支援センター（母子健
　　康包括支援センター）　10, 101,
　　106
子育ての社会化　106
国家資格　182
子ども家庭福祉六法　105
子ども・子育て支援新制度　9
子ども・子育て支援法　106
子ども・子育てビジョン　**107**

子どもの権利に関する条約　105
子どもの最善の利益　104
子どもの貧困　10, 18, 102
　　――率　**11**
子どもの貧困対策の推進に関する法律
　　（子どもの貧困対策法）　18, 102,
　　106
「この子らを世の光に」　i
個別対応職員　207
個別の生活支援（障害者総合支援法）
　　154
コミュニティ・ケア　38, 40
コミュニティソーシャルワーカー（地
　　域福祉コーディネーター）　212
コミュニティワーク　130
雇用保険に関する業務　173
孤立死　4
混合経済体制　**37**
コンサルテーション　131
コンスタンティヌス　**25**

さ行

サービス管理責任者　204
サービス提供責任者　205
済世顧問制度　50
細民調査　**49**
作業指導員　210
作業療法　**199**
作業療法士　198
査察指導員　137, 189
里親　146, **195**
里親委託　147
里親支援専門相談員（里親支援ソーシ
　　ャルワーカー）　**191**, 207
サフラジェット　65
シーボーム報告　38
支援計画　132
支援相談員　203
慈恵　**27**
四箇院　26
施行規則　92
施行令　92
事後評価　→エバリュエーション
自助　18
自助的自立　69
次世代育成支援対策推進法　106
慈善（charity）　23, 24
自然権　63
慈善事業（日本）　44
慈善組織協会（COS）　34, 36
事前評価　→アセスメント
七分積金　28
市町村保健センター　169

指定都市　165
四天王寺　26
児童　105
児童委員　192
指導監督を行う所員　**163**
児童虐待　8, 104, 106
児童虐待防止法　**105**
児童憲章　104
児童・思春期病棟　**161**
児童指導員　206
児童自立支援施設　146, 172, 189
児童自立支援専門員　208
児童自立生活援助事業（自立援助ホー
　　ム）　146
児童心理治療施設　146
児童生活支援員　191, 208
児童相談所　9, 136, 162
　　――における相談援助活動　137
児童の権利条約　64
児童発達支援管理責任者　208
児童福祉司　136, **165**, 190
児童福祉施設　145, 206
児童福祉法　56, 104
児童養護施設　146
市民革命　33
社会改良（social reform）　**37**
社会権（国家による自由）　63
社会サービス法（1982年施行）　40
社会事業法　53
社会主義国家　37
社会的孤立　4
社会的障壁　**111**
『社会診断』　37
社会的入院　150
社会的排除　18
社会的養護　9, **107**, 147, 195
社会福祉　i, 82, 86
　　――の計画　96-99
　　――の施設　140
　　――の対象　82
　　――の担い手　180
　　――の法体系　91, 92
社会福祉援助活動　126
社会福祉基礎構造改革　58, 90
社会福祉協議会　120, 166, 212
社会福祉行政機関　162-165
社会福祉士　4, 16, 184
社会福祉事業　97, 140, 143
社会福祉事業法　56
社会福祉施設　142
　　――数　98
社会福祉実践　140

社会福祉主事　162, 188
社会福祉専門職　182, 184
社会福祉法　90, 96
社会福祉法人　96
社会福祉法制　92
社会福祉六法　90, 91
社会復帰調整官　**185**
社会保険（制度）　37, 119
社会保障関係費　87
社会保障給付費　**87**
社会保障制度に関する勧告　56, 67, 87, 90
社会保障法（アメリカ）　38
社会連帯主義　34
自由権（国家からの自由）　63
住宅確保給付金の支援　101
10分の1税　**23**
就労支援員　205, 210, 211
宿泊提供施設　145
授産施設　145
主訴　**133**
恤救規則　26, 44
主任児童委員　192
主任相談支援員　210, 211
受理面接　→インテーク
準市場化　40
障害児福祉手当　113
障害者　110
障害者基本法　110
障害者虐待の防止，障害者の養護者に
　　　対する支援等に関する法律（障害
　　　者虐待防止法）　112
障害者差別解消法　**71**, 111
障害者支援施設　204
障害者職業センター　**173**
障害者の権利に関する条約（障害者権
　　　利条約）　65, 110
障害者の日常生活及び社会生活を総合
　　　的に支援するための法律（障害者
　　　総合支援法）　111
障害者プラン　58
紹介率（患者の）　**159**
障害を理由とする差別の解消の推進に
　　　関する法律　→障害者差別解消法
少子化　104
少子化社会対策基本法　106
聖徳太子　26
少年院　170
消滅可能性都市　**5**
省令（施行規則）　92
初期総合相談　4
職業指導員　205, 208

嘱託医　**161**
助産所　160
女性差別撤廃条約　64
自立　68
自立支援給付　153
自立助長　**69**
自立生活（IL）運動　**69**
自立相談支援事業　101
資力調査（ミーンズテスト）　88, 137
神愛　22
人口置換水準　**79**
人種差別撤廃条約　64
身体障害者更生相談所　164
身体障害者相談員　193
身体障害者福祉司　165, 190
身体障害者福祉法　56, 112
親鸞　28
診療所　158, 160
スーパーバイザー　**191**
スーパービジョン　**131**
スクールソーシャルワーカー　**175**
スクールソーシャルワーカー活用事業
　　　105
スティグマ（stigma）　38, 89
ステークホルダー　85
ステップファミリー　81
ストレングス　**127**
スピーナムランド制度（1795年）　**33**
スラム　53
生活困窮者　**91**
生活困窮者自立支援法　18, 101
生活支援員　204, 212
生活支援コーディネーター　212
生活指導員　210
生活相談員　202
生活福祉資金貸付制度　**101**
生活保護　100
　　　――の財源　100
　　　――の扶助　100
生活保護法（新）　54, 100
　　　――の基本原則　100
精神科病院　159
精神障害者社会復帰施設　113
精神保健及び精神障害者福祉に関する
　　　法律（精神保健福祉法）　112
精神保健福祉士　186
精神保健福祉センター　165
生存権　ⅰ, 19, 100
成年後見制度　120
成年後見制度利用支援事業　**169**
成年後見人　**181**
聖ヒルダ養老所　47

政令　92, 165
世界人権宣言　64
世界保健機関（WHO）憲章　67
セツルメント運動　34
施薬院　26
セルフヘルプ・グループ（self-help
　　　group）　**181**
全世代・全対象型地域包括支援　4
1959年法（デンマーク）　**69**
全国社会福祉協議会　167
全国水平社　48
専門里親　195
専門職資格　182
専門職団体　**183**
相互扶助　22
相対的貧困率　103, 104
相談支援員（生活困窮者）　210, 211
相談支援事業（障害者総合支援法）
　　　154
相談支援専門員（生活困窮者）　136, 205
ソーシャルアクション　130
ソーシャル・インクルージョン　13, 72, 127
ソーシャル・ウェルフェア　67
ソーシャル・ウェルフェア・アドミニ
　　　ストレーション　130
ソーシャル・ウェルフェア・プランニ
　　　ング　130
ソーシャルワーカー　6, 10, 13, 19
　　　――の役割　14
　　　――の倫理綱領（日本福祉士会）　62
ソーシャルワーク　126
　　　――の価値　126
　　　――の機能　130
　　　――の専門職倫理　129
　　　――の専門性　126
　　　――の専門的技術　127
　　　――の専門的知識　127
ソーシャルワーク専門職のグローバル
　　　定義　63, 127
ソーシャルワークリサーチ　130
措置制度　59, 140, 144, 150
その他の障害福祉サービスの担い手
　　　205

た行
ターミネーション（終結）　133
第一種社会福祉事業　90, 96
大学セツルメント　51
待機児童問題　9
第三の道　40
第二種社会福祉事業　90, 96

さくいん　217

ダイバーシティ **73**
滝乃川学園 46
ダブルケア 5, 81
地域移行 12, 110, 152
地域移行支援 135
地域医療支援病院 158
地域活動支援センター（地域生活支援
　事業）154
地域支援事業 **117**
地域生活支援事業 153
地域生活支援センター 13
地域相談支援 135
地域福祉関係機関 166
地域包括ケア **117**
地域包括ケアシステム **169**
地域包括支援センター 6, 167
地域保健法 **169**
地域密着型サービス 151
小さな政府 **39**, 59
知的障害者更生相談所 164
知的障害者コロニー **57**
知的障害者相談員 193
知的障害者福祉司 **165**, 190
知的障害者福祉法 57, 112
中央慈善協会 48
中等教育学校 **175**
超高齢社会 78
調剤薬局 160
直接援助技術 130
トインビー，A. J. 35
トインビー・ホール **35**
東京出獄人所 47
特定機能病院 158
特定相談支援事業 169
特別会計予算 86
特別支援学級 177
特別支援学校 176
特別支援教育 174
特別児童扶養手当 113
特別養護老人ホーム 140
留岡幸助 46

な行
ナショナル・ミニマム 36, **101**
ニーズ 84
ニィリエ，B. 70
日常生活自立支援事業 119, **167**
日本国憲法 90
　――第25条 100
日本社会福祉士倫理綱領 129
『日本之下層社会』（1899年）45
日本ライトハウス 56
乳児院 146

人間の尊厳 68
人足寄場 **29**
認知症高齢者 114
任用資格 182, 183, 189
忍性 28
ネットカフェ難民 **17**, 103
ネットワーキング 130
年金の種類 120
ノーマティブニード 84
ノーマライゼーション 13, 70, **135**
　――の原理 70
野口幽香 46

は行
パーソナル・ソーシャルサービス 39
配偶者暴力防止法（DV防止法）**149**
博愛 23
パターナリズム（paternalism）85
8050問題 5
発達障害者支援法 112
発達障害者の定義 112
林市蔵 49
原胤昭 47
バリアフリー 70
バリアフリー新法 **71**
バルネラブル（vulnerable）**93**
バンク＝ミケルセン，N. E. 70
非田院 26
被保険者 **117**
病院 158
被用者保険 115
貧困 16, 22
　――の発見 83
　――の罠 89
貧困調査 35
貧民 24
ファミリー・サポート・センター事業
　187
ファミリーホーム **107**
ブース，C. 35
フェルトニード 84
フォーマル・サービス **17**
福祉 i
福祉活動専門員（コミュニティワーカ
　ー）212
福祉元年 58
福祉国家 39, **83**
福祉事務所（福祉に関する事務所）
　101, 137, 162
福祉ニーズ 5, 84
婦人相談員 165
婦人相談所 164
婦人保護事業 148

婦人保護施設 148, 210
婦人補導院 171
二葉幼稚園 46
プライマリー・バランス **87**
フランス人権宣言 32
プランニング（支援計画）132
ブルジョア，L. 35
平均余命 78
ベヴァリッジの「5つの巨悪」82
ベヴァリッジ報告 38
ベーシックインカム 88
弁護士 198, 199
保育教諭 187
保育士 9, 10, 186
放課後児童支援員 187
包括的支援事業 **7**
方面委員制度 49
ホームレス 16, **103**
ホームレスの自立の支援等に関する特
　別措置法 102
保健師 10, 196
保険者 **115**
保健所 169
保護観察官 **195**
保護観察所 172
保護司 194
保護施設 210
保護処分 **173**
保護請求権 **93**
保護の種類（新法）54
保佐 120
母子及び父子並びに寡婦福祉法 57
母子健康包括支援センター 10
母子支援員 208
母子生活支援施設 155
母子・父子福祉施設 155
補助 120
補助機関 189
捕捉率 89
ポピュレーション・アプローチ **5**

ま行
マクロ・レベル 129
まちの保健室 4, 5
ミーンズテスト →資力調査
ミクロ・レベル 129
民間資格 182, 183
民生委員 192
無告の窮民 **27**
名称独占 182
メイス，R. M. **71**
メゾ・レベル 129
メディケア（医療保険）39

メディケイド（医療扶助）　39
モニタリング（経過観察）　133, 135, 136

や行

山室軍平　50
優生保護法　57
ユニバーサルデザイン　71
養育里親　194
要援護性　83
要介護認定　134
養護者　115
養護老人ホーム　148
養生所　29
要保護児童対策地域協議会　193
幼保連携型認定こども園　187
養老事業　47

養老律令　26
横山源之助　45

ら行

ラウントリー, S.　35
リアルニード　84
理学療法　199
理学療法士　197, 198
リッチモンド, メアリー　37
利用契約制度　59, 140, 141, 150
療病院　26
療養病床　159
臨床心理士　199
隣保相扶　49
倫理綱領　129
劣等処遇の法則　34
労役場（ワークハウス）　32, 34, 36

老人福祉施設　202
老人福祉指導主事　191
老人福祉法　53, 57, 114

わ行

ワーキングプア　81
ワークハウス　→労役場
ワーク・ライフ・バランス　81
「我が事, 丸ごと」　4
和気広虫　27

欧文

ADL（日常生活動作）　145
CSR（企業の社会的責任）　181
DV　149
LGBT（性的マイノリティ）　73, 81
PDCA サイクル　89
SCAPIN775「社会救済」　55

執筆者紹介 （所属：分担。執筆順。＊は編者）

＊室田　保夫　（編著者紹介参照：はじめに）

梅木真寿郎　（花園大学社会福祉学部教授：第1章第1節，第6章，第7章第3節，第12章第1〜4節）

＊倉持　史朗　（編著者紹介参照：第1章第2節，第3章第1節）

＊蜂谷　俊隆　（編著者紹介参照：第1章第3節，第3章第2節，第4章，第8章第3節，第10章）

武田　英樹　（美作大学生活科学部准教授：第1章第4節，第7章第2節，第12章第5節，第13章）

元村　智明　（東北福祉大学総合福祉学部准教授：第2章，第7章第1節）

小笠原慶彰　（神戸女子大学健康福祉学部教授：第5章）

岡野　弘美　（京都光華女子大学健康科学部講師：第8章第1・2節，第11章）

植戸　貴子　（神戸女子大学健康福祉学部教授：第9章）

編著者紹介

室田保夫 （むろた・やすお）

同志社大学大学院文学研究科社会福祉学専攻修士
課程修了。
現在：京都ノートルダム女子大学現代人間学部教
授。関西学院大学名誉教授。
博士（社会福祉学）。

蜂谷俊隆 （はちや・としたか）

関西学院大学大学院人間福祉研究科人間福祉専攻
博士課程後期課程修了。
現在：美作大学生活科学部准教授。
博士（人間福祉）。

倉持史朗 （くらもち・ふみとき）

同志社大学大学院文学研究科社会福祉学専攻博
士後期課程単位取得満期退学。
現在：同志社女子大学現代社会学部准教授。
博士（社会福祉学）。

新・基礎からの社会福祉①

社会福祉

| 2018年 4 月30日　初版第 1 刷発行 | 〈検印省略〉 |
| 2021年 3 月10日　初版第 2 刷発行（一部改訂） | 定価はカバーに表示しています |

編著者	室　田　保　夫
	倉　持　史　朗
	蜂　谷　俊　隆
発行者	杉　田　啓　三
印刷者	田　中　雅　博

発行所　株式会社　ミネルヴァ書房
607-8494　京都市山科区日ノ岡堤谷町 1
電話代表 （075）581-5191
振替口座 01020-0-8076

ⓒ室田・倉持・蜂谷ほか，2018　　創栄図書印刷・藤沢製本

ISBN978-4-623-08295-7
Printed in Japan

新・基礎からの社会福祉

B5判美装

①社会福祉

●

②ソーシャルワーク

●

③高齢者福祉

●

④障害者福祉

●

⑤社会保障

●

⑥地域福祉

●

⑦子ども家庭福祉

●

⑧権利擁護とソーシャルワーク

ミネルヴァ書房
https://www.minervashobo.co.jp/